新装版

近代日本の親鸞

その思想史

福島和人

法藏館

近代日本の親鸞

―その思想史―

目次

本書は昭和四十八（一九七三）年刊行の第一刷をオンデマンド印刷で再刊したものである。なお、今回の再刊にあたり著者により若干の修正が加えられた。

序章

親鸞は源平の内乱以後の変動期を約一世紀にわたって生き続けて、弘長二年(一二六二)に没していった。しかし、それは彼の亡びを物語るものではない。むしろ彼は教団の形成に伴なわれて各時代人の宗教的要求に応えて復活してきた。特に、明治以降、近代化の激動の中に仏教々団の衰退が嘆かれ、宗教信仰の喪失が憂慮される中にあってもなお日本人は道元や日蓮らと共に親鸞を見出し、彼との〝応答〟を失なわずに今日に至っている。今日、私達に遺されている彼に関する無数の研究論述は、皆その応答から産み出されたものなのであり、それは信仰の立場からのみならず、文学、史学、哲学、教育等の各界から、更には社会主義、実存主義等の各思想にまで及んでいる。[1] そこには日本の近代特有の思想要素が親鸞へ流れ入り、近世までは真宗教団圏内にのみあって讃仰されてきた親鸞が装いも新たな姿をみせ、それがそのままに近代日本における宗教思想史の一系譜を形成しているといっても過言ではない。勿論、その底辺には、文字としての表現をみせなかった名もない民衆の、厳しい生活の中できたえられ、伝統されてきた親鸞がこれらの研究を支えてきた事も見落してはならないであろう。

では、親鸞がこのように日本人の心をとらえ続けるのは何故か。その秘密を彼の思想の深遠さに見出し、それを彼の思想の展開から考えるのも有力な観点であろう。しかし、本書では、それを、近代の日本人が何故に親鸞に魅せられ続けるのかという、歴史的存在としての近代の人間自体に着目し、近代日本の思想動向にもまれつつ、人々は彼に何を求めたのか、又、現実が問いかけてくる課題に彼を通して如何に応えたのかという観点に立って考えようと思う。

そこで、論述の都合上、次に今少し明治に至るまでの親鸞像を素描しておきたい。

親鸞没後、東国の門弟の彼への追慕は『歎異抄』、更には『親鸞聖人御消息集』、『末燈鈔』、『血脈文集』等の彼の書簡集の編集としてあらわれた。この中に脈うっているのは善知識・師匠親鸞である。その中にあって、最初に描き上げられた伝記は、本願寺第三世覚如の『本願寺聖人親鸞伝絵』である。これは本願寺の中世から近世への教団としての発展に対応するものであり、ここに宗祖親鸞のイメージが確立したといってよい。その後、南北朝より室町初期にかけ、親鸞の教説が民間に流布するに従って、説話、伝説が形成され、その代表的なものとして『親鸞聖人御因縁秘伝鈔』をみたのである。その後十六世紀、永禄年間には蓮如の孫、顕誓によって、『反古裏』が述作され、更に江戸時代になると教団、教学の興隆に応じて真宗各派の立場を代表する作者による主なものだけでも、『親鸞聖人正明伝』、『高田親鸞聖人正統伝』、『非正統伝』、『高祖親鸞聖人伝』、『叢林集』、『本願寺通紀』等東西両派、高田派等からの著作を数えることが出来る。又、この背景には室町以降親鸞を宗祖として憬仰するのあまり、彼を偶像視し粉飾する真宗信徒の信仰観念により伝説化、神格化が行なわれ、それが如上の親鸞伝の構成要素となった事実のあったことも忘れてはならない。(2) そして近世以来明治に至るまで、覚如の『親鸞伝絵』を中心としてこれらの親鸞伝が彼の姿を伝える役割をなし、明治・大正に史学のメスが加えられ、又教団圏内外に時代の変動の波立つまで、影響をもち続けたのである。而して、それ等は必ずしも純粋な宗教的関心から出発しているとはいえず、そこには教団の史的位置と宗派的対立、更には著者をとりまく史的、宗教的環境の著しい反映が認められる。しかし、歴史の中における人間的現存在者としての妄執にまつわられながらも、親鸞を各時代人の信仰的関心と流通を保ちつつ描き上げている。ところで、明治になっても人々は彼に惹かれ続け、著述された主なるものだけでも二十数編に及んでいる。

しかし、それらの中、持に四十年代以前にあっては村田勤の『史的批評親鸞真伝』、金子大栄の『親鸞聖人』以外は、殆どすべてが真宗教団圏内における江戸時代以来の親鸞像そのままの派生的継承に過ぎず、そこには前代よりみて異質的な何ものをも認め難い。しかし、四十年代に入ると事情は異なってくる。親鸞は教団内外を問わず関心をもたれる傾向を示し、漸くにして新時代の思想が親鸞像に影響をあらわし始め、彼を宗祖という前に人間親鸞として、又、赤裸の自己を通して彼に向かうという態度を生むに至っている。

ところで、親鸞が近代に再生するためには伝記のベールにまとわれた彼に科学のメスが加えられるとともに、近代的精神の覚醒をもって彼に向かう探求者の出現を必要とする。そしてそれには、そのような人材を生み出す母胎たる仏教思想界自体が近代との接触・対決を経ることと、もうひとつは明治の知識層が時代思想の煩悶のひとつの解決策として教団仏教を介せず釈尊、親鸞に直参することが必要であった。そしてこの動きは明治三十年代に入りはじめてみられるようになるのである。

維新以来日本が近代国家への路線をひたすら歩む中にあって、仏教々団は旧態を守るのみであった。しかし、その中にあっても、教団内に生れながら信仰の近代化のために闘った幾群かの人達がある。雑誌『新仏教』に拠った所謂「新仏教徒同志会」の運動、清沢満之の浩々洞を中心とした「精神主義」の活動、伊藤証信による「無我愛運動」、「求道学舎」を中心とする近角常観の信仰活動がその主なるものであり、そこに共通するのは仏教を時代精神との照応において再認識することと、その求道のエネルギーを、教団にではなく「釈尊に帰れ」、「親鸞に帰れ」と叫ばれた如く、純粋な信仰核体としての教祖、宗祖の世界に求めた点にあった。その結果、これらの動きの中から『親鸞聖人伝』（佐々木月樵）、『歎異鈔講話』（暁烏敏）、『法然と親鸞』（木下尚江）があらわれ、又、史学界からは「親鸞聖人の研究」（長沼賢海）が注目をもって迎えられた。『親鸞聖人伝』は清沢満之に学んだ著者が親鸞伝に自己の究極の課題を求めた労作であり、『歎異鈔講話』は同じく清沢に師事した著者の『歎異抄』に自己の存在と人生の意義を問うての領解である。又『法然と親鸞』は明治の代表的キリスト教社会主義者である木下が、現実を生き抜く思想的闘いの末に描き出した親鸞であり、又、長沼の親鸞研究は西洋実証史学の影響のもとに合理的知性のメスをもって伝説に潤色された親鸞の史的真実を探ろうとした野心作である。ここに、親鸞は彼等を得てはじめて明治の時代精神と対話する場を得ることとなり、更に大正期に盛んな開花をみせるのである。

さて、本書では先ず最初に、明治における『歎異抄』発見者の一人、暁烏敏の『歎異鈔講話』

をとり上げたい。周知の通り『歎異抄』は日本が生んだ宗教書の珠玉として、又、われわれを親鸞の世界に導く第一の書として尊重されているが、事実、明治以後、親鸞を語り、親鸞を描く人達はまず『歎異抄』を手がかりとしてきた。それ故に、近代日本における親鸞精神（像）を探るためには『歎異抄』の再生の模様を知ることが基礎作業のひとつとなろう。以下、第一章において、『歎異抄』が求められる契機を探り、近代の煩悶する精神が本鈔に何を学び、本鈔はどのような甦りをみせたかを暁烏の場合を通してたずねようと思う。

註(1)『定本親鸞聖人全集』「別冊研究ノート」に明治以後の詳細な親鸞関係著作目録がある。
(2) 宮崎円遵「親鸞の伝記について」（『現代語訳しんらん全集』(1)所収)、北西弘「中世の民間宗教」（日本宗教史講座(3)所収）参照。

第一章　暁烏敏にみる『歎異抄』の近代的再生

第一節　『歎異抄』再生の史的契機

『歎異抄』はもとより自己主張の書ではない。それは異端異説を痛み、逆に師教への正信の願いに支えられた書である。それ故に生き生きと親鸞の世界を伝え得ている。しかし何故か著者、唯円は本抄の叙述を終えるに当り、思いあまって次のように結んでいる。

「経釈のゆくぢをもしらず、法文の浅深をこころえわけたることも候はねば、さだめてをかしきことにてこそさふらはめども、古親鸞のおほせごとさふらひし趣、百分が一、かたはしばかりをも、おもひいだしまいらせて、かきつけさふらふなり。かなしきかなや、さひはひに念仏しながら、直に報土にむまれずして邊地にやどをとらんこと、一室の行者のなかに信心ことなることなからんために、なくなくふでをそめてこれをしるす。なづけて歎異抄といふべし。外見あるべからず」。親鸞の心の体温さえ感じさせるこの抄が一般の眼をはばからなければならなかったのは何故か。ここにその後本抄がたどる運命が暗示されているようである。

而して、その約二〇〇年後にこれを書写した蓮如はその奥書に、

「右斯聖教者、当流大事聖教也。於無宿善機、無左右不可許之者也。釈蓮如（花押）」

と封じてしまったのである。以来、本抄は法城の地下室に冷たく眠ることになった。

ところで、蓮如がそこにおそれたのは何か。それは唯円に潜在した危惧を彼が教団の統率者として明確に意識し、彼のひきいる教団の政治イデオロギーと『歎異抄』の信仰論理との間に存する不適合にあったとみることも出来る。又古来、教団内で云われて来たように、本抄が信仰のきわどさの極点にまでふれているために、親鸞教義が曲解されることをおそれたためであるかもしれない。又、あまりに人間的な生々しい親鸞の内心の表白を伝え、そのために門信徒が祖師として憬仰する聖的親鸞からかけ離れているとみたためかもしれない。しかし、何れにしろ今は結論を急ぐ必要はない。唯、ここでは蓮如による教団維持への配慮からか、他の教典に比較すると、本抄ばかりが本願寺の法城奥深くかくされてしまった事実を指摘すればよい。そして、彼の後を継ぐ近世教学は、本抄を講釈の対象とすることはあっても信仰の糧とすることはたえてなかったようである。しかしながら、その存在が全く忘れ去られていたというわけではない。因に『高倉学寮沿革略』をみると諸種の経論釈の研究に比較すればきわめて少いが、本抄が講ぜられているのがみえる。

享和三年夏講（寮司法意）、文政二年夏講（擬講慧劍）、天保六年夏講（擬講円龍）、嘉永元年秋講（擬講僧穎）以上四回を数える。又、この他に諸種の真宗講録にも散見出来、更に香月院深励、了詳、円智にも講録があることは周知のところである。しかしながらこれ等の講録はドグマの研究を基調としており、『歎異抄』から信仰をくみ上げた跡にふれることは出来ない。即ち、本抄は『教行信証』列祖の著述の考証・論議を特質とする近世の教学からは殆ど問題とされず又、一般門信徒の信仰の糧として流布はしなかった。彼等信徒が培われたのは親鸞の和讃、消息、『伝絵』であり、更に蓮如の『御文』、『安心決定鈔』、「改悔文」等であった。このように本抄は教学・信仰史からみれば、今日の位置とはうって変り、意外にも脇役的存在にしか過ぎなかったのである。

かくして、本抄は歴史の変動と共に明治を迎える。まず、明治十年稲葉道教が講じ、以後宮地義天、蓮元慈広、吉谷覚寿、豊満春洞等の講義が続いている。しかし、前代の教学を踏襲することの先人達は依然として冷静に教学の立場から、客観的、対象的に講ずるのみであり、従って本抄を明治の時代精神によって再発掘し、江戸時代以来、閉ざされてきた教団から国民の前へと浮かび上がらせることは思いも及ばなかったのである。而して、その蓮如以来の密封に最初にハサミを入れたのは清沢満之とそのグループであった。今少し、彼等の置かれた時代の状況と清沢の思想の特色についてふれておきたい。

明治維新のおさまりのあとに思想界が対面したのは西洋近代思想の洗礼であった。ここに明治日本の思想界は多様な表現を伴って展開する。まず、明治初期の思想界をリードした福沢等の啓蒙思想は、自由民権運動に発展し、更にこの路線は中期から後期へかけての社会主義運動へと連なっていることは云うまでもない。

又、キリスト教は仏教に圧迫を受けつつも信教の自由を旗印に根強い活動を続け、学問の分野においても、フランス、イギリス、ドイツ等の先進諸国からその移植が盛んに行なわれ、政治、経済、哲学等の諸学が日本の新しい学界、思想界を形成していった。而して、文学界においては、二十年代より浪漫主義が唱えられ、そして三十年代に至り自然主義へと移り、近代的個我を覚醒させる役割をなしてゆく。一方、仏教界においてもこの趨勢に応じて合理的精神による仏教原理の研究がなされ、中期以降には新しい信仰運動を展開することも明治仏教史の説くところである。ここに日本人は西洋諸科学と思想の影響のもとに科学的合理精神を知り、人間的個我に目醒め、それが、同時に人間の個人的体験や現存在を重視するという傾向をもたらすに至ったのである。[1]

さて、以上のような状況の中で仏教圏内に育ちつつ時代の新思潮を身に浴び、それに即応すべく近代の感覚をもって仏教の真精神とその方向を探った人達に南条文雄、井上円了、村上専精、清沢満之らがある。今、この中、清沢の思想は次のような特色を示している。

(1)　如来への信仰を至上とする。

彼の絶筆「我が信念」には彼の求道の内的過程が語られ、その究極の解決は真実在者への帰依、即ち、如来を信ずるところに見出されたことを詳述している。

(2)　教義より出発せず、自己の現実に立ち、覚醒した人間的個我に立つ宗教の自立性を説く。

彼は宗教を定義づけて次のように言っている。

「吾人一般修養の主眼、

宗教内の異類派別は皆真宗の為の方便なり。真宗の宗門組織一切の施設は皆私一人の為なり。パンの為、職責の為、人道の為、国家の為、富国強兵の為に、功名栄華の為に宗教あるにはあらざるなり。人心の至奥より出づる至誠の要求の為に宗教あるなり。宗教を求むべし。宗教は求むる所なし。夫れ此の如きが故に、修養は自覚自得を本とす。他人の之を代覚代得すべきにあらず」[2]

即ち、宗教は「人心の至奥」つまり人間の自覚心の根源に発する本来の精神的要求のためにあり、それは教義や宗学を伝習的に固守する立場からではなく、個人の主体的自覚において聖教から正しい信仰を明かにしなければならないというのが彼の宗教論である。これは福沢諭吉の「宗教は人心の内部に働くものにして最も自由、最も独立して世に存す可き筈なるに我が日本においては則ち然らず、其の威力の源を尋ねれば宗教の威力に非ず、唯政府の威力を借用したるものにして、結局俗権中の一部分たるに過ぎず[3]」との批判に呼応していることはいうまでもない。

(3)　前近代的宗教の特色である彼岸性よりも此岸的な傾向を基調とする。

彼の思想の中心をなす所謂「精神主義」は「吾人の世にあるや、必ず一つの完全なる立脚地なかるべからず。若し之なくして世に処し、事を為さむとするは、恰も浮雲の上に立ちて、技芸を演ぜんとするものの如く、其の転覆を免るる事能はざること言を待たざるなり。然らば吾人は如何にして処世の完全なる立脚地を獲得すべきや。蓋し絶対無限者によるの外能はざるべし。此の如き無限者の吾人精神内にあるか、精神外にあるかは吾人一偏に之を断言するの要を見ず。何となれば彼の絶対無限者は之を求むる人の之に接するところにあり[4]以上傍点福島」の一節より始まっている。即ち、「処世の完全なる立脚地」を如何にして確立するかという如く、現実社会、人生の課題が宗教への発想契機となり、この特質が彼の信仰を此岸的・現世的性格の強いものにしている。

(4)　合理的、経験主義的である。

彼が最後に到達した境地は「吾が信念」によれば、「私は此の如来を信ぜずしては生きても居られず、死んでゆくことも出来ぬ」ところにあった。しかし、それも容易に得られたのではない。「私が如来を信ずるのは私の智慧の窮極であるのである。人生のことに真面目でなかりし間は措いていわず、少しく真面目になり来りてからは、どうも人生の意義に就いて研究せずには居られないことになり、其の研究が遂に人生の意義は不可解であるという所に到達して、茲に如来を信ずるという事を惹起したのであります(5)」と云うように、哲学的思索と知性によるたゆまない懐疑の末に獲得されたものである。それ故に、「死後は七珍万宝の楽土ありて生ずとすべきや、或は鼎鑊剣林の奈落ありて堕すべきや、其の楽土奈落の有無も未だ確信する能はず。只『歎異抄』の一段『念仏は極楽へ参るべき種なるや、地獄に落つべき種なるや、総じて以て存知せず、只よき人の教を信ずるのみ』とあるに信服す(6)」との言にまでなっている。

(5)　西洋の近代文化に対応する思想的視野に立つことにより、宗派的見地を超え、人間存在を通して普遍的な真理を宗教に求めている。門弟、暁烏敏の一文がそれをよく紹介している。

「先生(清沢)は元来科学に興味を有する方で、哲学を研究し、キリスト教を習い、儒教を窺い、仏教中のあらゆる宗義を窮めたる結果、自己の安住所は絶対他力の大道でなければならぬと申されました。先生の信仰は実に東西文明の接触から出た閃光であると申してよろしいかと思います。先生の信仰は決して、私は真宗の僧侶なるが故に真宗の教を信ずるというような伝説的な、習慣的なものではなかった(7)。」

このような彼の立場を同時代の内村鑑三と比較する時、思想内容は異なるが同じ方向を示して興味深いものがある。

「我は基督教を信じ、彼れ仏教を信ずればとて、我と彼とは未だ全く宗旨を異にする者なりと称ふるを得ず。そは彼が阿弥陀を拝するは我れ我が神を拝する心を以てするや未だ以て測り知るべからず。人は多くの場合において異名を附して同物を拝するものなれば、其の崇拝物の名の異なるの故を以て、宗旨争ひをするは愚の極と謂はざるべからず。(8)」

「私は宗派問題でいまだかつて一度も悩んだことがありません。私はカトリック信者とでも仏教者とでも一緒に働きます。(9)」

といって宗派・宗旨根性を批判し、「余輩は聖書が示す故に真理なりと云はず、真理なるが故に真理なりと云ふ、余輩は聖書を研究す、聖書に盲従せず(10)」、「教義の外他に討議すべきことなき信仰は実は偽の信仰なり(11)」といって教義を盲信することなく、自由な懐疑と研究を提示し、更に「宗教家は宗教を知って人生を知らない。彼等の人生観は主に教会と称する一種の人為的社会に限られている。彼等は天然の上より宗教を見んとしない。故に彼らは人生観のみならず、宗教観までが拘束されている(12)」と宗教家の伝習的態度の批判に及んでいる。

清沢の宗教は内村のそれと比較してもうかがえるように、大略以上のような特質を示している。ここに個人よりも共同体を基体とし、教義を通しての自由な懐疑が否定され、合理的精神との対決を経ることのなかった(13)前近代的宗教の性格から脱し、知性のたゆまない試練を通り、伝習的宗学のあり方を批判し、信仰を自覚体としての自己の上に表現する近代の性格をもった宗教の成立をみることが出来る。

ところで、近代の思想の特質は人間主義と科学的合理精神にある。それ故に近代的宗教といわれ得るものならば、この近代の諸思想との接触・対決を内容にしていることは自明の事実である。而して、近代化を趣向する宗教がその接触を経験する時、そこに教理よりも人間自身が注視される方向を示すのは、けだし精神がたどる必然であろうか。清沢、内村にみたように日本は明治中期から後期にその傾向を示しはじめる。そして、宗教的関心の眼が教理よりも人間的現実へと逆転をみせた刹那に、『歎異抄』は日本人の心に留まり、近代の人間が背負う課題に応えかける契機を持ち、再び歴史の表面に浮かび出得たのである。清沢満之にはじまる南条文雄、暁烏敏、近角常観の探索がその先蹤となった。暁烏はその事情を、「明治時代に生れ東西文化の風にふれ、後に個人主義的なまた懐疑的、悪魔的、物質的な教育の余弊をうけて悩んでいる複雑な胸を明かす光として……さうした複雑な悩みのもとに救うていただいたのは私などがその最初であったようであります(14)」と云っている。

第二節　暁烏敏の求道歴程

――その青年時代と『歎異鈔講話』出版まで――

青年時代のある時期には、彼は「かかる聖教(歎異抄)があるから仏教が堕落するのである。かかる書物は実に危険極まれり」と記しているように清沢にあってと同様、最初から本抄に惹かれたのではなかった。しかし、その彼が数年後には「この歎異抄一部あれば、他の一切の書籍、他の一切の聖典、他の一切の論釈はなくても差支えがない(15)」と言うまでの執心ぶりを示している。本抄とのそのような関係は直接には清沢の手引きによるが、より深くは彼の求道過程の中にこそその因をもつ。

暁烏は明治十年、加賀の一真宗末寺、明達寺に生れた。父を依念といい、母は千代野といった。依念は生涯、郷を出なかったが当地方の教界にあってはその学徳高く信徒の帰仰又あつく、彼の化を受けたものは加能越にまで及んでいたと云われている。(16)

明治維新に伴う廃仏毀釈、更にそれに続く大教院設立によって僧侶は教導職に組み入れられ、仏教の真精神を説く事を忘れ、神仏合併に己を見失っていた時にあっても、父依念は「真宗の絶対他力の救済を宣説し」続け、又ある同行がその故を問うた時には「源清まれば流れ清まるべし、我は其の源を言ふのみ」と毅然としていたという。彼は古武士の面影を漂わせ、「眼中政府なく本山なく、ただ如来の大法あるのみとの覚悟」一筋に生きた真宗僧侶であった。暁烏はこの父の気慨を受け継いでいた。母千代野は金沢市の妙源寺順道の娘であり真宗の地、北陸育ちの女性として信仰篤く、又その人柄も穏和でひかえめな女性であった。しかし、反面、内にはしんの強さを秘めていたという。

幼年の暁烏はこの両親の慈愛を一身にうけ、村の信徒達の見守る中に成長した。加賀の田舎の一寒寺の生活はたとえそれが貧しくあったとしても、彼の後にくる求道への素地を豊かに醸成していったことは確かである。だが平安な生活は長くは続かない。十一歳の時、父はその子に「母の語に順へ、よく経を習へよ」(17)と言い遺して逝いた。それは悲しいことであった。その頃より彼は常に死を思いつめる少年となり、内包されていた宗教的心情に目醒め始めていった。そして、その後の明達寺の維持は寡婦千代野の負うところとなり、子と母の貧苦の日々が続いたのである。

ところで、明治二十二年彼十三歳の時には僧侶として立つ為、新設の金沢大谷尋常中学校へ入学したのであるが、所定の科目に外国語が多かったことから英語亡国論を唱えて落第、退学してしまうひとこまもあった。そして、その後、自坊にあって仏典に親しむ傍ら、松任本誓寺の松本白華について『愚禿鈔』等の仏書の講義を受けて研鑽に励んだのであった。

さてこの頃の彼は、少年の日の理想に燃えていた。「仏法興隆」と真の僧侶になることがそこには夢みられていたようである。自らこの頃を「霊なる父の思ひ出に力を得、希望を得て向上の一路を進む」と語る彼は、亡き父の面影に支えられていた。しかし、田舎での学究はともすれば遊惰に流れんとするのも否定し得ない事実であったのであろう。十七歳の秋、期するところあって母をのこして上洛し、京都大谷尋常中学校へ編入することになる。そして、当時ここに教授の任にあった終生の師清沢満之に邂逅するを得たのである。折しも宗門革新の念願に燃えて厳格な禁欲生活の中に修行を続けていた清沢の印象は、地方から出て来たこの少年にとっては強烈であった。後に「ここに生きた仏教者をみた」と語っている。清沢満之、稲葉昌丸、今川覚神等の指導のもと、更に朋友、佐々木月樵、多田鼎と相知り、恵まれた学園生活が続いた。勿論、多感な青春を修学にいそしむことの出来た蔭には、故郷にあって息子の成長を祈る千代野の存在があった事も忘れられない。後にその母を憶って、「母が我に対する愛の為に、いかなる事をも厭ふ所なく尽し給ひしことは、我が修養の光明たりし也。都の夜の花に心酔はんとする我が青春の夢は常に田舎の寒寺に我が為に心身を労し給ふ母の面影を偲ぶ毎に覚むるが常なりき」といい、又「母が雪の中をも厭はで村の戸々に五銭、十銭の金、五合、一升の米を乞ひ集ふの労を取給ふなくんば、いかでか我が修養の途に遊ぶを得たらんや。リュウマチスにてかなわぬ足を引きながら戸毎に金を乞ひ米を乞ひて児の学費を送り給ひし母の労を思ふ毎に、我は自己の不勉強を恥ずるが常なりき。我が如き放逸の者、母のこの涙に固められたる学費を思ふことなかりしならば、今は早奈落の底に沈みけんを。然るに今日懈怠ながらも向上の道に進み、薄きながらも信仰の衣を纏ふ身となりしこと母が慈愛の労苦によるなからんや(18)」と偲んでいる。

ところで、明治二十九年、真宗第一中学校を卒業した彼は引き続いて真宗大学へ入学する。然るにこの四年間の大学生活が彼の青年時代の思想の方向を決定することになったのである。

明治二十九年、清沢満之等を中心とする所謂、宗門革新運動がひき起され、大谷派本願寺は揺れ動いた。この時にあたって真宗大学々生約一〇〇名は、

「我が敬愛する父兄同胞及び門信徒に訴ふ」

と題する宣言書を発表し、革新派の運動を援けた。彼等は全国に散開して仏教界・言論界に輿論をかきたて、運動を全国的規模へと拡大させた。その中にあって暁烏は佐々木等と共にリーダーとして大車輪の活躍を示した。「人心の腐敗を歎き、真宗の御法義の乱れてをることを歎いて自分の一生にはこの日本の乱れてをる人心を正し、乱れてをる宗門の状態を改めようといふやうな大きな願(19)」のもとにこの運動に参加し、その理想を思い切り燃焼させたのである。

しかし、重要なのはこの目ざましい活動を通して皮肉にも自身に内在する罪を知ることとなる事実である。次のように告白している。「私はこの革新運動の間に女の肌を知るやうになったために自分の生活の矛盾を深く感ずるようになり」、「今まで外側にながめて人ごとに思うていた間

違ったこと、悪いこと、穢れたこと、さういうものが自分のうちに見えるやうになりました。外のものを悪いと思い、穢れたと思うて、それを自分がよいものに、きれいなものに改めてゆこうと力みたってをった私は、自分の穢れたこと、悪いことを知るようになり、世の中に生きてをる甲斐がないやうに深い歎きを感じました[20]。」

かくして、新進の僧侶として仏教興隆に燃えていた[21]彼は自己の人間的現実に突き戻されたのである。昔から仏道を修行する者を悩ましてきた性の関門は彼にも容赦はしなかった。「性欲の最も悪であるといふことを聞かされ、若い心はピュリタン的にそそりたっていました。同時に一方では不可抗的な勢を以て性欲が頭を抬げてくるのであります。この時に自己の分裂を感じ、自己の悪を感じ、自己の不完全を感じ[22]」ておののくばかりであったという。このようにして人間的倫理の破綻と西洋思想の洗礼[23]によって青年期特有の理想主義ははやくも破れ、「教は同じ弥陀の本願の御いはれ、誰に伺ひても肝要は信心一つに御座候故に宜敷く信心決定して共に一蓮托生の証りを開かれんことを[24]」とすましていられるような、幼年以来の彼を温くつつんでいた伝統的安心はくずれ去った。素朴な信仰篤いこの少年ははじめて懐疑することの苦しさを味うのである。そして、ここに彼に『歎異抄』が流れ入る宗教的素地がつくられたのである。彼は信仰の中心たる如来自体を疑い、『安心決定鈔』に問い、更に『歎異抄』に向かって、親鸞の中に己自身をむさぼり読み続けたのであった。次のように語っている。

「大袈裟に申しますならば、この聖教(歎異抄)に遇ってこおどりしたのであります。私のような罪穢れに泣いておるものの助かる道があるということがわかったのであります。どこへも進んでいけない私に、この道一つが開かれておるということが見出された時に、生き返ったのであります。そして、京都東山の親鸞聖人の御廟に参詣して泣きながらこの『歎異抄』をよんだのであります。自分の罪はよろこびながらも洗はれない。その歎きをもちながら常にこのお聖教にひたってまいったのであります。涙の中から見出されたこの道についての喜びを、多田、佐々木の二人の友に語ります。私ほどの罪の自覚を持たない二人も私の罪の自覚と私の喜びをよく了解してくれました。共に語り合うて清沢先生をおたづねして先生から鉄を鍛えるように強い鎚を当てて鍛へていただいたのであります。その鍛えによって益々この『歎異抄』のみ教が私の力となって下さったのであります。(25)」良き師友に導かれつつここに彼は蘇生することを得たのである。

ところで、大学卒業後、彼は佐々木、多田と共に上京し、更に清沢の薫陶を受けることになる。そして、明治三十四年には清沢を主幹として、雑誌『精神界』を発行してその思想を世に問うた。而して、その後数年の間は東京にあっても、又、郷里の同朋に語る時にも彼は本抄を離さなかった。又、金沢にて西田幾多郎らと共に本抄を相語ったのもこの頃であった。彼は自己の存在をかけて『歎異抄』に問い、そして本抄に育てられたのであった。この前後九年にわたる求道の実りを、『精神界』明治三十六年一月号より「歎異鈔を読む」と題して八年間、五十五回にわたって連載したのである。ここに『精神界』を介して『歎異抄』は真宗教団圏を離れ、はじめて国民の前に解き放たれたのである。『精神界』は、「昨年(明治三十六年)の我が教界に注意すべき現象は『歎異抄』が多くの人に読まれたる事に候。東京浅草本願寺の婦人会に於て南条文雄師毎月之を講じ、仙台の第二高等学校、京都の第三高等学校、金沢第四高等学校の諸君は盛んに之が研究に従事され、四月一日には真宗大学丙申会が之を施本せしなど、昨年の教界の大勢は『歎異抄』の精神なりしが如く見え候」[26]と報じている。

彼の了解はこのような新傾向を背景にして発表され続けた。そして、明治四十四年、親鸞御遠忌と母千代野の還暦を記念してこれを『歎異鈔講話』として収め、世に問うたのである。

彼は本書を出版するに際し、次のように結んでいる。「歎異抄は親鸞聖人の信仰の精髄である。而して明治の今日に聖人の精神の活躍するに至ったのは全くこの鈔の力である。私が信仰を求めて岐路に迷へる時に厳として私に光明の一道を教へて下さったのが本鈔である。本鈔を懐にして京都なる聖人の本廟に詣り、心読翫味、自ら感涙に咽びたりしは早や十数年の昔となりぬ。以後各地の道友に本書を講ずる数十回なるを知らず、今を去る九年以前よりこの六百年前の聖典を現代の新しき心身の上に色読せばやと志し、一節ずつ静かに味ひては自己の胸にひびける所を記し来りしに終に今回本鈔の結尾まで味ひたることを得れば一冊に綴って天下の道友の前に捧げんと欲す。七百年前の親鸞聖人が現代にいかなる行動をし、いかなる思想を発表したまふかを味わんとする同朋諸兄、冀はくは本書を繙いて下さい」[27]。而して、『精神界』は同人の著書に対し、

「著者は真宗内の一部の頭の古い人達から未来往生よりも現在安住に重きを置く異安心者と目されつつある熱心なる信仰の宣伝者也。異安心か正統か、ともかく教界に新気運をもたらすべき大著は出でたり。本書は親鸞聖人の信仰の精髄たる歎異抄を現代の上に色読したるもの、著者九年間の苦心に成れる霊感也」と世に紹介した。以後、本書は二十六版を重ねている。

第三節　その検討―思想史的考察

暁烏は「近代的に歎異抄を味おうて知らして下さったのが清沢先生の『吾が信念』である」と云っているが、彼はその「吾が信念」の立場を受け継いで本抄に対している。[28] しかし、文献的には深励述の『歎異鈔講話』を手引きとした。そこで、考察の焦点をはっきりするために、本書を深励の講義と対比しようと思う。又、本書は『歎異抄』についての逐条講話の形式をとり、「序」、「例言」以下二十章にわかれているが、中でも彼が力を入れているのは二、三、四章、つまり本抄の一、二、三節であり、ここに本書の眼目は尽くされている。そこで考察の範囲を一応四章までに限り、(1) そこにみられる暁烏の述懐と深励にみる近世教学からの解釈との異同、(2) 暁烏の本抄を通しての、同時代思想への発言の検討・紹介の二点にしぼりたい。

さて、彼が本抄に初めて接した時、第一節「弥陀の誓願不思議にたすけられ……弥陀の本願には老少善悪の人をえらばれず、ただ信心を要とすと知るべし……」との表現に心は打ち震うたという。而して、彼は本節に「本願他力の信仰」と題し、その中心は「宗教的救済は信仰にある」ことを親鸞が適切に言いあらわしたところにあると強調している。今少し語るところを聴こう。

「宗教の尤も肝要なところは、この信ずるというところにあるのである。信仰は宗教の生命であるということはこれ等の点から言うたものである。実に信仰は宗教の生命である」（本書）

そして、何故、信仰が要請されるかを問うて、「私共は日夜に外物の為に擾乱され、内心の煩悶苦痛が堪えられぬほど起って来るのである。悪い事をもやる。やらねば悪い事を思ふ。私は自分の悪い事や罪の重い事を考える時に思います。私はどれほどまで悪人であるだろうか。私の罪はどれほど深いのであろうか……。私は自分の内心の罪悪によりて日夜身心の煩悶苦悩に絶えないのである」（本書）と自らの体験を述べ、しかし、その現実を自分は自由にすることが出来ず、そこにおいて如来の慈悲に自己をうちまかさざるを得ない事実を告白する。このように彼は第一節から、自己の省察から発した如来への絶対の帰依・信仰を見出している。

ここで、私はルッターの次の言葉を思い出す。「総ての人は、皆信仰に由ってのみ、義とせられ、其の外の何物をも必要としないのであるが故に、パウロにも、また『ロマ書』第十章に於て、心より信仰すること、即ち、それが義であり、敬虔である」[29]と言っている。

この「義人は信仰によって生くべし」との感得のもとに、ルッターは、教会、法皇、免罪符にではなく、唯、信仰によってのみ神の召しを受けるとして、中世キリスト教権への批判を展開し、近代プロテスタンテズムを確立するのであるが、今、暁烏が第一節に信仰の絶対性を再び見出したことは近代への方向を示すものとして日本宗教史上においても深い意義をもっていると思われる。ことに江戸時代の本節解釈をみる時その感が深い。

深励は次のように講じている。「彌陀の誓願不思議にたすけられまいらせて往生をばとぐるなりと信じ……」については、「愚悪ノ凡夫ガ助ル筈テ助ルテハナケレドモ彌陀ノ誓願ノ不思議ニ由テ可レ助ル縁モ便リモナキモノカ彌々往生ヲ遂ルコトナリト聞定スルカ信心ナリ」と述べ、更に

「彌陀の誓願には……信心を要とするべし」については「彌陀ノ誓願ニハ老少善悪ノヒトヲエラハストハ信巻云不謂男女老少不問造悪多少トアルト同意ノ文ナリ聖道門ナレハ年盛ニシテカク勢有時ト云テ年若クテ力ノ有時ニ非ンハ仏道修行スルコトアタハスト談ス又一生造悪ノ人ハ成仏ノ器ニアラスト捨ヲレトモ今彌陀ノ本願ニハ少キモ老タルモ善人モ悪人モ其人ニハ選ヒハナヒ只上ニ勧ル如ク信心ヲ以テ肝要トスルコトヲ示ス是結スルノ前文ナリ、併信心ヲ要トスト有カ正ク上ヲ結ツ文ナリ……[30]」

ここには深励自身の領解の表白はなく、語句の文献的分析、講釈があるばかりである。

勿論、このことは彼の信仰の深浅とか性格に因るものではない。それは経論釈の比較考証を任務の中心としていた近世真宗学の特色に起因すると考えられる。江戸時代には教学は非常な隆盛をみるが他の諸学同様文献学としての性格が強く、特に教学は教義の文献的考証という方向においてのみ許されていたようである。即ち、封建的固着化が成った時代に、その社会構造の中へがっちりと組み込まれた封建教団の中には人間の精神を揺り動かす要因は少い。特に仏教々団圏内にあっては個我意識の芽生えはきわめて弱く、[31]従って、教義を懐疑し、あるいはそこに自分の現実を投げかけるといった態度は生まれてこない。教義は絶対であり、ゆるぎないものであり、疑う必要も、又その術もなかったものの如くである。人間は確固として教義に支えられ、支配されていた時代である。それは近代において叫ばれるようになった人間の根源喪失を未だ経験しないという意味では幸福であったと云える。唯、そこに生まれる深励にみるような文献的解決の立場は、『歎異抄』の真髄を親鸞という人間の現存在を通しての信仰表白にあるとみる時、本抄の本来性開発という意味でもの足りないものがある。つまり、信仰の書が常に待っているのは信仰を求める心であるからにほかならない。暁烏は深励の講義を手引きとはした。しかし、その立場と方法をそのまま継ぐことは彼をとりまく現実が許さなかったのである。即ち、彼の青年期は明治中期から後期へかけての丁度、変動期に当たっており、彼の属する仏教圏も、その影響を受け、教団、信仰共にその存在意味を問われつつあった時代である。そして、彼が本抄を読み耽った三〇年代は丁度、社会民主党の設立をみ、「平和と正義と人道と民主々義を目指して」社会主義が叫ばれ、又文学においては高山等によるローマン主義が人間の自我と本能解放を提唱し、又内村が「無教会主義」を鼓吹するといったように新時代の産み出す社会悪、人間の倫理の変化、自我の問題等をかかえていた。彼も又、その状況の中で宗教の基盤のみならず、過去の伝統との絆をも見失い、露呈した人間的個我の行方にさまよう時代人の一人であった。その解決を『歎異抄』にむさぼり探す彼の上に、故郷を去った者のみが知る故郷への慕情の姿をみることは出来ないだろうか。彼は新時代が提示する課題を媒介として本抄を身読した。そして、その彼の心が第一節にふれた時、前代の教義や教権の桎梏から脱皮し、信仰の絶対性を再び見出し得たのであった。

　ところで、親鸞が去った後の関東の教団は信心への疑惑・異解に動揺し、それが彼の長男、善鸞の義絶にまで及んだことは彼の伝記の中でもきわだつ事件である。彼は京都にあって悲痛な心境のうちにひたすら著述にその晩年を送っていた。本抄第二節はその彼に信仰の指南を乞うて関東からはるばる訪ねた門弟を前にして、彼が「おのおの十余ケ国の境をこえて身命をかえりみずして、たづねきたらしめたまふ御こころざし、ひとへに往生極楽のみちをとひきかんがためなり。」

と語りかける下りからはじまるが、今日まで特に人をとらえてきた。[32]

さて、本節について、「学問以上の信仰」と題して宗教の本質にまで論じ至っている。特に感銘を受けたのは「親鸞にをきては、ただ念仏して彌陀にたすけられまいらすべしとよき人のおほせをかふむりて、信ずるほかに別の仔細なきなり」の一句であったという。「『親鸞におきては』この一句千斤の重みありです。他力の安心はどうか知らぬ。諸君が我が安心に同ずるや否やも問ふ所ではない。世間が何と言はうが、人が何と思はうが、自分の安心はこの通りであると表白し給うたのが、この一句である」(本書)と親鸞が自身の上に端的に信念を述懐していると強調している。ここに、個人の主体的自覚に立つ信仰が見出されている。即ち「宗派の規約や信条を講釈するのではなく、「この自分を如何せん」とあらわになった自己の行方を煩悶していた彼にこの一句が強く感応したことは、宗教的真理が示す必然の成り行きであったといえようか。彼は後にこの時の心境を次のように語っている。「私のあゆんで来た道は主観の道です。自覚の道です。『暁烏においては』の道なんです。ですから、私には『親鸞におきては』ということが非常にうれしかったのです。そこに私の中心をおいたのです。『親鸞におきては』でもう聖人のあとにすがり付いてゆきたい気持を味おうたんです……。この親鸞聖人が天地間にただ一人の自分を見いだされ、そして、自分の信念を大責任をもって告白せられる態度に若い血が燃えたのであります[33]」。

そして、彼はこの一句と本抄総結の文中の、「彌陀の五劫思惟の願をよくよく案ずればひとへに親鸞一人がためなりけり。」との一句を通して宗教を求める方向は、これを常に自分一人の霊性の救済として、救わるべき絶対の一人が驀直に救いを求めるところにあると明示し、[34]更に「現代の宗教家などが、宗教は科学的であるの、仏教は哲学的であるのと言うて、理屈や道理で信仰の対象を説明しようとして苦しんでいるのは未だ自己の内心において、信仰に絶対の価値を認めないからではなかろうか」（本書）との批判にまで及んでいる。

では、近世真宗教学からは、この一句、如何に解釈されているであろうか。深励は次の如く講釈している。先ず、何故に「親鸞」という実名が記されているかの因由を問う事から始めて、

「親鸞ト云ハ実名、善信ト云ハ仮名也。何テモ肝要ナル所及御自身ノ思召ヲ打出シテノ玉フ所テハ実名ヲ置玉ヘリ。今茲ハ一宗ノ骨目タル安心ヲ出ス故ニ実名ヲ記セリ、南都北嶺ノ学匠ナラハ六ケ敷学問沙汰ヲモシ物ヲモ知リ玉フヘキナレトモ我身ニ於テハ是ヨリ外ニハ何ニモ知ラヌト云フトテ初ニ親鸞ニオヒテハトコトハリ玉フナリ、タタトハ箇別ノ義ニシテ外ヲ箇フコト往生極楽道ハ是ヨリ外ハナシト箇フ故ニタタト云、念仏シテ弥陀ニ助スケラレマヒラスヘシトハ正ク法然上人ノ仰セヲ御相承ナサルル御教化ニテ即第十八願ノ相タ也」[35]（傍点福島）

彼は「茲ハ一宗ノ骨目タル安心ヲ出ス」と、この一句の重要性を把えている。そして、特に、親鸞が「法然上人ノ仰セヲ御相承ナサルル御教化ニテ」と云って、法然の教説を正しく継いでいる事実は逃さない。而して「親鸞におきては」の部分については「親鸞」という語の因由を説明し、ここに「御自身ノ思召ヲ打出シテノ玉ウ所」であると簡単にふれてあるだけである。唯、注意したいのは、ここに彼が重視、強調しているのは「親鸞におきては」の語句ではなく、むしろ、親鸞が法然の教説を正しく継承している事実、つまり法脈の正統性の指摘にあったことである。

而して、了祥の解釈もこの章句に就いては彼同様である。

「『親鸞においては、唯念仏して弥陀に助けられまいらすべし』等とある。是が元祖（法然）相承の肝要ぢゃに依って、此の第二章の意を弁じて、他流から犬の吼付く様に誂っても、当流が元祖の正伝ぢゃと、トックリすはるべし。[36]」

ここには、深励の場合に加えて、近世における浄土宗諸派からの真宗への教理的批判の反映をはっきりと認め得る。即ち、常に浄土諸宗と教理的・教学的に対抗する位置にあった近世真宗教学に立場をもつ深励、了祥が、本節句において「親鸞においては」の一句よりも「よき人の仰せを蒙りて信ずる」の部分を重視し、親鸞が法然の正しい継承者であることを極力強調したのは当然の事であったかもしれない。而して又、深励、了祥の本節句へのタッチが以上の如く、その語句の教理的講釈に終始しているが故に、反って暁烏の本節把握は、歴史的視点からは注目すべきものをもっているのである。即ち、彼が「親鸞においては」の一句に特に注目し、そこから、個人の主体に立脚する自立的信仰を提唱するに至るということは、人間の現存在が教義の蔭に埋没する性格をもつ近世教学の『歎異抄』解釈からは未だ生じ得ない性格のものであった。『歎異抄』のもつ信仰の体験的・主体的特質は、明治に入り、近代的自我と人間の現存在に目醒めた精神が本節に向かった時、はじめて再生し得たのではなかったろうか。暁烏の本節解釈はこのような意味をもつものと考えられるのである。

ところで、第三節、所謂、悪人正機の節においては、「倫理以上の信仰」と題している。これは、明治三十二〜三十三年頃に教界で主張された倫理的宗教の論議を意識したが為のようである。

しかし、本節に彼が読みとった本質的課題は、そのような対他的問題ではなかった。

次のように云っている。

「この『歎異抄』が見つかったのはどうしてかというと、最初にこの第三節の教えが見つかったからである。自分は悪人である。自分はとても宗教の器では無い、仏の道を歩むことの出来ぬ人間だと感じて非常に歎きに沈んでおった際であります。この際にこの『歎異抄』の第三節を読んで、びっくりして躍りあがるような喜びを感じました。……失望落胆の淵に沈んでをる私の心に明るい光明を見出すことが出来たのであります。」（本書）

即ち、彼を最初にひきつけたのがこの第三節であった。従って、本節は彼にとって教義的解釈、対象的研究以前の切実さをもつものであったのである。そして、本節への感激はそのままに彼の青年時代の信仰の歴程を物語っている。

次の様に告白している。

「私は邪推の多い者であります。煩悶の多いものであります。儜弱な者であります。怯劣な者であります。憍慢な者であります。卑屈な者であります。罪悪の蕀蕀を前に抱き苦悩の重荷を後に負うて生死巌頭によろめいておるのは私であります。生死の問題に迷惑して泣いてをるのは私であります。而して、智に依って力を得んとするも智なきをいかがせん。徳に依りて力を得んとするも徳なきをいかがせん。」（本書）

このように内に体験された人間的現実に直面する時、そのままに彼は「悪人正機」という〝如来の福音〟を聞いたのであった。その救いの心境を、「私は罪人である。悪人である。愚人である。

故にこの私の為に実在し給ふ仏陀は小人を救ふ為の仏陀である。罪人を救ふが為の本願である」（本書）と云い、「生死は自分の計らふべきに非ずと覚り、大なる霊なる力のこの上に働きつつある事を信ずるに及んで、はじめて他力に接し、茲に小なる自己が大なる他力に摂取せらるるを自覚し、精神に安住を感じ、救済の観念茲に成り、かくて仏陀如来は目前に実在し給ふを拝するに至った」と述べている。まことに彼にとっては「救主であると信ずる如来は、悪人正機の本願を有する如来」（本書）でなければならなかったのである。[37]

　ところで、人間の存在悪を通しての宗教の自覚史は何も近代に始まったことではない。奈良より平安を通じ、更に、所謂鎌倉新浄土教において最もその深い宗教世界の表現をみせたことは今更述べるまでもない。親鸞の思想はその精華ともいうべきであろう。而して、そのような宗教体験の世界は、真宗に限って云えば、中世より近世、更に近代へと継承されて来たことは既に先学の明らかにしておられるところである。然るに、『歎異抄』解釈の歴史においてはその表現を見出す事は困難なようである。例えば、この悪人正機説に対する、深励の解釈は次のようである。少し長文になるが引用したい。

　「善人ナヲモテ往生ヲトクイハンヤ悪人ヲヤト云ハ正ク此一章ノ宗トスル処ノ義ヲ立タル者ナリ、故ニ科文ニ正立義ト云ナリ……今ハ善人スラナヲ以テ往生ヲトク況ヤ悪人ヲヤト云意ナリ。況ンヤトハマシテ況ンヤト云意ナリ、ココノ文ヲ首書ノ義ナレバ龍樹菩薩天親菩薩ノ如キ善人テサヘモ往生ス況ンヤ悪人ハナヲ以テ往生スル筈チヤト解スレトモ是テハ此御言カ只往生ヲ勧ル言ニナリテ智者聖人デサヘ弥陀ノ本願浄土ヲ願生シ玉フ故ニ末代ノ衆生ハナヲナヲ往生ヲ願ハ子ハナラヌト往生ヲ勧ムル言ニナレトモ是等ハ祖意ニハ叶ヒ難シ、……善人ナヲモテ往生ヲ遂クト云ハ都テ此善人ハ最初他力ニ帰セサル間ハ自力テ善根ヲ修スル人ナレハ弥陀ノ本願ノ正意ニ背ケリ其弥陀ノ本願ニ背キテ居タ者テスラ自力ヲ離レテ他力ニスガレバ往生ハナルマシテ況ンヤ悪人ハ本ヨリ弥陀ノ本願ノ御目当テ故尚々悪人ハ往生ヲトクト云意ナリ、喩ヘテ云ハハ悪人ハ弥陀ノ本願ノ正客ノ如ク善人ハ相伴人ノ如シ、善人テスラ往生ス況ンヤ正客ノ悪人ハ往生セスト云筈ハナヒト云意ナリ是カ此鈔ノ誡疑ノ御教化ナリ(38)」

ここには人間深励の現実を見ることは出来ない。彼は教理の講釈に疎外されてしまっている。それ故に、彼は「『罪悪深重トハ五逆十悪四重破戒等ノ悪ナリ』と述べるだけで、その罪悪深重が内観によって逢着した自覚像であることには言及するところがない(39)」とする田村氏の指摘は鋭いと云わなければならない。

即ち、ここに『歎異抄』のもつ人間の根源悪に対する迫力ある宗教思想の再生は、明治における清沢満之まで待たなければならなかった所以があるのである。

それ故に、その門下生、暁烏の悪人正機説の身読は、人間的現実に関心をおくという近代的姿勢のもとに、自己の現存在を問うて、その救いの体験を『歎異抄』の上に刻み上げて行った最初の表現であったことにおいて、近代史的観点からみる時、貴重な意味をもっていると云ってよいのである。

以上、本書四章までの考察によって、新しい立場から彼が『歎異抄』を通して親鸞教の世界を獲得している事実をほぼ確め得たと思う。ではそこに得た信仰の立場に拠って彼は当時代にどのような対応・発言を示したか。今少しこの疑問に触れたい。

彼が本抄の研究を発表した三十六年から四十四年までの九年間の日本は日露戦争と大逆事件にはさまれた課題の多い時期に当たっている。自然主義、社会主義、キリスト教、仏教、その他、倫理道徳の問題、人生問題等々、各面の課題はこの二大事件をめぐって動いている。彼はこの維新以来、幾多の変遷を経て後半期を迎えた明治の時代相と思潮と人間像に対し、それは「物質的欲望に眩惑しつつある」、「個人の権利を過重する」、「君親師長を軽賤する」、「旧道徳を破壊し、旧宗教を呪う」の四点を特色としているとみて(40)、その解決の方向を『歎異抄』に探っている。

まず、自然主義については次のように批判を展開する。(イ)自然主義も、『歎異抄』による自分の立場も前代以来の旧社会組織、旧道徳、旧宗教に満足しないところから発している点は共通している。しかし、自然主義者はどこまでも道徳や社会組織は邪魔になると考えているが、自分達の立場はそれが反って救済をもたらす現実的契機になる。又、(ロ)自然主義も、自分達の信仰も「人為的文明の虚飾を厭うて、赤裸々の天地にはいろうとしている」点では同じだが、その解決では、自然のままになろうとするだけでなくて、「自然のままになって仏の救いを喜ぶ」という点で異なっているという。(ハ)自然主義は「人間の存在を獣性に重きをおいてみる」がそれは一面をとらえているに過ぎない。人間はそれと同時に道徳への方向をもっており、自分はその両面がともに「慈悲円満、智慧円満の如来にはぐくまれていると信ずる」と云っている。即ち、現実の人間の問題を出発とする点では共通するが、しかし、自然主義は人間の根源なる実在に触れていない故に、思想として未解決のものである、との見解をとっているわけである。

社会主義については、本抄第七節、「念仏者は無碍の一道也」を根拠として次のように論じている。社会主義は「現代の苦悶の原因を社会制度、特に国家法律の財産制度の不備にありとして、貧者と婦人の解放」を目指しているのは評価されるが、唯、その立場には人間の苦悩の根本の原因は人間に存する執着と、そこから生ずる束縛の意識に、あることが見抜かれていない点が死角になっていると指摘し、煩悶の解決は究極的には、人間と自然を含む一切が縁起している事実を正受し、如来を信ずるところから見出される本抄の「無碍の一道」の世界にしかないと結論する。

又、教団の現状に対しては「活きた信仰に遠ざかり、ただ伝習的に宗教の孤城にたてこもり」、徒らに教権を振りまわしているが、教団の方向は本抄に生きている親鸞への直入以外にないと力説している。(41)（本書）

さて、教育については中でも次の批判が見落せないものをもっている。次のように考えている。現代の教育は旧制度を批判し、迷信を罵ったのはよいが、同時に「仏教も迷信なり、キリスト教も迷信なりと総てを批評的に解釈して古今の人格の一をも帰依せず、古今の学道の一をも信仰せざるを以て自ら得たりとする」如き疑惑と批評を教えて、帰依と信頼を禁じ、藤村操にみるように、青年が人生の根本問題に逢着してこれを解決し、これに安住する道を教えていないと指摘し、このような「種痘的学風を一変し、帰依信頼の学風を興起しなければならない」(42)と力説している。

彼が、その帰依信頼の方向を、本抄三節における私無き信仰の世界、つまり親鸞の師匠、法然への絶対信順の姿に見出していることはいうまでもない。又、倫理については既に清沢に明確な発言があるが、(43)暁烏は本抄第三節の悪人正機説による救いの体験を通して、倫理を超えた善悪の彼岸に言及している。殊に、彼の「精神主義と性情」の一文は人間の倫理が浄化しきれない我執・我慢の限界を露骨にあばき出したために、当時の思想界、特にナショナリスト、宗教家、教育者等に強い衝撃を与えた事はよく知られている。

以上、暁烏敏の『歎異鈔講話』が如何なる史的意味と性格をもつものであったかを、ほぼ紹介し得たかと思う。即ち、彼は教理的理解の面では、近世の『歎異抄』講義を媒介とし、自己において本抄を読んだのである。それは、明治において近代化の洗礼を受けた彼が、教説の解釈への関心からではなく、自己の人間的現実を賭して親鸞にとりくんだ信仰の結晶であり、親鸞との感応であったといえようか。ここに、我々は、人間の主体性の強調、教理への盲従から解放された信仰の表白、人間的現存在への肉迫という近代の精神の諸要素が、『歎異抄』の中に流れ入ってきている事実を指摘できるのであり、この事は観点をかえるならば、『歎異抄』を通して鎌倉新浄土教が近世の暗夜をくぐり抜けて新たに再生したとも言い得るのである。

ところで暁烏は清沢の眼を受け継ぎ、『歎異抄』を明治の精神界に流布させることに成功した。しかし彼自身においては、それは同時に凋落へとつながっていたのである。即ち、『歎異抄』による信仰は、本書が書き上げられた時、(明治四十四年)頃には、皮肉にも、既に超えられなければならない矛盾に逢着しつつあった。即ち、自分が救済されたとの観念的・情感的実感のよろこびにひたるあまり、真理性の把握に甘さをきたし、一度露呈した彼の人間的現実は『歎異抄』の福音によって再び形式化へのベールをかぶり始め、所謂、恩寵主義へ走り、現実との流通を失っていった。そして、あまりに人間的側面強調の故に教理より離脱し、主観的・個人的宗教にと堕す

る方向をとったのである。而して、その後の彼は更に次の段階へ進むために新たに厳しい試練を経なければならなかった。(44)

彼の本抄研究は、彼自身の求道において盲点をかかえていた。しかし、全き新時代の視角から『歎異抄』に肉迫し、近世教学が忘れていた本鈔の本来性を取り戻し得た事は高く評価されてよい。ここに『歎異抄』はこの暁烏の著述を最初として、近角常観、多田鼎の本抄研究を伴いつつ、明治末年より大正へと、単に真宗教団圏内だけではなく、広く日本の新しい信仰界、思想界に脚光を浴びることになるのである。そしてここに、本抄は国民的精神を背景にもつに至り、その後、倉田百三の『出家とその弟子』をはじめとして、各分野に多様な親鸞像を生むに至るのである。

「私を他力の信仰に導いた書物の一つがこの『歎異抄』である。私をして弥陀の本願に帰せしめた書物の一つがこの『歎異抄』である。又私をして親鸞聖人の渇仰者たらしめた書物の一つがこの『歎異抄』である。……私は、何は持たないでもこの『歎異抄』を一部持ちさえすれば結構である。私の唯一の友はこの『歎異抄』である」と語る青年、暁烏の本抄への一途な情熱は、「日本で書かれた書物の中で世界に示して大いに光明ある書物はこの『歎異抄』である。故にこの『歎異抄』は真宗信徒のみの私すべき聖典ではない。日本国民のみの私すべき聖典ではない。私は遠からざる年の内にこの『歎異抄』が世界全国の民に安慰と指導とを与ふることは信じて疑はない」（本書）と本抄の本来性を洞察し、その将来を予見し得たのであった。

かくして、『歎異抄』は大正より昭和へと、日本人の精神の上に活動し始めるのである。

註（1）　吉田精一『自然主義の研究』参照。

(2) 「御進講覚書」『清沢満之全集』第七巻（法蔵館発行）
尚、現代アメリカの神学者、パウル・テイリッヒは宗教的関心を“Ultimate concern”つまり、人間の究極的関心と規定しているが、清沢満之と同じ方向を示す表現として注目される。Paul Tillich. —Systematic Theology—p. 14 ; 15 参照。

(3) 『文明論之概略』巻之五

(4) 「精神主義」『清沢満之全集』第六巻

(5) 「吾が信念」『清沢満之全集』第六巻

(6) 「臘扇記」『清沢満之全集』第七巻

(7) 『精神界』明治四十二・六（『暁烏敏全集』三の一所収）

(8) 「宗旨ちがひ」

(9) ベル宛書簡

(10) 「真理の説言」

(11) 「宗論の無益」

(12) 「神学雑談」

(13) R・Hベラー『日本近代化と宗教倫理』参照。

(14) 『新講歎異鈔』（『暁烏敏全集』一の六所収）、清沢は香月院深励の『歎異鈔講義』を座右の書としていた。（安藤州一『信仰座談』）

(15) 『歎異鈔講話』緒言（『暁烏敏全集』一の六所収）

(16) 『石川県石川郡誌』、『加能英僧伝』参照。
暁烏敏師の伝記は未だ書かれていないが、ほぼ完全な全集がある。本項の叙述は殆ど、その全集によった。尚、暁烏師の元秘書野本永久女史によって、同師の伝記が執筆されつつあり、完成も近い。『朝日ジャーナル』（五の三）に船山信一氏による同師の評伝がある。

(17) 以上「　」内はすべて「父母の記」（『暁烏敏全集』三の一所収）
(18) 「父母の記」
(19) 『歎異鈔講話』
(20) 「歎異鈔と私」（『暁烏敏全集』一ノ六所収）
(21) この頃、彼は雑誌『無盡燈』編集にたずさわっており、「新信仰の告白を促す」と題しての啓発文を発表しているが、この一文や宗門革新運動への参加に彼の心意気がうかがえる。
(22) 『更生の前後』
(23) 『信仰五部書』序文
(24) 母宛書簡
(25) 『新講歎異鈔』
(26) 『精神界』二の一
(27) 『歎異鈔講話』、以下本書からの引用には（本書）とのみ記す。
(28) 『暁烏敏全集』二の一
(29) 「キリスト者の自由」
(30) 香月院深励述『歎異鈔講義』
(31) 小田切秀雄氏『近代日本文学の思想と状況』参照。
(32) 本文は次のようである。「おのおの十余ヶ国のさかひをこえて、身命をかへりみずしてたづねきたらしめたまふ御こころざし、ひとへに往生極楽のみちをとひきかんがためなり。しかるに、念仏よりほかに往生のみちをも存知し、また法文等をも知たるらんと、こころにくくおぼしめしておはしましてはんべらば、おほきなるあやまりなり。もししからば、南都北嶺にもゆゆしき学生たち、おほく座せられてさふらうなれば、かのひとにもあひたてまつりて、往生の要よくよくきかるべきなり。親鸞におきては、ただ念仏して弥陀にたすけられまひらすべしと、よきひとのおほせをかふむりて信ずるほかに、別の子細なきなり。念仏は、まことに浄土にうまるるたねにてやはんべるらん。また地獄におつべき業にてやはんべるらん。惣じてもて存知せざるなり。たとひ法然上人にすかされまひらせて、念仏して地獄におちたりとも、さらに後悔すべからずさふらふ。そのゆへは、自餘の行もはげみて、仏になるべかりける身が、念仏をまうして地獄にもおちてさふらはばこそ、すかされたてまつりてといふ後悔もさふらはめ。いづれの行もおよびがたき身なれば、とても地獄は一定すみかぞかし。弥陀の本願まことにおはしまさば、釈尊の説教虚言なるべからず。仏説まことにおはしまさば、善導の御釈虚言したまふべからず。善導の御釈まことならば、法然のおほせそらごとならんや。法然のおほせまことならば、親鸞がまふすむね、またもてむなしかるべからずさふらう歟。詮ずるところ、愚身の信心にをきてはかくのごとし。このうへは、念仏をとりて信じたてまつらんとも、またすてんとも、面々の御はからひなりと云々。」

(33)『新講歎異鈔』

(34)近角常観は『歎異鈔』を読むには次の二点を立場とすべきであると強調している。「弥陀の五劫思惟の願をよくよく案ずれば親鸞一人が為也けり」とあるが、これは聖人(親鸞)の自督自身なることを味わうこと。「歎異鈔を読むには此著者、唯円が聖人に対せられたと同様の心持になって対しなければならない」としているが、指示するところは同様である。『求道』三の九参照。

(35)香月院深励述『歎異鈔講義』

(36)妙音院了詳述『歎異鈔聞記』

(37)悪人正機説の追体験について清沢の場合、キリスト教の原罪説によるものでないかとの見方もある。(田村圓澄「清沢満之と精神主義」『日本仏教の展開』所収)これに対しては既に柏原祐泉氏により批判がなされている。柏原祐泉「妙好人的信仰の思想史的系譜」『大谷大学々報』三八の一)ところで、暁烏の場合であるが、キリスト教には特に強い関心をもっていたようである。事実、青年時代の日記には「内村鑑三を訪うて文明、摂理、祈禱、罪悪、霊魂、仏基合同の事を談ずる」(明治

三十三、十、十七）とあり、又、トーマス・ア・ケンピスの『The imitation of Christ』を内村訳により読んでいる。しかし、彼は同書の「されど我と共に自由に歩まうと願うその人は必ず己の邪悪な又、濫らな観念をすべて殺して了って、そして、一切の諸物、その恋々の私的な愛情を惹くことのないようにせねばならぬ」との部分に、「かくの如くんば予は到底救わるべからず」と朱注している。彼は自己の罪悪を直視する時、やはり『歎異抄』の悪人正機の論理にしか救いを見出せなかったようである。ただ、このことはこの後の『出家とその弟子』における親鸞が、まことにキリスト教くさく描かれているのをみる時、興味深い。

(38)『歎異鈔講義』

(39)「清沢満之」（家永三郎編『日本仏教思想の展開』所収三三三頁）

(40)『触光手記』『暁烏敏全集』二の一所収

(41)彼が『歎異抄』を通しての新感覚に立ち、旧信仰形態に批判を向けたため、旧信仰側から反撃を受け、「暁烏の異安心事件」としてセンセイションをまきおこしたことはよく知られている。『暁烏敏全集』三の一、及び拙稿「『精神主義』の地方的展開」（『仏教史学』一六の一・二）参照。

(42)『触光手記』

(43)吉田久一『清沢満之』、西村見暁『清沢満之先生』等参照。

(44)『更生の前後』、宮城顗「浩々洞」（『清沢満之の研究』所収）等参照。尚、後に彼は新しい見地からの本抄の味わいを『新講歎異鈔』と題して講じている。

第二章　明治の親鸞伝

第一節　その概観

明治時代に入ってからの親鸞伝研究はおよそ二十数編を数える。ちなみにその主なものを発行年時順に列記すると次の如くである。

明治　十　年　『高祖十恩辨』（僧純）
十五年　『親鸞聖人絵詞伝』（円遵）
十八年　『真宗祖伝標記』（藤井玄樹）
二十年　『御絵伝詳指録』（大河内了知）
二十五年　『御伝鈔簡要』（明三慧）
二十八年　『親鸞聖人』（福井了雄）
二十九年　『伝絵私記』（僧叡）
〃　『史的批評親鸞真伝』（村田勤）
三十七年　『親鸞聖人小伝』（住田智見）

三十八年　『親鸞聖人』（前田慧雲）
〃　『親鸞聖人』（金子大栄）

そして、四十年代に入ると折から四十四年に行なわれる親鸞六百五十年忌御遠忌に相応じて、その数は急にふえている。

四十一年　『親鸞聖人の信仰』（近角常観）
四十二年　『愚禿親鸞』（須藤光暉）
四十三年　『親鸞聖人伝』（佐々木月樵）
〃　『親鸞聖人伝』（蕪城賢順）
四十四年　『見真大師の三大特色』（大内青鸞）
〃　『聖親鸞』（泉　道雄）
〃　『法然と親鸞』（木下尚江）
〃　『親鸞聖人伝講話』（大須賀秀道）
〃　「親鸞聖人の研究」（長沼賢海）

この中、三十年代までのものは村田勤、金子大栄のものを除いては、たとえそこに文体や装丁に新しさがみられても、記されているのは前代以来、教団内で温存されて来た宗祖的親鸞像の派生に過ぎず、明治の新時代にふさわしい親鸞が現われるのは四十年代に入ってからである。即ち、四十年代には御遠忌にあおられてか親鸞への関心は教団の内外を問わず異常な高まりをみせ、各々の立場と世界から特色ある親鸞像が作り出されている。いうまでもなく一般の門信徒はこの新時代にあっても、『親鸞伝絵』がかもし出す宗祖への尊崇の念の中に親鸞像を抱き続けていた。その伝統的雰囲気を体内に受け継ぎつつ、しかも、近代の信仰の眼によって親鸞を描いたのが佐々木、近角の研究である。又、この時期には一般の文化人、知識人の中にも関心がひろがったが、彼等が抱いた共通の親鸞像は「日本仏教史上の偉人」、「在家仏教（肉食妻帯）の確立者」親鸞であった。大内、泉らの親鸞がそれである。又、文学畑からでは、はじめて触れたのが須藤の「親鸞」である。一方、史学界には親鸞抹殺論さえ喧伝されて、史上での親鸞の存在が疑われ、実証的研究の必要性が痛感されていたが、それに一応こたえるものとして長沼の研究が生まれた。又、木下は社会主義者としての敗北の境より、「人民の解放者」・「農民の救済者」としての親鸞を刻んだが、これは社会主義戦列からの最初のものであった。

さて、本章ではそのうち、明治末期に見出され、当時代人に幾多の反響をよび、今日においても尚、社会主義思想や真宗の分野に共鳴者をみている、木下尚江の『法然と親鸞』、佐々木月樵の『親鸞聖人伝』について検討しようと思う。

第二節　木下尚江の『法然と親鸞』

木下尚江の一生　木下尚江(1)は日本における社会主義運動史の先駆者の一人である。明治の社会主義者がそうであったように彼の一生も権力からの弾圧と、それへの抵抗に彩られている。

木下は信州の城下町、松本の産、父は秀勝といい、もと松本藩の下級武士。母久美子はきびしい武士気骨の女性であった。彼は明治二年にその長男として生まれた。このように、明治維新に、それも時代の変動を真向から浴びなければならなかった士族の子として生まれたことは彼の生涯を多難なものに運命づけている。政府のとった秩禄奉還の手段は、士族層を「士族の商法」との嘲笑と共に没落においやっていったが、勿論松本も例外ではなく、彼はその様相を幼心に痛くやきつけられて少年時代を過ごしたのである。

明治九年、八才にして松本の開智学校に入学し、ここでの啓蒙主義教育は迷信・伝説の世界から彼を解放し、科学的・合理的意識を目醒めさせ、この没落士族の子は始めて明治維新の信者になることが出来たのである。明治十四年、松本中学に入学、この頃、イギリス近世政治史上の雄、オリバー・クロムウエルの「権利自由のための改革と闘いの歴史」を読み、大いに傾倒し、又、折しも激化の兆をみせていた自由民権運動にいたく感ずるところがあったという。

明治十九年、法律を学ぶ為に上京して東京専門学校へ入学、卒業後直ちに帰郷し、やがては代議士となる野心をいだいて『信陽新聞』の記者となった。しかして、その好機はすぐにきた。それは県庁所在地移動に関しての信州、南部と北部の対立という人気ある地方政治問題であった。筆に弁説に大いに活躍した彼ではあったが、いつしかこの問題の裏に地方政治特有の利己欲と偏執な郷土愛の渦まくのを見ていた。正義感強い彼は黙しておれず、勢いのおもむくところ偏執な郷人の虚偽と私欲、懶惰にみちた地方政界の在り方を烈しく批判し始めていた。結果は意外に厳しいものであった。彼は当然の如く、「愛郷心の無い奴」として葬られ、それに加えて新聞社をも失い、活動の拠点を奪われてしまったのであった。

しかし、この失脚は彼の生涯からみると決して無意味ではなかったようである。彼は心中の煩悶を介して聖書を知り、ここに初めて自然の中に「神が在る」との霊感を得たという。そして宗教改革者としての使徒パウロの熱烈な信仰の意気に触れ、後にキリスト教社会主義を提唱する備えを得たのである。

さて、事件後、身を異郷に漂わせていた彼は二十六年、弁護士として再び帰郷した。しかし、健康は衰え、死の観念におそわれて憂悶多い日々であったという。諏訪湖畔で相知った一娼妓がわずかにその心を和らげてくれたと自ら語っている。しかし、執拗に政治的関心を持ち続けていた彼に再び活躍の機がおとずれた。

明治二十八年、日清戦争終結後、下関条約は所謂、三国干渉を受け、それに対して国内では遼東半島還附反対運動が起ったが、木下は当然の如くその先頭に立っていた。この運動は成功をみなかった。しかるにそこから更に新しく普通選挙運動が展開したのである。

しかし、「此の『帝王神権』の専制思想が滔々として形式ばかりの立憲的日本を漂はしている時、塵に汚れぬ信州の山奥から純白なる民主々義の絶叫を挙げよう。」(『懺悔』)という熱望のもとに運動に投じた彼を待っていたのは、冷ややかな監獄の壁であった。三十一年、恐喝取材の嫌疑の名目のもとに彼は拘引された。独房生活には権力への憤怒と絶望の苦悶に耐えることのみが課せられていた。しかし、この試練の中に信仰を確め、一段とたくましく成長していったのである。

十ヵ月後、無罪の判決を受けて出獄、そして島田三郎の好意によって毎日新聞社に入社するを得、更に翌三十三年には同志、大関和子の愛弟子、和賀操子と契りを結んだ。ここに中央思想界、言論界に活躍の舞台と、そして生涯の伴侶を得た彼には、この頃がその一生で最も幸福な日々であったにちがいない。

しかし、平穏は長くは続かない。日清戦争を経た明治三十年初頭の日本の資本主義は丁度帝国主義的段階に入り、その発展は逆に矛盾を激化させ始めていた。即ち、企業熱の勃興、軍備拡張の要求、租税の増徴がおこなわれ、物価ははね上がり、社会問題、労働問題が多発する条件が累積していたのである。折から、廃娼運動と足尾銅山鉱毒問題がおこり、彼は片山潜、内村鑑三、境野黄洋らに伍して救済活動を応援したのだったが、このように毎日新聞入社以来、虐げられた人達の為に闘った体験は名実共に彼を社会主義運動家に育て上げたのである。

ところで、彼が毎日新聞入社の頃は丁度、社会主義、労働運動の勃興期に当っている。三十年に中村太八郎等により「社会問題研究会」が、翌年には安部磯雄、片山等により「社会主義研究会」が創立されたが、木下も名を連ねていた。そして、これらの研究会、運動を通して、片山潜、幸徳秋水、安部磯雄、河上清らを知った。又、三十四年には片山と共に社会民主党を結成することがあったが即日解散させられている。さて、三十六年、日露関係は切迫し、国論は予想される戦いをめぐって沸騰した。この中にあって、社会主義研究会は活発に非戦論を展開したが、木下もその中にいた。しかし、その主張も日露開戦という事実に抗すべくもなく、唯その後の運動の中核となった「平民社」を遺したのみで潰えたのであったが、彼の反戦小説『火の柱』はこの実践から得られたものである。

戦争は終った。しかしそれは彼等に自由の到来を意味してはいなかった。今、山極圭司氏の要を得た叙述を借りると「平和の風説――それは彼等社会主義者達にとって何よりも喜ばしい天来の声ではあったが、戦争の終結は決して直ちに社会主義の黄金時代の到来を意味しはしなかった。むしろより困難な時代、日本の社会主義の新しい展開のための烈しい陣痛の時代が訪れたのである。政府の弾圧は徹底した。言論は極度に不自由だった。しかも国民一般の社会主義に対する世論が甚しく悪化」（『木下尚江』）するという状勢におかれて、ポーツマス条約の調印が成った三十八年九月、遂に平民社は解散し、同志は新しい局面を迎えたのである。

しかして、彼はこの状勢に無影響であり得ず、三十八年十一月、幸徳、西川光二郎と袂を分ち、石川三四郎と共にキリスト教社会主義を唱えて『新紀元』を発行することになった。しかし、この時期の彼は必ずしも闘いに専心出来たのではなかったようである。社会的状勢、つまり、絶対主義権力の弾圧に加うるにプロレタリアートの階級的未成熟のうちに、社会主義思想実現に懐疑的になってしまったのである。「看よ、日本の何処に君主政治を否定する所の思想あり、熱情ありや、泰平なり泰平なり、仮命地球の大陸より尽く君主政治の掃除せらるる時ありとするも、富士峰頭の雪、白扇を倒懸する太平洋の一孤島国を如何ともすること能はざるべき也。革命主義にとりて、日本は無縁の衆生なれば也、……我が新国民が其理性に於て最早君主神権説を肯定せざるものあるをみるも、吾人は容易に日本国民の近き未来に革命の破裂を期すべきを信ず能はざるなり。」（「革命の無縁国」）

その上に、彼をおいつめたのは精神的葛藤であった。早くから思想活動をする自分に出世欲、名誉欲のひそんでいることに痛んでいた彼は、キリスト教信仰と社会主義運動に立つ自分を「二夫にまみえる娼婦」と批判し、その矛盾に耐えかねて遂に戦列を離れたのである。四十年代の社会主義が、幸徳らの無政府主義的方向と、片山らの組織運動のそれへと分化を示しているが、状況の激化はキリスト教社会主義の存在を許さない段階にたち至っていたのである。

明治三十九年九月、彼は完全に運動から離脱し、上州、伊香保山中に寵り内省の人となり、ここで前半生の自叙伝『懺悔』を著わした。その後、一度帰京し雑誌『新生活』を刊行することもあったが続かず、再び三河島の寒村にこもり、一連の小説『乞食』、『墓場』、『労働』、『荒野』、『火宅』を書き上げ、続いて「霊肉一致」の境地を求める隠遁生活の中から、四十三年に『日蓮論』、四十四年二月には『法然と親鸞』を発表した。その後、『野人語』、『創造』を出版することはあったが、次第に深い沈黙の生活に沈んでいったようである。彼の旺盛な生命は枯れたのである。二十年より三十年代へかけての活動があまりに華々しいものであったがためか、晩年はまことに寂しさにつつまれたものであった。ひたすら念仏に心を傾けていたという。

『法然と親鸞』著述への契機　木下は真宗教徒でも、仏教思想家でもなく、キリスト教社会主義者と評されている。ではその彼がどのようなわけで親鸞に接するようになったのであろうか。彼の生活と思想のプロセスの上にそれを尋ねたい(2)。彼の思想は端的にいって彼の人柄である正義感に支えられ、ある時はそれが自信となり、ある時はそれが狂おしいまでに彼を自己反省においつめて展開している。その跡は(イ)「祖母の信仰の世界」→(ロ)「政治的、社会的関心」→(ハ)〈「社会主義思想」「キリスト教信仰」〉→(ニ)「仏教信仰」というように整理出来る。以下、これに沿ってその思想遍歴をたどりたい。さて、幼少年期の精神的環境は祖母に尽きるようである。彼女は「神とさえ名がつけば何でも信仰するという信仰家で、仏の縁日なども能く記憶して居て遠い山寺まで常に参詣する」(『法然と親鸞』、以下本書と記す)という昔ながらの所謂、善女であった。彼女が亡くなった時には、自分の歴史にとって著しい事件であったと木下がいっている位に、祖母の世界に温められていたのである。彼の家は曹洞宗に属していたが、当時の松本は廃仏毀釈後、真宗勢力が進出し、殆んどの者が真宗に転じたという。その頃のことを次のように語っている。

「僕の直ぐ隣りの金貸の家には折々御説教が催された。祖母が木綿を紡ぐ、母が針仕事をする。其の夜業の細い洋燈の下へ小さな古机を持出して読書や算術の稽古をして居ると寂しい士族町の冬の夜など隣家の奥座敷の説教僧が甜めつくような調子を張り上げて、善男善女を説き落す厭な声が手に取るように聞える。ついで『南無まいだ南無まいだ』と聴者の口々を漏れる念仏の声が風のように起る。母が面を上げて『御経は矢張禅宗のがサッパリしていて一番気持が可い』と独り語のように言はれた。」(本書)このような環境のため、生家は真宗門徒ではなかったが『親鸞聖人』の名は小児」の頃から耳にしていたのである。それも「愚夫愚婦を誑かして臍繰銭を盗み取る売僧の張本人として」しかも、「毛虫よりも下劣な」ものとして記憶していたという。幼い頃皮肉にもこのような印象を抱いていた彼が親鸞を求めるようになるには、幾星霜かの現実との闘いを経験しなければならなかったわけである。

さて、八才の春、開智学校へ入学するが、そこでの科学的教育は彼を「神だの仏だのということを一切否認」(『懺悔』)する子供にし、ここに祖母的世界から脱け出した彼は、政治や社会に関心を向け、もっぱら自我拡大の道をたどって行く。その後、再び宗教的な傾向をもつのは十九才、東京専門学校時代の失恋と父の死によってであった。彼は「心の底に発見したる不思議なる空洞の寂しさ暗らさ冷たさに驚怖して只だ之を充塡するに足る不思議な何物か」（『懺悔』）を求めて、当代のキリスト教、仏教界の知名の教師達の講演を聞きまわったという。しかし、新時代に適応しようとする所謂、「文明の講義」に満足せず、今尚、旧来の説教が行なわれている寺へ行き、熱心に「地獄の刑罰」、「弥陀の救済」、「浄土の歓楽」の話に耳を傾けた。だが、彼自身の内心の要求が未だ熟さないためにそれは模索に終り、結局その精神の渇きを、政治や社会活動の艱難に転化していったのである。

　ところで、その後、信仰の世界に自覚的になったのは明治二十三年、松本の政界から葬られ、国会への進出という最高の野望が断たれた時であった。彼は聖書によって「神在り」との霊感を得て信仰はかたまり、更に三十一年の入獄はそれを深めたのである。その後、四十年、三十一才頃までの彼を動かしていったのはこのキリスト教信仰と社会運動であった。

　彼はキリスト教によって、「世界大革命」が宣言されたとして、「世界大革命とは則ち万国みなその境を撤し、人類みな同胞の愛情に満ちて天国を地上に建設する」と主張し、「然るに看よ、権力の私情に基きて土地を区劃し、人類を差別し、これをもって、智者の能事と誇るところの者は内に階級を立て、外に詐術を弄し、人欲の為に天道を汚濁す」（『野生の信徒』）と批判している。つまり「人類みな同胞」、「天国」という認識はキリスト教信仰により、それの地上における実現は社会主義活動によるというのが、彼の基本的な考え方であった。しかし、ここで問題となるのは、そのように主張するのは誰かということである。彼にあってはそれは「神」ではなく「尚江」自身となっている。つまり、隅谷氏(3)もいわれるように彼のキリスト教信仰と社会主義運動は「尚江」という人間の自我形成の上に成り立っていたのである。信仰の前に、思想の前に未だ彼は死んではいない。ここに危険がある。即ち、思想がその裏に尚、人間的自我の欲求をとどめているならば、やがて人間的存在それ自体が問われざるを得ないからである。今、ひるがえってその頃の彼を訪うならば、その胸中を覆っているのは予想通り人間としての暗い矛盾と罪悪感である。普通選挙運動、足尾銅山鉱毒問題、廃娼運動、非戦運動と続く活動の困難をなぐさめてくれたのはキリストの福音であった。又松本での政治活動に敗れた時、更には普通選挙運動中に獄中の人となった時、その荒れた魂を励ましてくれたのも神の愛であったことは先にふれた通りである。しかし、神は彼の煩悶にその根本から応えるところはなかったようである。今少し彼に聴こう。

「予は去る三十二年の春、故山に別れて東京に出た時、『基督教徒として此の一身を日本の国土に貢献したい』此れが余の念願であった。そして、此の念願を政治的方面に実現したいと着眼し、……社会党の創立に参加した。基督の福音と社会主義の学説とが、其基礎を異にして居るもので、従って、其の運動の方法に於いても黒白相容れないものがあることは予も最初から考えていた。……予は我が胸中の矛盾撞着、不徹底、支離滅裂を知覚して断えず其の不安に苦しんだが、常に自ら欺いて強いて目前の弥縫に努めていた。……三十六年、日露問題が満州で切迫を告げた時、予は同志を促して非戦論を公表し、それから戦争中、筆に口に東奔西走して、非戦論を鼓吹した。若し当時の予を外部から見たらば一個勇猛の戦士のように思えたろうが、この戦争が進むと共に胸中の疑団も漸く拡大して、運動から帰って独り書斎に横たはつた予は宛然一個の死骸であつた。予は此の精神的疲労の我が姿に対して常に種々な疑問に打たれた。而して神の名により、救世済民の名に依りて活動しつつある此の若き義人は実は名聞利達の情欲に駆られて行方定めずに漂浪する盲目の餓鬼に過ぎないことを見た。予は我が強欲非道なる悪魔の姿に戦慄した。……日露戦争の終ると同時に社会党も瓦解した。予は此の機会に『基督教社会主義』といったように別旗幟を建てて昨日までの同志と離れて新しい道を取つたが」、表面の理窟を「修飾すればするだけ、内部の生命は愈々に支離滅裂して行く、乾坤一擲の手段に出る外はないかと日夜懊悩」(「我が思想の一大転化と静座の実験」)していたと語っている。このように木下は神と人間的現実の断層に苦しんでいたのである。

さて、日露戦争後の平和は社会主義運動を好転させるかにみえたが現実は更に厳しい圧迫と弾圧の連続であった。その上に、慈母久美子の死は悩める彼には手痛い打撃であった。

「予は正義を主張し来れり、予は神の愛を伝道し来れり、予は社会の改革を論議し来れり、予は犠牲の精神を鼓吹し来れり。然れども予自身は何物なりや、予の不正不義は予自らの能く知るところに非ずや。予の獣心獣欲は予自ら能く知る所に非ずや。予は神を避け居るものなり。予は神さへ詐らんと欲するものなり、予の全身を捜索せよ。何処の隅に犠牲の精神の一塊だに発見せらるべしや。一切のこと皆虚偽なりき。予は一に私心私欲に鞭うたれて喘ぎ走るのみ。」(『懺悔』)とむごいまでに己を追求し、反省している。そして、同時にこの罪悪感を通して、社会主義運動にひそむ権力欲のみにくさにも気付いたのである。このように、一度、自己の現存在を直視してしまった彼には、社会主義運動がその自我欲求の連続的拡張を意味する限り、そこにとどまり得ず、ここに「現代文明の苦悩煩悶は単に社会の物質的改造のみを目的とする社会主義では到底根本的に解決することが出来ない」（「我が思想の一大転化と静座の実験」）と考えるに至った彼は、三十九年九月、完全に運動を離れて上州、伊香保の山中に入ったのである。遂に親鸞を必要とする時がやってきたのである。ここで彼が求めたのは生温い信仰などでは勿論なく、多年悩んできた霊と肉・心と身体の分裂の一致であった。「霊と肉」、具体的には彼の前半生にあってはキリスト教信仰と社会主義運動を表わすのであろうが、これを更に換言すれば彼にあっては「人生問題と社会問題」ということになる。即ち、政治的改革に空しさを感じ、神への祈りにも充たされなかった彼はその解決を「宗教改革」に思い至ったのである。そして、ここに「宗教改革は力の事業ではない。故に政治上の改革は必ず敵を圧倒し、破壊し、降服させねばならぬ」のであるが、宗教改革はその必要がなく、「各人が我が内に真生命を発見すればそれで可い」（本書）という、今日のマルキストからは敗北者ときめつけられるであろう主張に立ち至った彼が、次に向かったのは過去の歴史であった。しかも、それは西洋ではなく「日本に於て我等が経験した宗教改革の事業を味い返して見る」ことであった。こうして鎌倉新仏教史上に見出した親鸞の人格は彼には、「種族の闘争も、階級の闘争も三世に渉り三界に跨がる人間一切の葛藤を鎔かして清浄化する一大火炉」（本書）と映ったのである。かくして、木下はかつて幼少の頃に思っていた「売僧の張本人」としてではなく「宗教改革の先覚者・先導者」としての親鸞にたどりついたのである。即ち、日蓮の中に社会主義活動に苦闘するかつての己の姿を描いた彼は、(4)親鸞の中にそれを超えて解決する道を見出したのであった。このようにみてくると、木下の親鸞は彼が前半生において成し遂げ得なかった理想成就への祈願にうらづけられているといえそうである。

ところで、現実社会での活動を介して、己の人間悪に気付き、そこから東洋的諦観の世界へと傾斜する思想推移は、そのままに明治三十年から四十年代への移行の際の思想的苦悶を示している。与謝野鉄幹、清沢満之、高山樗牛らはその傾向を代表しているといわれているが、彼がたどった経路も又、このような思想状況を背景にしていることも看過してはならないように思う。特に彼の場合、社会主義者のたどった一つのケースとして注意しておきたい。

さて、木下は、三河島町谷の一草屋にて、四十三年の暮から筆をとり、翌年二月、本書を脱稿した。著述に入る直前の四十三年九月二日付の高島米峰宛の書簡では「親鸞と云ふ人には未だ面識がないのでなんとも云えぬ」といっている。即ち、彼の親鸞像は次節でふれる佐々木のように、真宗教団に生れ、幼年の頃より親鸞に親しんできた宗門の子が描き上げたものではなく、その圏外にあった人間が歴史の現実を生き抜く幕間に見つけ出したものである。それ故に、この作品は、近代が宗門の荘厳から親鸞を解き放つ最初の役割を担い得たのではなかったろうか。この意味で、森龍吉氏が、「彼は『国民的親鸞』を発見した」(『親鸞―その思想史』)とされているのは卓見である。

ところで、本書は「歴史と四辺との束縛より解脱して、人生の自由と光明とを獲得せんと焦慮する現代の日本人は、法然及び親鸞が苦悶奮闘勝利の先蹤に学ぶ所なかるべからず。悲哉。浄土宗と本願寺とに掩はれて七百年の久しき我等は此等巨人の真面目に接するの機会を奪われたる。

是れ本書の出でざるべからざる所以也」（『創造』）と盛んな紹介を受けた。しかし、木下は、自ら描いた親鸞像を現実変革のエネルギー化することはなかったようである。それは彼が現実の運動からの脱落を通して見出した理想像であったが故に、理念にとどまり、再び歴史の現実との流通を持つに至らなかったのではあるまいか。

木下の親鸞像

第二次大戦後の親鸞研究にあって、プロモーター的役割を果したのは、マルクス史学者服部之総の『親鸞ノート』であったことはよく知られているところである。ここでは親鸞の姿は唯、ひたすらに東国の農民と共にあった信仰人として鮮明に映像化されている。この服部の立場がその後の史学界に笠原一男等の親鸞研究(5)を生み、更に社会主義者からは岩倉政治、林田茂雄の親鸞解釈(6)をみ、今日のわれわれに支配的な親鸞像の一つの型である「農民的親鸞」、「人民の解放者親鸞」像を定着させたのである。だが、歴史をさかのぼるときこの親鸞は服部の独創ではなく、既に明治の末期に先駆者をもっていたわけである。即ち、木下尚江が東国農民の中に親鸞を描き上げていたのである。しかし、赤色ならずともいささか紅色を帯びていたこの親鸞は、大正デモクラシーの波が去った後、ひたすらに軍国への路をたどる状勢下にあっては、三木清以外には殆んど後継者を持ち得ず、第二次大戦後の服部まで待たなければならなかったのである。それ故に木下の親鸞論は、今日の学究の水準からはその稚拙さが指摘されるにしても、貴重な意味をもっているのである。

さて、『法然と親鸞』(7)は親鸞論、親鸞伝等のいずれからみても、お世辞にも洗練された作品とは言い難い。ある部分には、親鸞の遺文が生のまま、しかも長々と引用され、又、あるところでは木下自らが心の苦渋を流露するにまかせ、そこには如何にも明治の野人、木下尚江にふさわしい荒けづりの親鸞が刻まれている。しかし、ここではそのような事実よりも、本書が権力への抵抗に敗れた一人の人間による歴史的現実への憤りと祈願をにじませていることに目を向けたい。

「我等は学問知識を誇る。然らば学問知識とは何ぞ。1＋1＝2、是れが其の基礎だ。故にまた1－1＝0、是れも亦自明の真理と信じられている。然れども事実は全く違う。1＋1＝1、1－1＝1、1＝0、是れが諸法の実相だ。然るに一たび1＋1＝2、1－1＝0と云う知識の菓を食うて以来、我等常にバベルの塔を築いて、是れに依て天上に登り行くことの出来るものと思い誤り、妄想は妄想を孕み、疲労は疲労を生んで、遂に狂乱に終はる。我等は先ず愚痴に返りて絶対智如来の胸に安眠し、平等悲如来の腹に蘇生せねばならない。

人の子よ、何故に冬の悲哀に泣くか、我等は正に声を合はせて冬の希望を讃美せねばならぬ。君は落葉を痛ましいという。然れども一片の木の葉も決して徒らに落ちぬ。看よ、下には既に新芽の緑を包んで春風を待っているではないか。この新しい我を擁護する為に旧葉は飛んで根に帰る。

聖書の中に神を求むる者の為に、我等は何人か世界の聖書を焼き払うことを祈る。此の如き者の為に、書物は鉄鎖だ。校舎は牢獄だ。不増不減。是身是仏。裟婆即寂光土。」（本書）

本書はこの序文によって始まっている。社会主義活動に敗れ、再生を求めて三河島の寒村にひきこもっていた彼には、寓居の窓から散る落葉も「決して徒らに散らぬ。……下には既に新芽の緑を包んで春風を待つ」姿に映ったのである。彼は蘇生を願っていた。それ故に、彼には生ある存在者としての自分と生きた感応なき親鸞を描く必要は毛頭なかったし、又常識と形式にこりかたまった学問の立場も必要ではなかった。「考証は歴史じゃ無い、歴史は創作だ。」(本書)これが過去への彼の大胆な姿勢であった。だが、それは雑誌『仏教史学』(明治四十四・一)の新刊紹介子をして、「史学の生半可な史論よりも此方が大に愉快だ。著者の俊発なる奇才は、史実を解釈して読者を首肯せしむるところが少なくない」と云わせるだけの同時代的共鳴性をもつものであった。

かくして、刻み始めた親鸞像は彼の願望と課題の表現であったのであり、従って、信仰的、文化的、史学(考証)的関心下にあった明治末期の親鸞を、社会的現実的関心から把えることになっている。先ず、「宗教改革者・指導者」として法然と親鸞を描き始めて、鎌倉時代における「宗教改革の意味を充分納得する為に、当時平安城市の生活」に筆を進めている。即ち、九条兼実の日記、『玉葉』を拠りどころとしながら、平氏と源氏の間にあって南都北嶺が暗躍する平安末期の変動の世をとり扱い、そこに「一般民衆」の不安を浮き彫りにし、加えて、平安仏教を祈禱仏教ときめつけ、この時代の人間は「大臣大将も田夫野人も、其の精神に於いて全く僧侶、神官、陰陽師の奴隷」であったとし、そこに新しい宗教思想が生まれ、宗教改革がなされなければならなかったことの必然性を執拗に強調している。しかしながら、『玉葉』は彼の苦心にもかかわらず殆んど消化されておらず、原文体そのままに、安元三年四月二日の条より、寿永二年八月十四日の条までを思いつくままに引用しているに過ぎない。『玉葉』は木下の本書執筆の明治末年には、漸く実証史学から研究がなされ始めたばかりであったのであるが、それが史学に対しては素人の彼にこなし切れる筈がなかったのである。しかし、それが逆に兼実をして直接に語らしめることになり、平安末の混乱した世相をリアルに伝える効果をあらわしているのは皮肉である。

さて、彼はその考察から次のような一つの解決を得た。

「僕は曾て人民本位の歴史を書いてみたいと思った。けれども今は是でも満足することが出来ない。人生本位のものでなければならぬ。……治者本位の観察で行けば奈良、平安の両朝を経て、鎌倉の幕府政治を産み出すことになる。人民本位の観察から行なっても、大小不断の叛乱暴動の後、また武家政治の下に新しい圧迫を忍耐する所へ落ちついている。然れ共是がために果して何等の解決がついているか。貴賤の差なく、貧富の別なく、凡て物欲の空しき駒に鞭を加えて、この『時』という幻の路を走るに過ぎない。」（本書）と闘争の歴史を批判し、それを超えていく立場として、法然、親鸞の中に「種族の闘争も階級の闘争も三世に渉り三界に跨がる人間一切の葛藤を鎔かして清浄化する一大火炉」（本書）が存するとみたのである。叙述は粗放ではある。しかし、少なくとも親鸞を宗教改革者として日本史上に位置づけ、明治末期の現実の中にその意義を見出そうとする意欲はかえよう。殊に明治には親鸞伝は多いが、それらの殆んどが真宗教団人の場合は、宗祖への有無をいわせぬ讃仰の調子であり、たといそうでなくとも、日本仏教史上の偉人としての親鸞を語るのみで、同時代的・現実的意義を探索したものが殆んどないことを考える時、殊更にその感が深い。即ち、本書にみられる親鸞は現実社会に密着して闘った木下の業の所産であり、そこには、現実に反撥し、運動に挫折し、新たな方向を求めている彼の祈りが聞えるようにさえ思われる。

さて、親鸞をこのように位置づけた後、はじめてその生涯に筆を進めていく。親鸞が出家登山後、吉水の法然に帰する迄の間を「聖僧生活の虚偽」と題して描写する。日野家に生まれ、九才にして慈円の門に入り、比叡での学問修行を通じて、若年にして小僧都に栄進し、聖光院門跡の地位を得、その俊才振りが山内に響いたという中世以来の装飾的所伝はそのままに踏襲されているが、面白いのは、この時期の親鸞の課題は「両性問題と衣食問題」であったとする見方である。正に明治の人間的関心から親鸞をみているわけである。そして、木下にそのような課題を負わせられた親鸞は次のように「創作」されている。

「親鸞は苦悶した。彼は年若き聖僧として朝野の尊信を買った。外観から言えば、彼は当に僧侶の弊風の外に、清浄の生活を維持していた。然れども問題は外形ではなくして内心にある。真摯にして偽善を憎む英烈な彼は我が内に動く性欲の前に面を向けるに堪えなかった。『我は既に目に見えぬ破戒の罪人だ』彼は心に斯く叫んで、人知れぬ苦悩に痩せた」(本書)とし、そして、その彼に「内には猛烈な男児の欲、外には強暴な社会の名誉、知識も学問も之を解くには寸毫の力も無い」(本書)と懊悩させ、次に所謂、六角堂参籠にと筆を進める。

「彼は一夜観世音の聖像の前に覚えず疲れてトロトロと眠った。と思うと一人の美人何処からともなく現はれて、嫣然と彼の前に立った。縹渺たる雲に臥して両人は飽くまでも語ろうたが、美人が突然立ち上って帰り行く姿に愕然と驚き醒めれば、身は依然六角堂の仏前に坐して、夜は寂として暁遠く、燈明の心細くも瞬く如くに四辺を照らす。燃え残る香の烟の消え行く末に、つれなくも別れし人の面影を恨めしげに思いやれば、淡くも灯影に照らされて、笑ましげに立たせ給う慈悲柔和な観世音の御姿……親鸞はアッと仰天して打ち倒れた。」(本書)

いかにも艶美な親鸞である。木下にとって親鸞は最早「宗祖聖人」ではなく、一個の人間、男としての「彼」であった。木下は親鸞を宗祖の蓮台よりひき下し、血肉の我身の側に据えおいてしまっていたのである。(8) 今、考察上、次に彼の獄中での信仰体験記を紹介したい。

「『神は果して予の如きものをも愛して下ださるだろうか』という疑問がグイと胸に浮かんで来た。……すると忽ち腹の奥底から一つの大きな声が響いた。『神は慥に汝の如き悪人をも愛し給ふ』……予はその轟きに愕然として耳を側てた。『神は慥に汝の如き悪人をも愛し給ふ』と厳かなる同じ声が雷の如くに目近く聴へた。同時に、涙は熱湯の如くに迸りて全身狂爛の巻き返へすように躍り立つ。予はスイと立ち上がった。左手に妹の文字を捧げ、右手を固めて胸の火焔を叩きながら、『神は我を愛し給ふ』と叫び叫んで駆け廻った。……やがて畳の上に身を投げて『父なる神よ』と心の限りに感謝した。」（『懺悔』）

さて、この一文と、先に引いた親鸞六角堂参籠の描写とを比較すると、端的にいってその間には、「観世音菩薩」が「神」に、「親鸞」が「予（木下）」に替っている外には差異は認められない。観音の前に「アッと仰天して打ち倒れた」という親鸞は、実はかつて獄中で「畳の上に身を投げて」神に感謝した木下その人の姿であったのである。即ち、ここにあるのは木下の関心に映った親鸞にほかならない。

このように彼は、親鸞の上に自身を投影させることによって、親鸞を一個の人間存在に為してしまったのであるが、これは明治時代では真宗教団圏外に生きるものにしてはじめてなし得る冒険であったといえよう。

しかしながら、以上の如き六角堂参籠の描写にふれる時に、私は親鸞を描き、親鸞を語ることの厳しさを改めて感ぜしめられるのである。自己の現実を苦しまない者が親鸞を必要とする筈はない。たとえ必要であったにしても、それは親鸞という名前の蔭で安眠をむさぼるために過ぎないであろう。課題を真正面に受けとめて生きる者にしてはじめて親鸞の生命を見出し得るのであろうが、しかし、そこには己の関心に走るあまり、親鸞をわが心のほしいままにする危険を常にはらんでいることを忘れてはならない。即ち、自己の興味によっていつのまにか親鸞を弄ぶことのおそろしさである。私は序章に近代日本と親鸞との関係を、一つの「応答史」と規定したが、応答し、表現するとは一体如何なることなのであろうか。それは近代日本人の自我意識・関心が親鸞を求めて接触し、執着して生じた妄想か、それとも親鸞によって我執の妄見を破られた者のみに廻向される真像なのだろうか。もし、前者を罪悪とするならば、木下は親鸞を描くことによって罪人に堕しているに相違なく、又、彼には罪を犯す以外に親鸞にふれるみちはなかったといえるかもしれない。いずれにしろ、木下の親鸞像は以上述べたように、親鸞に触れ、その門に入らんとする者にきびしく問いかけるものをも含んでいるのである。

さて、吉水時代の親鸞については妻帯問題がとり上げられる。これは親鸞を在家仏教の創始者として中世以来の凡ての親鸞伝が重視して伝えている部分でもあり、彼も又素通り出来なかったのであろう。しかし、本書の親鸞妻帯論には特にみるべきものはない。その動機については、兼実が法然に娘、玉日の婿を請い、それに対し、法然が門弟中から親鸞を選び出したという伝説をそのまま模している。唯、その意義について述べるところはさすがに木下を思わせる。即ち、妻帯問題は親鸞にとってよりも兼実に代表される一般の在俗にとって一層重要な事件であったと説いて、「僧俗の差別、持戒破戒の差別なく」平等に救われると法然が説く時、兼実には法然門下の俊才を彼の婿にするという実験をしなければ納得出来なかったとし、そして「この疑惑は独り兼実一人のものではなく法然の念仏に対する一般社会の問題であった」と説明している。ただし、このような見方は彼にはじまったものではなく、早く『親鸞聖人御因縁秘伝集』以来、民間に伝えられてきたものである。しかし、それを一般社会の民衆の問題と意味づけたのはいかにも彼らしいところである。前半生を社会的現実と闘ってきた彼には、親鸞妻帯も一つの社会問題にほかならなかったのであろう。

ところで、次に彼の筆は法然、親鸞の両者が吉水の草庵で会見する様子をきわめて人間的な筆調でふれた後、流罪後の越後から東国へかけての親鸞を描いてゆくのであるが、ここに至ってその筆は最も冴えを示している。「東国の山野と親鸞」の一章は次の叙述で始まっている。「親鸞は法然と同じ日の未明に京を立つて刑地に赴いた。右に山、左に海、嶮はしい北陸の野に幾夜疲労の夢を結んで、辛くも越後の国府に着いた。……峩々たる峯巒、渺茫たる波濤、其処に筋骨たくましき男女が真黒になつて働いている。天然と人事と共に京に慣れた目には全くの別世界だ。彼は人を化する前に先づ教えられた。」かくして、「北越の曠野に投げ出された親鸞」は「ここに始めて社会の基礎を見た。人生の機関を見た。貴族に生れ、寺に成人し、都会という贅沢な消費地の外に何も知らなかつた彼は、滄浪涯なき越後の海岸に始めて赤裸な労働生活というものを見た。京人の飽くなき浪費を維持する納税種族の汗血を見」、ここに親鸞はその京人的パーソナリティを「深き慚愧の水に全然洗い落された」のであるという。このように、承元の法難、つまり親鸞にとっては越後への流罪の事件を、都人親鸞が農民の中に新世界を見出していくことになったという点で意義づけ、更に赦免後の親鸞は「両毛の野を過ぎ、大刀根の水を渡り、柴匂う筑波の双峯に招かれて、奥州の境なる常陸の国まで流れ来」て、この東国に働く、「東夷の心情と投合して互いに啓発の効を奏し」、ここに「京人の味方でもなく、鎌倉の味方でもなく、悩める一切衆生の味方」となったのであるという。

「親鸞は東国の山野を教化した。しかし、彼が東国の山野に及ぼした教化を思うと同時に彼が東国の山野から受けた教化の更に大なるものを思う」（以上「　」内本書）と自ら語っているように、木下は親鸞が歴史の基底に生きる農民と共にあった人物であるということにいたく感銘を受けたのである。即ち、一切衆生＝東国農民の解放者というのが彼が越後、東国時代の親鸞に見つけた人間像であり、又、それは前半生を労働問題、農民救済活動等に打ち込んできた彼にとっては切実な現実的要請でもあったのである。彼は創作という立場で親鸞を描くと言い切っている。それに加えて、創作者としての彼自身が、明治の歴史的現実に密着して生きた人間であったが故に、このように、東国の原野に親鸞を浮き上がらせ得たのではなかったろうか。

ところで、服部は『親鸞ノート』の中で、「わたくしは親鸞を、彼が生きていた時代に於ける人民たる農民の立場からひとへに検討せんとするものであり、それが私の親鸞ノートを一貫するモチーフである」といっており、そして、この観点が東国時代の親鸞に関して多くの重要な問題を喚起し、その後の研究を経て、今日では親鸞のこの東国時代が、彼の人間像を形づくり、性格づける大切な要素とみられるに至っていることは周知のところである。そのようなわけで、ここにみられる親鸞像は東国の親鸞像の系譜上にあっては草分的位置を占めているのであり、又、それは同時期の親鸞伝研究者の発想し及ばなかったところでもあったのである。

さて、東国社会における親鸞で調子づいた木下の筆は、親鸞の日々の生活についても美しい描写を示す。その一端を記せば『教行信証』著述中の親鸞は「彼は波静かな霞ケ浦の草庵に『教行信証』の大著を添削しつつあつた。彼が一心に筆を執りつつある傍には、去年生まれた赤児に乳房を含めて、身も世も忘れて昔の玉日姫が微笑んでいた。」（本書）と、叙述されているように、いかにも仕合せムードいっぱいの雰囲気の中に彼の家庭生活は描かれている。これは勿論木下の念頭に浮かんできた親鸞一家である。しかし、何ともほほえましい光景ではないか。

ところで、東国の親鸞でこれ程に冴えた彼の筆も、親鸞の教説に及ぶ時には全く貧しい。悪人正機説においては、法然が善人を優先させる表現をとっているにもかかわらず、[9]親鸞が悪人正機を説いたのは「飽くまでも信心の真を現はすことに努力した猛気」な「彼の性格」によると説くのみであり、又、一念義など、東国原始教団内の異義問題についても、親鸞の消息を羅列するにとどまっている。したがって、浩々洞同人から「余りに多く法語を引用したり或は又内面奮闘の教家が時には外面的慷慨の士のようにあらわされていることは遺憾に存ずる。……広く外より見ると同時にまた最も深く内面的考察を要すべきである。」（『精神界』明治四十四・三）との批判がなされたのは至当であったとせねばならない。彼にとってたとえそれがむつかしいことであったにしても、親鸞の教説や信仰の世界にもっと鋭く迫るべきであったのである。しかし、それは宗学的素養もなく、又、農民の中に生きた改革者として親鸞を見ていた彼の視界を超えていたのではあるまいか。

しかしながら、そのような拙劣な教説への筆は、親鸞の晩年から示寂に触れた時に蘇り、本願寺批判に向かうことによって救われる。彼は『改邪抄』の「某閉眼せば、加茂河に入れてうほにあたふべし」との親鸞の一句に、純粋に信仰を貫ぬいて生きた理想の宗教者、親鸞を見ている。それ故に、とかく世評を浴びつつあった明治の本願寺の存在は、「親鸞の遺弟等が遺骨を拾うて墓所を築いた過失のため」に湧出した「一大怪物」と映じ、「遺骨の在る所が霊場となり、血縁ということが、崇拝の目的となり、墓所がやがて寺となり、墓守が化して住職となり、『本願寺』という勅願寺となり、覚如以後子孫相継いで本願寺の活如来と化して終った」（本書）のは、堕落のきわみであるときめつけている。そして、最後には「親鸞は本願寺の先祖ではない」（本書）とまで極言しなければ熱血の木下尚江の心はおさまらなかったのである。既成教団とは無縁の一信仰人、一宗教改革者、一農民解放者、これが彼の理想とする親鸞像であったのである。

明治の仏教誌『警世』は本書を、「両上人の師弟及び思想、信仰上の関係を、従来の所伝を信ずるものに予想外の感を興さしむるものあり、とにかく一読すべき好書なり。」（『警世』明治四十四・三）と紹介し、又、『仏教史学』は親鸞を「当時の平民主義の宣伝者とした著者の着眼は感服せざるを得ない」（明治四十四・二）と言い、「無我愛」の主唱者、伊藤証信も、「平氏亡びて源氏栄うるの世相を映じ、この間常に苦痛懊悩を極めつつ、嘗て休安の地を得ざりし下層細民の状態を序し、斯る時代にあらわれて、無差別平等易行易修の念仏によりて、上下貴賤の生霊を悉く救済するの使命を遂行せし者、是れ、法然、親鸞の浄土門他力の義也と論ぜり。(10)」と理解し高く評価している。

このようにみてくると、木下の親鸞像は、明治の日本を生き抜いた人間が、社会運動家としてその時代の課題を負って親鸞に応答した最初のものであったと言い得るようである。彼は本書に続いで、「宗教改革論」を著わす予定であったと言う。しかし、遂にそれは果さずに終わった。

第三節　佐々木月樵の『親鸞聖人伝』

政治や経済の機構が、更には文化や思想が近代へと展開し始めたとしても、それが直ちに新しい親鸞伝創造の条件がそろったことにはなり得ない。明治という変動期に親鸞像が生まれ変わる為には、一方では宗教信仰それ自体の近代的覚醒がなくてはならなかった。佐々木の『親鸞聖人伝』は、そのような近代的性格をそなえた信仰がもたらした最初の結実であった。それは、親鸞を史学的・考証的立場より、更には真宗教学的立場や、文学的関心から観るのではなく、自己の全人格との対決において、つまり、親鸞伝を学ぶことにおいて、自己の究極的課題を見出していくという求道的姿勢からするものであった。

而して、佐々木は〝親鸞の生涯とは〟と問う時、彼は自らの知性と思索力のみに信頼をおき得ず、今も尚、親鸞を伝えているであろう歴史の地に足を運んでその霊気にふれ、遠き親鸞在世の時を偲び、その追慕の念により、若き日の情熱と感激を傾けて描き続けたのが、この作品である。彼は内に伝統的な真宗安心と、宗祖への讃仰の念をいだき、外に実証的精神、近代思想との接触を課題として親鸞に救済を求め、親鸞像を刻み上げたのである。

佐々木月樵の一期(11)　佐々木月樵は明治八年四月、愛知県碧南郡古井村の真宗末寺、願力寺に生まれた。父、才相は儒学を修め、又、真宗教学においても香月院の流れを汲む篤学の士であったといわれる。彼はこの父の資性を受け継いでいた。十三才にして三河教校に学んだが、それまでに既にこの父は漢籍などを学習させていたという。彼は三河地方の一寺にそれも健げな幼年時代を送ったのである。そして、寺院の法務を手伝い、信仰的素養を自ら身にそなえていったのである。明治二十五年、十八才にしてはじめて上洛し、翌年、京都府立尋常中学校に入学、後、大谷尋常中学校、真宗大学寮を経歴した。この中学時代には終生、尊敬してやまなかった清沢満之を知り、又、その後の活動を共にする多田、暁烏等の親友をも得ている。彼は至極謹厳な生徒で、才気を外にほとばしらせるというよりも、与えられるものをこつこつと学習する生徒であった。そして、又、己の道を確固として歩みつつも寛大に級友を受け容れる雅量をも兼ね備えていた。従って、このような彼の存在は無言のうちに学友に尊敬の念を抱かせていたといわれる。

ところで、この頃彼が特に得意としたのは一般の仏教学と歴史であり、それは「級中の白眉」とさえいわれた。このようにみると、後に仏教研究者としての大成を予想せしめるものを既に示し始めていたように思われる。しかし、彼は書に向かうのみの顔色青き秀才ではなく、彼も又、

「当時の教界の腐敗には切歯扼腕し、自分達の手によって、この腐敗し切った教界を覚醒せしめねばならぬ」（「佐々木月樵君の事」）と意気込む熱血児であった。彼は清沢を敬慕して真宗大学に入学し、そして、入学早々にして、折しも白河党が惹起した宗門革新運動に加わり、学生百名を同志として活躍している。彼が遺した『白河録』は、この闘いの体験を通し、事件の模様を生き生きと叙述して明治仏教史の好個の資料を、今日に提供している。

さて、明治三十三年、二十六才にして大学を終えた彼は引き続いて研究院に学んだが、翌年には清沢の下、東京の浩々洞に身を寄せ、三十五年には多田鼎、曾我量深、楠竜造、近藤純悟らと共に、移東早々の真宗大学予科の教授に任ぜられた。しかし、開校して間もなく、学生二百名に依る学則反対の騒動によって学監清沢が退くに至り、一時、職を去らねばならなかった。その後、三十七年、研究院を卒業すると同時に真宗大学教授に迎えられ、仏教々理史、浄土教史を担当した。ところで、この時期において、彼が課題としたのは一乗仏教及び浄土教史の研究であった。しかし、彼は学的関心にのみ生きるにはあまりに多感であり、清沢の指導の下、同志との活動に伍して『精神界』発行の重要な一員でもあった。ここにとりあげる親鸞伝はこの浩々洞での活動を精神的背景にして成ったものである。今、その述作の直接の動機を知る由は無い。しかし、清沢の宗教思想に啓発された彼が、信仰と思想を表現するためにこの研究に入っていったことは確かである。

さて、彼の為人については既に述べた。では、宗教者としての彼にはどのような特質を見ることが出来るだろうか。大学在学中の彼は、この時期に真宗教団内に生まれた青年がそうであった如く、特に際立った思想を抱いていたわけではなく、学校で教えられる所謂、「真宗の安心」を無批判に受け容れ、その既成観念の中にあったようである。しかし、彼は宗教的真理に対する一途な情熱に燃えていたことは見逃せない。級友安藤は学窓でのある一日の彼の言動を次のように記している。

「君大学に在るの日、一日教授某師に問うて曰く、無明の性質如何と、教授曰く、天台にては此の如し、三論にては此の如し、唯識にては此く談じ、華厳はかく論ずと。君曰く、願くは一言にして無明の意義を聞かんと、教授の言尚初の如し、君退いて嘆じて曰く、宗教の振はざる病根それ此に在るか。余は直ちに仏教の根本精神を尋ねんと……」（「佐々木月樵君伝」）

まことに彼の面目、躍如としてはいまいか。

彼は又、清沢門下にあっては学者肌であったといわれる。従って、清沢没後、多田、暁烏等がそろって伝道にと馳せる中にあっても、専ら彼は選んだ研究に没頭していたというが、親鸞伝はそのような生活の所産であったのである。

ところで、佐々木の信仰についての持論は、自ら語るところを聴けば次のようである。明治三十年代に教界に言論された〝将来の宗教は是非合理的でなければならぬ。現世主義でなければならぬ。倫理的でなければならぬ〟という論議に対し、彼は「宗教の生命は常に信仰にある」（『実験の宗教』）との立場に立って、それらの歴史的、教理的・比較的・研究方法を「信仰的になさねばならぬ宗教を批評的に観察し、各自実感的に味ふべき仏教を学問的に研究し以って自己の信念を確立しようとしている」と批判し、仏教の学問的研究の以前に「仏教の生命が信仰にある已上は是非先ず之を信仰的に観察し、実感的に味う」べきであると信仰の重要性を強調している。この

はすべてこの立場からなされたのである。(12)立場はいわずもがな清沢の宗教思想の影響によるものであり、『親鸞聖人伝』を含めて彼の研究

彼は多田や暁烏に比べれば寡言な質であり、又、著書も多くは成していない。明治三十六、三十七年にそれぞれ『実験の宗教』、『救済観』を著わし、四十年代には『親鸞聖人伝』及び『親鸞聖人伝叢書』、大正に入ってからは『印度支那日本浄土教史』、『大乗仏教々理史』等の成果を上げている。明治四十四年に一度職を去ったが、大正三年には復職し、十年に教育・宗教事情視察に渡欧している。十三年から大谷大学学長の職を奉じたが、大正十五年三月、若年を惜しまれつつ五十二才をもって逝いた。

佐々木の親鸞思慕　本書が出版をみたのは明治四十三年一月である。三十三年頃より親鸞伝に関心を抱いていた佐々木が、三十七年一月から雑誌『精神界』に「親鸞聖人伝」と題して連載し、六年後にそれを収集したのが本書である。『精神界』が「古今真宗各派の諸伝数十部を研究統合し、その帰結は之を当時の世録、諸家の日記等に徴し、殊に教義と史実との點排等に至りては幾度となくその稿を改めて人知れぬ心血を注ぎたるもの也。加之著者は実地に全国の遺跡をも踏破し、或時は寒夜草庵に当年の昔を偲びつつ、常に聖人の照覧を仰ぎて、謹み謹み筆を遣りたるもの也」と紹介しているように、本書は文字通り彼が九年間にわたって宗教的情熱をそそいだ作品にほかならず、菊判四十八章、七百九十五頁から成る大作で、この時期の親鸞伝のピークを成すものの一つである。初版発行の二ヵ月後には早くも二版の発行をみ、昭和四年迄の二十年間に十五版を重ねて更に今日に至っている。

さて、本書は「如来を信ずるという信念によって親鸞伝は成立する」との序文に始まり、次に研究の観点にふれて、旧来の真宗教団内に閉じこもった宗我的偏見を捨てて、客観的視野に立つことを強調している。しかし、それには次のような限定がつけられる。「如何なる人と雖ども何事も我心のうちに感じ、一度は之を我心の上に写さでは一句も之を描写する能はざるを如何せん。この意味より云えば、世にまた純然たる客観的描写なし。」即ち、過去の事実も一度、自己の精神に反映させ、消化させせなければ把握出来ないというのが彼の素朴な歴史認識論であった。そして、特に求道者親鸞を描くには、「単にその外面のみにあらわれたる客観的記述のみにては、到底その人を伝ふべく」もなしというのが彼の主張である。それ故、明治三十年より四十年代へかけて確立を示し始めていた所謂、アカデミック史学の客観的・実証的方法は「唯、徒らに史実をのみ集めて之を年月日の順序に組み立てて之を名けてその人の伝記なり」とするものと映じ、信仰を世界観としている彼には、そのような方法は「墓辺に散乱する所の枯骨を拾ひ集めて之なりといふと何ぞ異ならむとするもの」として批判されねばならなかった。彼は、実証的・批判的・合理的精神に対し、信仰の立場から親鸞の人格と生命を刻もうとしたのである。

又、研究資料については (イ) 教団内に伝わっている古今の諸伝とその批評、(ロ) 教団内における間接史料、(ハ) 親鸞在世時の伝記、日記、諸家の古文書の三方面を調査し、(ハ) に史実認定の根拠をおき、『玉葉』、『百練鈔』、『三長記』、『吾妻鏡』、『愚管鈔』等を検討している。(13) しかし、本書にはその確かな成果は認め難い。明治もこの時期の親鸞伝は、実証的批判精神による厳しい分析のメスを受けてはいなかったからである。

さて、本書を一読する時、近世以来の伝習的親鸞伝に比べて殊更に注目すべき点は見出し得ないかのようである。しかし、注意深く再読するならば、近代的信仰の内的体験を踏まえての表現において見事に実を結び、親鸞の宗教的世界の描写に成功しているのが窺われる。それは、同期の作品、例えば須藤光暉の『愚禿親鸞』[14]の如く、旧来の親鸞伝を巧みな文学的筆調で現代語化するといった表面的粉飾におわってはいない。例えば、親鸞の六角堂百ヵ日参籠の模様については、「生死問題」の解決として次の如く叙述している。少し長文にわたるがその描写の基調にふれるため引用したい。小僧都聖光院門跡[15]としての親鸞の内心の描写よりはじめて、

「ああ、誉れこそ身を殺すの仇なれ、今日我身の誉れ、明日はまた如何なることの我身の上に起りもやせん。……何ぞその行の拙にして然かも之を無上の光栄と思ふ我心の愚かさよ。我若し行末久しく天台の門跡となり居らば、この後とても幾度か雲上に召されて世上の塵に交はりなん。……思えば往時は皆非也。われ幼くしてその家を出でしは亡き父母が為なりき。その山に入りしは偏へにこれ我出離生死のためなりし也。然るに頼み難きは我心にして起り易きは魔の縁也。悲しくも一旦の権勢にほだされて当年の心を失ひ、何時しか浮世の縁にひかれて久しく生死の道に迷ひぬ。名聞のための学問、利養のための説法、ああ十有九年の長の夢、今や正に醒めたり。静かに思えば今日の光栄そは何ぞ、恩賜の小袖そは何ぞ、亡き父母の菩提のために何の益する所かある。門跡の位そは何ぞ、僧正僧都そは何ぞ、紫の衣、金襴の袈裟、出離生死のそのために何の利する所かある。愚か也。……われ二十八才の今日までかくまでも愚かな者にてありし事を今が今まで知らざりき。ああ迷ふたり、血迷ふたり……その禁裡より帰る途すがら、たまたま往時を

念ひ、未来を考え、現在深く己が身のはかなきことを思ふに及んで、我聖人の胸は益々苦しくなりぬ。」かくして、佐々木の描く親鸞は「断然権勢名利の念をたち、仮名の修学を捨てて専ら出離の要道を求め給ひぬ。悲しや『定水を凝らすと雖ども識浪頻りに動き、心月を観ずと雖ども、妄雲猶覆ふ』……心の苦痛は月と共に進」むのである。「ああ、如何せん如何せん、之を訴へんに師なく語らんに友なく然かも、自から救ふべき道とてもなし」とて苦悶に沈んでいた親鸞は、機熟して観音の霊告の中に光明を得た。ここに「更に大誓願を発して、夜な夜な洛陽六角の精舎に参籠し、百日の懇念を凝らし給ひぬ。ああ、この六角堂の参籠、百夜の祈願、こは是れ我聖人が死活を定むる最後の求道也。」（本書）

これは若き日の親鸞が、自己の在り方を懐疑し、その解決を六角堂に祈念するに至るまでの心理描写の部分である。あるところでは佐々木自身、自らの筆が描き出す親鸞に感じて自らの内的体験と理想を表出するに至っている。又一方、彼にとっては親鸞はまさしく「我聖人」であった。これは伝統深き真宗末寺に生まれ、その信仰的雰囲気の中に育った素性を思えば不思議ではない。真宗信徒は古来、その一生を宗祖親鸞への憬仰の中に終えていった。佐々木の「宗祖聖人」、「我聖人」の表現はこの信徒の伝統に支えられているのである。それ故に本書の親鸞は、覚如の『親鸞伝絵』以来近世迄の親鸞と同質のものを感ぜしめる。(16)

しかるに、それと同時に、他面形式に凝り固まった親鸞伝と異なって、このように親鸞の内なる姿を生き生きと描出し得ていることも見落してはならない。

ここでは、いかにも迷い多き人間として、悩み、悶え、そして正道を求めて行く姿の親鸞がある。これは親鸞への讃仰の姿勢にありながらも、時代を異にする鋭い信仰の眼、即ち、人間的関心から信仰を明らかにしようとする要求、具体的には彼自らの中に、親鸞を神聖化し、偶像とするのではなく、親鸞の世界を追体験しようとする近代人のもつ姿勢が生まれていたことに因るのであろう。そこにはじめて六角堂参籠を親鸞の人間的体験としてあざやかに甦らせ得たのではなかろうか。

従って、本書には親鸞の神聖化・神秘化は薄れている。例えば、江戸時代の『高田開山親鸞聖人正統伝』は彼の誕生を次のように伝えている。

「御母吉水女、つねに菩提心ふかし、或夜、しきりに世の無常を観じ、西首して臥したまふ。其夜の夢に、西方より金色の光明かがやき来り、身を透ること三匝して、口中に入ること箭の如し、夢中に驚きて西方に向ひ給へば一の菩薩ましまし長一尺許の五葉の松一本を持ち、これを授けて言はく、吾は如意輪也。汝、奇異の児を生せん。必ず是を以て名とすべしと云々……是より始めて吉水女有身したまふ。そもそも金色光明の来応は、是聖人は即西方弥陀如来の化身にてまします徴なり……御誕生は、人皇八十代高倉院御宇承安三年癸巳四月朔日也。……如来滅後、二千百十二年に当る。即ち、夢告に由て、御童名を十八公麿呂と申しき。倩これを思ふに十八は弥陀正因本願の員なり、誠に霊瑞感通して嘉名はやく立ちならん。仰て信ずべし。当年十一月より能起居起歩行したまふ、是亦奇異のことなり。」

親鸞はここでは知るべき対象ではなく、仰ぐべく信ずべき尊像になっている。そして、そのためには史上の名僧空海、法然、日蓮等と同様、その誕生は人間を超えた神聖な如来の化身・霊現として、神秘的雰囲気の中に描かれねばならなかったのである。又、それが中世から近世へかけての信徒が求めてきた親鸞像でもあったのである。(17) しかし、本書の場合、潤色された伝説は継がれているが、神秘的な表現は認められない。

「高倉天皇、承安三年四月朔日、我聖人は洛外日野の別邸にて誕生ましましけり。それ聖人の俗性は藤原氏にてましします。父は皇太后宮の大進藤原有範也。母は吉水女、源氏の出也。我聖人には幼名を松若丸、十八公丸、或は又、鶴光丸とも呼び奉る。……その年霜月頃より松若丸にはそろそろと歩ませ給ひぬ。」(本書)

ここには厳密な意味での考証の跡はない。しかし、神秘・神聖のベールが親鸞を覆う中世以来の在り方からは一歩脱していることを確かめ得よう。

ところで、以上のようにいくつかの斬新さを獲得しているにもかかわらず、佐々木は親鸞を中世以来の宗祖的世界からすっかり解き放つことは出来なかった。清沢によって信仰における近代的啓発を受けたものの、真宗圏内に宗祖親鸞を呼吸して育つと云う歴史の属性を身につけた彼に、それは容易なことではなかったのであろう。宗祖という信仰感覚は他の真宗人同様、血肉化した宿命でさえあった。この意味で、佐々木は覚如以後の宗祖的親鸞伝に比して全く異質な近代のセンスによる親鸞像を生むに至ったとはいえない。それが成されるには先ず、「宗祖親鸞聖人」的宗教感情の流失という条件が必要であったのである。このように観てくるならば、先にふれた木下が丁度同時期に、宗門の朋としてではなく、国民の一人として親鸞を宗門より引き出した事実は興味深いものがある。ところで、親鸞が宗祖的存在から人間的存在へと変化するためには、史学界からの、長沼を経て中沢に至る研究にまで待たねばならなかった。即ち、親鸞が宗祖として神聖視され続ける為には、教団圏内に閉ざされた前近代的宗祖讃仰意識の存続を必要とするのであろうが、それは、『親鸞伝絵』を中心にして醸成されて来たものである。従って、如来の霊現的親鸞像の変化は『親鸞伝絵』の権威が揺らぐ時にはじめてみられる。そして、それには覚如以来の伝習的親鸞伝に実証的批判のメスが当てられ、宗祖の荘厳の前に人間親鸞が露わになる必要があった。中沢はそのメスを振るったのである。そして、この批判精神が親鸞伝研究の共通の出発点となった時、はじめて近代の合理的精神にも耐え得る親鸞像が生まれるのである。しかるに、佐々木等が取り組んだ明治三十年から四十年代にかけては、一般的段階としては親鸞伝研究は実証的批判以前にあったのであり、又、前にも述べたように彼自身、宗門的属性から充分に脱してはいなかったのである。それが本書において親鸞が近代的信仰からのアプローチを受けているにもかかわらず、依然として旧来の諸伝説にまとわれている所以である。しかしながら、このことによって本書の価値を低いものとするのは誤りである。そこでは、ただ、単に親鸞の生涯を記述するだけでなく、六百五十年後の一遺弟として、彼の信仰の世界に触れようとし、それが高調する時には思わず識らず己の宗教的心情をも吐露するに至り、親鸞像を豊かに肉づけしている部分が一、二に止まらない。更に又、追慕の念にかられ、身体で親鸞を知ろうとして越後、関東へと聖跡巡拝に旅立つことにもなっている。

越後の国府草庵跡を訪うた折は次のように語られる。

「暫く御草庵の一室に十数名の方々と御慈悲を語りぬ。処はこれ我聖人無二の聖蹟也。然かも我は年来一夜をその草庵にてあかしたらば如何に尊ふとかるべしと平生念願しつつありし所也。……翌二十八日未明、忽然として目醒む。今日は宗祖の御命日也。何人か我を呼び起こしたるが如き思いあり。潜かに起き出でて、我は独り草庵に安置し奉る我が聖人の像前に跪きぬ。先づ『御伝鈔』を拝し奉る。……『顕化身土文類』六に云く、『竊かに以れば、聖道の諸教は行証久しく廃れ、浄土の真宗は證道今盛んなり。然るに諸寺の釈門、教に昏くして真仮の門戸を知らず、……或は僧儀を改め姓名を賜はりて遠流に処す。予は其の一也』と、げにその最後の一句『予は其の一也』の御語は我声にして我声ならず、壇上にましますす我聖人の御口づからまのあたり我に告げ給ふ如く覚えて涙落つ。……かくて我思ふとはなしに七百年前に於ける御草庵の我聖人を思ふ。人誰か感懐なからずやは。唯一人、生れ来し世に唯一人孑然として北海の浜にさすらひ給ふ当時我聖人の御胸中や如何、新木の松を柱とし、僅かに薦もて四方を防ぎたる浅ましげなる御草庵の実生活、これ恐らくは我聖人の九十年の生涯中、その最も適切に孤独の悲哀を感じ給ひし時なりしならむ。人よいふこと勿れ、此の時、我聖人の胸中唯漫に『師教の恩致』と。その後、年たけて上州稲田の御草庵にあらせらるる時だにも、尚ほ且つ、『愛欲の広海に沈没し、名利の大山に迷惑す』となげき給ひしにあらずや……今や唯身は独り北海の浜に在り、孤独の悲哀、凡夫として人誰か之なからむ、真にこの孤独の悲哀を感じてこそ茲に初めて心より如来の御恩ぞ知らるなる。……一人居てこそ、初めて尚この外に一人の親ましますことを信じつる也。かくてこそ人は正しく師教の恩致を身に泌み泌みと感ずるものぞかし。夜はほのぼのと明けたり。」（本書）

ここに親鸞を偲ぶ美しい宗教的詩情をみることが出来るのであるが、読者は同時にこれが本書を一貫して流れる旋律ともなっていることを、知ることが出来よう。

ところで、本書に対し、紀平正美は時代背景、聖跡巡拝の叙述が冗長に流れていると質しながらも、研究方法には全面的に賛意を示している。[18] 又、本書は史伝であるにもかかわらず、所謂、実証的立場を堅持しなかったためか史学界からは具体的批評はなかったようである。本書は信仰界の新旧両層を中心に共鳴者を持ち続けたのである。

ところで、本書を加賀の自坊で受け取った友人暁烏は「愛児を得たる心地す」と喜び、早速、村人に読み聞かせている。[19] 又、佐々木自身も国府、稲田草庵に歩を運んだ時には集まった信徒と共に親鸞を偲び、語り合っているが、これは本書が識者層のみならず、在来の門信徒の信仰意識にも充分共感されるものをもっていたことを示していよう。清沢は二十世紀初頭に親鸞を再体験したが、それを親鸞という名において表現することは殆んどなかったようである。本来、宗門出身ではない彼にとって、親鸞はレッテルではなく宗教的真実としてしか意味をもたなかった。しかし、後継者達は教団に生を受けている。彼等がひたすら想念するのは「宗祖親鸞」であった。これは彼等同志の通念であったし、又、それを媒介とする限り、浩々洞一派と旧門信徒層の信仰意識の断層はひとまずは埋められたのである。四十三年に本書が、四十四年に浩々洞同志共著の『親鸞聖人御伝鈔講話』が出版された背後には、以上の如き事情を読み取ることが出来るのである。即ち、清沢による近代的知性と個我の覚醒からの親鸞追体験を継ぐに加えて、宗門の子に伝統されてきた血液をもって親鸞に迫ったのが本書である。[20] それ故に、この親鸞伝は教団圏内に「宗祖聖人」という信仰感情がなお生き生きとたたえられていた時期に、しかも近代という時代に対し、自覚的に信仰を体験領解し、生きんとした人間をまってはじめて成り得たものであり、更に視野を広げるならば、明治三十年より四十年代にかけての日本人が、個我と人生の行方を探して煩悶する状況を前にして、仏教がそれに体験的信仰で応えんとしていた明治後半期の幾年かの所産であったとも、云えるのである。

本書は、史学、文学、宗教等の要素を未分化の状態で含んでいるが、大正に入るとそれが各分野に分化し始め、親鸞像は霊的・信仰的性格を薄めて、合理的、知性的、人間的色彩の濃いものへと変質してゆき、そしてこの佐々木の立場からする親鸞伝はその波をくぐり、山田文昭、橋川正等に継がれて更に整えられて行くのである。

註（1）木下の前半生の自叙伝『懺悔』を中心史料とし、その他、山極佳司、柳田泉氏の『木下尚江』等によった。

（2）森龍吉氏は「『宗教』と云う文字さえきらいな社会主義者となってのち」親鸞を「再発見した」のだとされている。（『親鸞—その思想史—』）又、長島亀之助「木下尚江と仏教」（『信濃教育』八八七号所収）、竹内良知「日本のマルクス主義」（『現代日本思想大系』二一Ⅱ所収）等も、木下が社会主義運動から離れて仏教信仰へと傾斜して行くことを指摘しているが、一歩進めてそのプロセスを具体的にたどりたい。親鸞を見出さねばならない必然性は木下の内に在ったに違いないからである。

（3）『朝日ジャーナル』昭和三十七、十「木下尚江」参照。

（4）柳田泉『日本革命の予言者—木下尚江—』参照。

（5）『親鸞と東国農民』（昭和三十二年）によって中世の東国の農村構造の上に、親鸞の諸問題を浮き彫りにした。この研究は新しい視点を提供してその後の親鸞研究への影響は大きかった。

(6) 岩倉政治『親鸞―歎異抄の人生論』、林田茂雄『たくましき親鸞』、『親鸞』

(7) 彼は史料としては、親鸞の消息、和讃、『歎異抄』『玉葉』を用いている。又、参考文献としては明治期の伝習的親鸞伝、例えば、福井了雄や前田慧雲の『親鸞聖人』を用いていることは本書の内容からほぼ推測出来る。

(8) 例えば、同時代の福井了雄は次のように親鸞を語っているが、これが当時にあっては一般的な親鸞であった。「夫れ聖人の品性や、神聖也、偉大也、超凡也、故に当時の弟子及び信徒をして、弥陀如来の化現なり、観音菩薩の垂迹なりと信ぜしめたり」。(『親鸞聖人』) 木下の描くところとの異質性が知られよう。

(9) 「罪人なをむまる、いかにいはむや善人をや」(黒谷の聖人につかはす御文)、「悪人をもちて給はぬ本願ときかんにも、まして善人をばいかばかりかよろこび給はんと思ふべき也」(十二箇条問答)等の法然の語録をいう。尚、法然、親鸞をめぐる「善人正因」、「悪人正機」の論議は今日においても必ずしも結着をみていない。

(10) 「『日蓮論』及び『法然と親鸞』を読む」(『新気運』明治四十四年)

(11) 彼の本格的な伝記はまだ書かれていない。従って、それを知るには日記、書簡、著述などによる基礎的作業からとりかかる必要がある。本稿ではその余裕をもてなかった。幸い、彼の友人、安藤州一、暁烏敏にそれぞれ「佐々木月樵君伝」(『現代仏教』昭和九年)、「佐々木月樵君のこと」(『願慧』大正十五年)があり、又、山田惟孝師に「兄佐々木月樵の生立ち」(『願慧』大正十五年)がある。本節はこれらの諸文と元浩々洞同人、曾我量深師に聴くところによった。

(12) 沢柳政太郎『佐々木月樵全集』(1)序文、参照。

(13) 佐々木月樵「親鸞伝研究について」(『無盡燈』十五の一) 参照。

(14) 例えば、親鸞の六角堂百ヵ日参籠の様子は次のように書かれている。
「雨ふれど風騒げども範宴は更に怯める色なかりき。夕方には必らず草鞋を穿ちて、笠深く傾けながら、白河越の嶮路を歩みつつ、初夜までに六角堂に参着して、一旦壇前に結跏趺坐すれば、一心不乱に出路の要道を希がひ、暁の鐘に促されて、更にまた峨々たる嶽によぢ登り、大乗院へ帰るを例とす。

堪え難かりし春寒はいつしか去って、路傍の小草も青々と萠え出でぬ。濡れたる法衣に氷柱を結びし鴨河の水は、今は温みて徒渉りするとも冷かならず。雨に煙り、風に縮るる糸柳をやさしく見し間に、麓の桃は火を点しぬ。峰の桜は雲とまがれぬ。野には菜の花の黄金を布きて、天には雲雀の歌声澄めり。雁は都の富士をかすめて帰り、玄鳥は八瀬の谷を過ぎて来つ。朧月をいただいて参回し、曙の花を迎へて下向すべき頃とぞなりぬ。結願には今一夜を剰せるのみなり。

範宴は日の満ずるに近づくほど、精気漸次に勝り来りて、吐く息吸く息にも、一つ一つに力は寵りたり。読経の声は高からねども、錐の如く深く深く透りて、十万億土までも達すべく聞かれたり。祈念に澄ませる心の海には、泛べる塵もなく、揺めく小波もなき、神の如き僧都の後に合掌しながら、九十九夜の今宵まで、曾て目を瞑さざりし正詮房は、丑三の頃より微かにゆらめく御燈明を仰ぎながら、神倦み気労れて我とも知らず、いつしか不覚の鼾を洩らすなりき。範宴はこの声を耳にしながら、懇念更に紊るることなく、菩薩に祈りては思惟しつつ、今ははや暁きに達すべき頃なりき。夢か。あらず。現か。あらず。誰かは知らず耳の傍にてささやく声あり。『末代出離の要路は、唯だ念仏に及くことなし』朧気ならず、正しく斯くはささやけるなり。範宴は俄かに胸を噪がして、声する方に耳を傾くれば正詮房が鼾のみ轟々として、顧みれども絶えて詣づる人とてもなし。奇異なること限りなけれど、此の一語深く懐に刻まれて、忘れんとするに忘れ得ず、心鏡の曇り誰が為に拭はれけん、晃らかなること真如の月に対する如く、思はず数珠押し揉んで、『南無如意輪観世音菩薩！』と、丹精を凝らして感謝したるなりき。」

(15)『正統伝』等、従来の親鸞伝は青年時代の親鸞を「小僧都聖光院門跡」にしたて上げている。佐々木もそれを踏襲している。

(16)『中外日報』(明治四十四年)には、本書を明治時代にあらわれた『親鸞伝絵』であると紹介、広告している。あわせて興味深い。

(17)『高田開山親鸞聖人正統伝』の「入胎」、「降誕」の条参照。尚、北西弘「中世の民間宗教」(『日本宗教史講座』(3)所収)には『正統伝』の伝説の紹介と分析がなされている。又、生桑完明氏に『正統伝』の解説がある。(『現代語訳しんらん全集』(1)共に参考にした。

(18)「佐々木師の親鸞聖人伝を読みていささか歴史の意義を明らかにす」(『無盡燈』十五の九)

(19)暁烏敏日記『暁烏敏全集』三の一

(20)その例証として『朝日新聞』の批評をあげておく。

「……著者は故清沢門下の高足にして精神主義者の棟梁、潜心親鸞伝の研究に従事する事満九年、亦以て此書が近時ありふれたる一般の親鸞伝と価値を異にすることを知るべし。而して、本書の特色は豊富の材料に拠りて客観的史実を離れずと雖も、能く之に囚はれずして、主観的描写に力を盡したるに在り、随って親鸞の昔に遡りて其祖意を伝えんとする著者が親鸞景仰の迹、全篇に至るところに溢る……。」(明治四十三年七月)

第三章　明治・大正における史学史上の親鸞

第一節　その概観

近代的理知性からの親鸞探求は、親鸞が近代日本に生きて働き続けるための必須条件であったが、日本人の親鸞への接近の中で、近代史学からの親鸞研究は時には伝説批判への尖兵的働きをなし、時には一般人への啓蒙的役割を果たして来た。明治以来、今日に至るあまたの親鸞研究の中で、史学からするものは数の上では必ずしも最多数を占めているとは言えない。しかし、その役割や意義からみるならば、医学における臨床医学と基礎医学との関係にも似て、教義、信仰、思想、文学からするものに比して、いかにも高度に専門的で地味であり、又、実証史学に特有の没意味性・没現実性という死角をかかえてはいるが、それが、殆んど問題にならぬ程の重要な位置を占めている。即ち、史学的親鸞研究はそれぞれの時期の親鸞研究に対し、基礎的資料や視点の提供者となり、更には護教的教団人への近代的啓蒙の役目を果たし、あるいは全く新しき親鸞像形成への問題提起者となり、更にはそれぞれの時代とその状況にこたえて親鸞に新しい史実を見出し、意味づけを試みることも多かった。而して、今、その研究の跡をみると、就中明治末期の四十年代から大正十一、十二年へかけての約十五年間、第二次大戦後の昭和二十三年頃から三十八年頃までの十五年間の二つの時期に、飛躍的な高揚がみられるようである。

而して、前者の場合のその原因は、大略次のように説明出来ようか。真宗教団の事情からみれば、明治四十四年の親鸞聖人六百五十回忌記念大法要、大正十二年の親鸞聖人立教開宗七百年(『教行信証文類』撰述七百年)記念法要等の教団総ぐるみの事業が、門信徒のみならず一般人にも親鸞への関心を高め、又、親鸞伝にも史料探索、伝記研究等種々なる企画を生み出したのである。(1)一方、そのような親鸞への関心の高まりは、東大を中心とする実証史学の参入をも誘うことになった。明治における長沼博士の研究がその初産であった。旧来の親鸞伝に満足出来ない彼は、教団に血をうけた身でありながら、考証の学風に忠実に、伝統的史伝に遠慮のない疑問を投げかけたのであった。そして、大正に入ると、それら考証史学者の研究がそれぞれニュアンスこそ違え、きびしい史料批判という共通の学的姿勢のもとに、いくつかの珠玉を実らせたのであった。特に大正期には、考証史学の厳密さに加えて、自由主義的、人道主義的、合理的批判的時代思潮の影響を受け、九年には辻善之助『親鸞聖人筆跡の研究』、十年に藤原猶雪『親鸞聖人真像の研究』、続いて十一年に中沢見明『史上の親鸞』、十二年に鷲尾教導『恵信尼文書の研究』、村上専精『親鸞の開宗』等が著わされた。東大アカデミック史学に拠る辻博士は明治考証史学以来の親鸞抹殺論や、浄土宗を中心とする宗派的対抗意識からのアンチ親鸞観を超え、いずれの主義・主張にもとらわれず、厳粛なる親鸞の筆跡に検討を加え、親鸞抹殺論に終止符をうった。又、教団内史学者としての中沢の研究は、やや過剰と思われる程、反護教団的、反覚如、反蓮如教団的意識に貫ぬかれており、親鸞にきびしい一求道者としてのイメージを描き、その発想から、覚如以来真宗教団的親鸞像の根幹をなして来た『親鸞伝絵』に批判を加える。考証のシャベルによる掘削は、結果としては中世宗教人のもつ信仰の温かみや霊的な感触、『伝絵』的親鸞像に漂う厳粛な雰囲気をも伝説と共に流失させることになるのであるが、それが反って大正の批判的・反封建的精神に共感を呼びおこしたのであった。しかし、批判的態度に執するあまり、考証が史実を乗りこえてしまい、貴重にして稀少なる史料をも切り捨てる勇み足を演ずる場合もあり、後に修正の必要を生ずることになる。

又、鷲尾は同じく教団内史学者ではあるが、中沢の如く批判を直接に筆先にあらわさずに内に秘め、親鸞の一末流として畏敬をこめつつの研究であり、藤原のそれにも同様の態度が堅持されている。

ところで、先に中沢の手により伝絵的親鸞像は掘削されたと記したが、そこに生じた空洞はその後どのように埋められ、補充されていったか。この問いに答えてくれるのが、本章のおわりに紹介する山田文昭の『親鸞とその教団』である。これは真宗人としての彼がそれまでの実証的諸研究の成果を踏まえつつ、佐々木月樵の親鸞伝研究の立場に復古し、親鸞の生命の感得を通してまとめ上げたものと思われる。

而して、以上の諸研究は教団人、非教団人という違いはあっても、覚如以降の教団発展の中でつくり上げられてきた伝説的親鸞像を排し、親鸞在世当時の親鸞の原始の史実を探り出そうという姿勢において共通しており、又、信仰・思想等の横の関係でみるならば、明治後半より覚醒的真宗人・文化人から提唱された「宗祖の精神に帰れ」との要請と軌を一にするものであり、又、それに応える役割をもっていたのである。

ところで一方、それらに先がけて明治二十九年東京教文館から発行の『史的批評親鸞真伝』の著者村田勤は、前述の史学者達とは社会的にも系統的にも全く無関係な同志社英学校出身のキリスト者であり、一民間史学徒であった。

所謂、明治における在野の史学は啓蒙主義に立つ文明史学から竹越三叉、山路愛山、徳富蘇峰に代表される史論史学へと移ってゆく[2]。そして、彼等は程度の差こそあれ、キリスト教の洗礼をうけた人達であった。しかるに一方、明治におけるキリスト教には内村、植村らをはじめとして、日本の伝統的思想、中でも史上の代表的仏教家に注目する傾向の強かったことも周知の事実であり、内村に『代表的日本人』、植村に『黒谷上人伝』、木下に『法然と親鸞』、山路に『日本の宗教改革史』等の人物評伝を数えることが出来る。而して、以上の二つの事実からこのキリスト教者の日本の思想家・宗教家発掘の路線と、先の史論史学のそれとが、キリスト教を媒介として接しているとみることが出来るように思われる。とするならば、法然や親鸞、日蓮に関するいくつもの評伝は、史論風民間史学の視点と、キリスト者の日本史上の宗教思想への関心とが相呼応し、その動きから生まれたものと断言してよいと思われる。無論、それらの著述の主眼は史的考証ではなく評伝にあり、又、それらの著述は厳密な意味での実証史学の方法を身につけておらないため、考証性という観点からは大学史学の研究に比較の仕様のない素人の研究と言えるかもしれない。しかし、そこには史伝への明確な態度の表明と観点の斬新さがあったのである。即ち、仏教々団からの制約や愛山護法的愛執から自由なキリスト教者と西洋的文明史観による史論史学の立場が加わった時に、はじめて旧来の史伝の古い殻を破る役割の一端を果たすことになるのである。つまり、親鸞の史的研究には、親鸞への史観の討究と、更にはその史実性の追求の二者が必要とされようが、主にその前者の上に役割を果たしたのである。而して、後者、つまり、厳密な科学的批判によって親鸞を掘りおこす業績は、後の実証史学にゆづることになるのであるが、実際、その業績にはるかに及ばないにしても、これらの史論史学の系譜の上にも、親鸞の史的真実への接近を果たした作品は皆無ではないのである。前章において紹介した木下の『法然と親鸞』もその一つであるが、どちらかといえば、前者に特色をもっており、今回紹介する村田の作品こそ、その貴重なあるいは唯一の成果とも言えるように思われる。彼の研究は長沼、木下、中沢等に先立って明治二十九年に発表されており、明治以降の親鸞の史的研究の先駆をなしている。そこにみえる史料批判は如何にも素人くさいが、この時期のものとしては唯一の近代的史的親鸞研究である。(3) 中世鎌倉時代における「宗教改革者」、「伝道者」、「宗教的偉人」というのが彼の親鸞像のうちにひそむイメージのように思われる。即ち、彼は日本人としてのキリスト教伝道の見地から本願寺の始祖、日本仏教史上の偉人発掘を試み、それが結果として、親鸞に新しい照明をあて、問題点を浮かび上がらせることになっている。村田にしろ、木下にしろ大学の専門史学者でない自由さや、宗教人、思想人としての発想の斬新さを持つ故に、反って実証史学者の発想し得ない思い切った親鸞像をうち出すことを得たのであろう。木下は「農民解放者親鸞」、村田は「宗教伝道の英傑親鸞」というように。

既に、前章において木下、佐々木の親鸞像を検討し、おのおのが研究史上に忘れることの出来ない特質と意義をもつものであることを指摘した。しかし、これらは、教団外の立場からは認容し難いところの、親鸞像に付着した教団執からの粉飾、我田引水性、いわれのない伝説を徹底して削り取ることはしなかった。その前近代性に対する批判には知的猜疑心と化した非情なまでの批判と史的真実の厳粛さへの帰依を必要としたのである。村田、長沼、辻、藤原、鷲尾、中沢、山田と続く諸研究がその役割を果たしたのである。本節ではその一つ一つの概要を紹介しつつ、その役割や史的意義について検討を試みたい。

ところで、本章にとり上げる研究は全て史的研究であるゆえ、二十世紀のイギリスの歴史家、E・H・カーの教示に従い、検討に際し、特に当の研究者自体を念頭におきたいと思う。カーは次のように言っている。

「歴史家が扱っている事実の研究を始めるに先立ってその歴史家を研究せねばならないのです。……歴史の書物を読む時は、歴史家の頭のざわめきに耳を傾けた方がよろしい。何も聞きとれなかったら、あなたが聾であるか、あなたの読んでいる歴史家が愚物であるかなのです。実際、事実というのは決して魚屋の店先にある魚のようなものではありません。むしろ、事実は、広大な、時には近よることも出来ぬ海の中を泳ぎ廻っている魚のようなもので、歴史家が何を捕えるかは、偶然にもよりますけれども、多くは彼が海のどの辺で釣りをするか、どんな釣道具を使うか――勿論、この二つの要素は彼が捕えようとする魚の種類によって決定されますが――によるのです。全体として歴史家は、自分の好む事実を手に入れようとするものです。(4)」(傍点福島)

これから親鸞の史学的研究書に見参しようとする筆者は正に聾になってはなるまい。又、なりたくもない。カーによれば、そのためには「歴史家の頭の中のざわめきに耳を傾け」ねばなるまいという。「ざわめき」とはカーが、「彼がどの辺で釣りをするか、どんな釣道具を使うか」と巧みな比喩で語りかける如く、〝研究者が如何なる社会的・史的位置に立ち、如何なる方法を使い、如何なる観点、意欲、目的に支えられて研究を行なったか〟ということであろう。つまり、史学研究の上で言えば、〝何のために何を目指して、何故に彼は親鸞の史的研究をなしたか〟という疑問を、研究者それ自身の上に注がねばならぬということである。没史観的・近視眼的考証のみで許される筈のものではないのである。

更に、カーは歴史を定義して次のようにも言っている。

「歴史とは歴史家と事実との間の相互作用の不断の過程であり、現在と過去との間の尽きることを知らぬ対話なのであります。」

ここにいう「現在」とは言い代えるならば歴史家の謂であり、「過去」とは事実（史実）の謂なのであろう。而して、このように、〝歴史家が事実と対話する〟ことが歴史の研究に須要のことであるとするならば、ますますもって、筆者は親鸞の史学的研究者それ自身を知らなければならぬと思うのである。カーの言を借りるならば、「歴史家の頭のざわめき」を、つまり研究に立ち至るまでの彼自身を。

第二節　一史論風民間史学徒の親鸞像

――村田勤『史的批評親鸞真伝』について――

近代における親鸞の史的研究は、大学のアカデミック考証史学の中からおこったのではない。その最初の試みは意外にも初期同志社英学校出身のキリスト者、在野の史学徒村田勤によってなされたのである。彼の著作『史的批評親鸞真伝』は、旧来の親鸞伝への合理的批判の試みと考証的方法への意欲において、後の本格的実証的研究の先駆的作品とみることが出来る。

キリスト者村田勤

村田は慶応二年（一八六六）、東京豊島生まれの人。明治十五年、若くして創立間もない京都同志社英学校に入学、新島襄の薫陶に浴し、二十年、二十二歳にして卒業しており、彼自身の回想によっても、同志社スピリットの強い感化を受けたキリスト者に成長したことが窺えるようである(5)。卒業後数年を経ない明治二十三年、母校の教職に就きつつ処女作『ルッター伝』を物し、これが「邦人の著したるルッター伝の中にては最上の良書(6)」とのおそらくは予想以上の評を受けたことは、「ルーテル伝に大関係ある当時の事情、即ち其歴史的連絡を明かにしてその間にルーテルなる大人物を描き……」との雑誌『真理』の評でもうかがえるように、時代の動きや背景から人物をとらえるといった明治中期としては斬新な方法に依るものであった。以後、明治学院、日本女子大と教鞭をとるかたわら、二十九年に本稿でとり上げる『史的批評親鸞真伝』を、つづいて『古今仁人伝』、『ゼ・デ・デビス伝』、更に四十三年には『宗教改革史』と一連の史論的評伝を物している。而して彼の著述は明治の後半二十年間に集まっていることから、この間は専ら史伝に力を注いだことが窺えるのであるが、一方では三十四年、エール大学に留学、米国キリスト教々育に接し、研究者・教育者としての一段のみがきをかける機会をも得ている。そして、大正十二年には東京麻生中学講師となり、創設者江原素六を援けて昭和十七年まで奉職している。最後の評伝『江原素六伝』はこの間の所産であった。

ところで、彼の一連の史伝は巨視的にみるならば、明治の民間史学の源流たる啓蒙的文明史の水流に属していると思われる。それは例えば、同志社英学校での修学内容からも推測出来よう。英学校は米国のリベラル・アーツのカレッジ程度の教育を目標とするものであったが、当時（明治十一年）の社則によれば、教科課程は次のように決められている。(7)

「支那学—史類、本朝史、支那史、文明史（ギゾー）、万国歴史（バール、テーロル）、算術（デヴィース）、修身学（ポキンス）、教会史、教理史（ラーネット）」

同じく、十八年の英学校規則によれば、聖書、史記、米国史、幾何学、大地理書、万国史、文明史、英文学、論理学、孟子等である。

以上の修学内容から一見して明らかなのは、歴史に重点がおかれている事実である。しかも、明治初、中期の日本の史学の発達に強い影響を与えたといわれる文明史のバールやギゾーが名を連らねているのである。

内に新島を核とする同志社キリスト魂を抱き、眼を世界の歴史へと向け、インターナショナルな日本人キリスト者、知識人、教育者がここで育てられたのである。中でも欧米人教師による文明史的歴史教育の影響は多大であったと思われるのである。勧善懲悪的立場や、没史観的考証、更には伝説追従的・宗派的護教的立場ではなく、時代の状勢や、人間の史的位置や史実の諸関係から史論を展開する村田の手法は、このようなグランドの所産であったのであろう。山路愛山も明治中期のキリスト教に接触し、村田の同志社での友人、熊本バンド出身の徳富猪一郎も、又、民間史学徒として活躍したことを思い合わせる時、キリスト者村田の研究も、明治中期から後期へかけて初期の啓蒙主義史から発展した史論風民間史学の中に一つの位置を与えられてよいと言えよう。殊に、山路が人物評伝において活躍を示すのが、二十九年代からであり、村田の史伝の発表と時期を同じくしているのをみる時、特にその感が深いのである。又、視点をかえるならば、先にも触れた通り、二十年代より日本キリスト教者の中には宗教改革やルッター的人物を日本仏教史上に求め、又キリスト教の日本的風土への接着の心情から、日本思想史上に関心を向ける傾向が顕著であったのであるが、村田はその中の一人でもあったのである。

まことに〝知る人ぞ知る〟との言葉が彼及び彼の著作に適わしく思われるのである。たとえ、拙筆であっても世に紹介するのが彼へのせめてもの返礼であると思われてならない。

さて、本書は親鸞にとっては、常識からみればおよそ縁遠き素人の作品であり、旧菊判一五〇頁に満たない小作である。しかし、明治擬古文調の筆は濶達にして侮り難く、又、宗派的偏見や考証家の陥り易い末梢的考察にとらわれることなく、進歩的知識人、キリスト者としての熱情と史眼に発する疑問を素直に追求し、この明治中期としては面目新たな親鸞像を描き出すことに成功している。

緒言に次の如く言う。

「予本伝を草せんとするや、戦々慄々薄氷を踏むが如く、纔かに宝玉の微瑕を指点するが如き考なりしが、研究の歩一歩を進めて、所謂正伝の信憑するに足らざるを認むるや、予は頓かに大胆となれり、『自家制作の史伝はすべて虚言と思へ、他山の石にて切磋したる後真なるものを採れ』との先輩の助言は予をして一層大胆ならしめたり、此書小なりといえども、先人未曾て企てざりし業なるが故に、材料の蒐集に最も困難を感じたり、且六〇〇年来の偽伝虚説を一掃し、併せて親鸞に関する迷妄を排斥するに切なり……」、「批難攻撃の雷雨、小著を襲い来らん事は予め覚悟する所なり……設令此著は批評駁撃の重囲中に陥るとも、将又更に雄大の伝記出でて、著者の意見に反対するとも、若しそれによりて親鸞の真相世人に明なるを得ば、予は之を祝すべし、……今や日本の宗教は、虚偽、虚栄、虚飾、妄誕の蓐床に惰眠を貪れり……『行矣我書汝とく往いて此惰眠者の夢を破り、且告げよ。真理の為に苦慮するは虚偽の上に安臥するよりも遙かに尊からずや。』」[8]と。まことに近代親鸞研究史上の青少年期にふさわしく、過剰なばかりの正義感と使命感に滾っている。だが、村田の雄叫びに対し、本願寺関係者は冷やかであり、彼は軽く受け流され、伝統的親鸞像の中に埋もれてしまったようである。この雄叫びと埋没は一面、本願寺体制と勢力がいかに強固であったかを物語るものとも言えよう。

今日の研究段階からはさておき、大学史学からも、真宗教団圏からも近代的視点に立つ親鸞研究の皆無であったこの時期において、その成果はともかくとしても、彼の親鸞への果敢なる挑戦は、まことにあっぱれと言うほかはない。

さて、本書の立場は、第一章「本伝著述の目的及び其困難」において明示されている。要約すれば、伝記の本質は、人物の功績や出来事や善言善行、逸話、神仏性を表わす碑文や頌徳文、礼拝記とは異なり、「人物の真相、即ち、言行、其心術、其思想、其信仰、其事業、其感化を公平真実に描写して正鵠を誤らざるにあり」、そのためには「其人物があらわれし時勢と、彼が活動せし社会と、又それらを貫流しつつありし思想を了解」し、又、「其言行の動機、其人の長所美徳を称すると共に其欠点、過失、時としては其罪悪をも蔽う」べきではないと言う。この立場はその人物史伝が、「史料によって客観的復元を目ざすというようなことではなく、史料を通じて知られる人物英雄の生涯と事業の歴史的性格とその意義を論断する(9)」ところに特色をもっていたといわれる山路愛山と、その手法を同じくしているとみてよいのであろうが、正にこの立場から、古来の日本仏教者の伝記中、就中、粉飾・紆余曲折に包まれた親鸞伝は専ら「師恩祖徳を讃揚し、併せて自宗の光栄を衒うに在る」ものとして批判されるのである。そして、この史眼より、親鸞の幼少年期から逐次時期をおい、又時には時代背景の描写をも加えながら、『伝絵』や『正統伝』等の旧来の親鸞伝記に史料批判を加えてゆく。第二章「修養」では出生から慈円門下としての出家得度、比叡入山、第三章は吉水の法然への帰依、第四、五章では妻帯に関する諸問題、第六章「南都北嶺の激昂と師弟の配流」では所謂、承元の法難を、第七章「東北地方の教化」、第八章「立宗」では親鸞の東国時代と『教行信証』撰述について、第九章で晩年の親鸞の生活というように、後に近代史学がとり上げた親鸞伝の主要な問題の殆んどが考証の成否は別としても、顔を出している。そしておわりの第十章、十一章では「親鸞の宗教」、「人物」といった評論を加えており、後の木下の『法然と親鸞』にもみられる明治キリスト者ならではの着眼・評価がみられ、勇ましい親鸞像にまとめ上げられている。以下、本書の問題点と思われる(イ)研究方法における実証性、(ロ)親鸞の人間像、(ハ)親鸞教の把握、といった三点から検討したいと思う。

研究方法における実証性　第二章「修養」においては親鸞の比叡入山までが記述される。『正統伝』、『正明伝』の親鸞幼少期から青年期へかけての所伝、例えば二歳にて念仏を唱え、四歳にて仏像三躯を作る等の伝説や、九歳、慈円の下での出家得度以後、南都北嶺での修学振りやその俊才を讃える諸伝に対し、「奇童よ、俊才よ、碩学よ、北岳の駿驥神龍よ、本朝第一の良弁僧正よ、彼は僅に二十年間に六十路の老僧も及ばざる神的人物と成上れり、讃揚又讃揚、遂には彼をもって大聖の権化、弥陀の化身に為すに至りては妄誕不稽も亦はなはだしきかな、これ最初より、親鸞を崇尊して以て弥陀の化身となし、関白兼実公の聟殿と為す先天的理想に稗史的錦繡を纒はしめしものに外なき也。当今文明の世、誰か此の如き釈家の妄誕を信ずるものあらんや。」（本書一五頁）とその架空なることを指摘し、親鸞伝が中世的な伝説の世界から脱皮すべき要を強調している。而してこの批判は一応の考証のうらづけをもっている。例えば、慈円と親鸞との関係については、その両者の来歴からは親鸞九歳の慈円膝下での出家剃髪、二十九歳の比叡山からの離山の事情は説明し難しとし、結局、それは後世の伝記作者が「親鸞の地位を九鼎より重からしめん」とするところに発していると批判する。即ち、その根拠とするところの一端を示せば、『親鸞伝絵』からはじまる青蓮院慈円の下での親鸞出家の養和元年には、慈円は実は未だ青蓮院門跡ではなく、従ってこの慈円の下での出家の伝えは信用出来ないとするのであるが、この見方は後に中沢の『伝絵』批判の中にもみられ、[10]その動機が親鸞神聖化に対する批判という、考証にとっては第二義的なものから発しているとはいえ、親鸞伝の史料批判の基礎的作業を試みた嚆矢として注目されてよいと思われるのである。而して以上の記述の後、村田は次の如き方向を提示する。「即ち、開山御聖人としてに非ず、弥陀の化身としてに非ず、鎌足公の末孫としてに非ず、非僧非俗の禿として、情ある一人物」としての親鸞を観察したいと言う。これは今日ではいかにも言い旧された言い草である。しかし、この時期にあってはまことに刷新的な響きをもっていたに相違ない。このようにみてくると、村田こそ「人間」として親鸞を観ようとした最初の明治人であり、又、親鸞が没後、宗祖として祭られ、絶えて陽の目をみることのなかった人間親鸞を、本願寺の太師堂の奥深くから近代へと運び出そうとした最初の日本人と言えるのである。東国の門弟と惜別し、その没後は祭壇に祭り上げられ、妄信にも似た崇拝者の念仏の声と、香煙にくゆらされ、絶えて赤裸の人間をむかえることの稀であった親鸞は六百数十年後にして、はじめてあの妙好人とも全くタイプを異にした、無謀なまでに無礼なまでに赤心からぶち当ってくるラジカルな人間を迎えたのであった。親鸞は朋を得た想いであったか、それとも迷惑至極の想いであったろうか。それは読者の想像に任せるべきことであろう。さて、それはともかく、村田の考証には主観が入りこみ、厳密な科学的史料批判が充分になされておらず、又、今日の研究成果からみれば誤りを犯している場合も多い。[11]しかし、キリスト教的民間史家としての感覚の素直さや真宗教団からの自由さが、意図するとせざるとにかかわらず、思い切った批判へと彼を導くことになっているのは、教団外、大学史学外の在野の研究者にのみ与えられた特典と言えようか。

而して、そのような批判と考証の混在した論述はこれだけにとどまらず、第四、八、十三章にもみられる。例えば、第四章における親鸞妻帯についての論述である。ここでは『正統伝』の所謂、「親鸞夢記」による六角堂の救世菩薩の[12]霊告から、兼実が在家往生の亀鑑として娘の花婿を法然に請い、その結果、師の勧めにより親鸞に白羽の矢がたてられ、妻帯に至る「玉日伝説[13]」の段が批判の対象となる。

即ち、親鸞妻帯のきっかけとなった兼実の僧俗の念仏の相違についての法然への問に対し、昵懇の間柄の両者に今更、そのような平易な問題がとりかわされるのは奇異であるとし、更に、江戸時代の浄土宗鎮西派からの論駁書『茶店問答辨訛』の親鸞妻帯事情への批判を借用して、これを捏造と断定する。又、観音霊告の性夢については、「英雄世を弄ぶの方便に過ぎず、観音なるもの何ぞ字句を彫飾して人間に告命するものならんや、我成㆔玉女㆒身被㆑犯とは何等の醜言ぞ、聖化せし菩薩何ぞ此くの如くに多情なるべけんや」（本書三七頁）といかにも明治キリスト者の潔癖なるピューリタニズムからの批評振りである。而して、以上の論述の部分では考証性においては特に旧来に比して刮目するだけの決定的批判は行い得ず、いささか漠然としている。又、そのような伝説の生じた理由についても「観音の告命からすれば醜女賤婦ではなく活観音にも似た関白兼実の娘、玉日姫こそ名実共に捏造にふさわしかった」とか、「覚如以後本願寺の貴門への発展過程の中では藤原家との結びつきを強める必要があった」との教団事情のおもわくからの想像の域を出ておらず、この伝説についての本格的研究は後の長沼にまでまたなければならなかった。

一方、「玉日伝説」に関連する親鸞妻帯の問題については、今日でもその数についてさえ、二、三人説と結論をみていないが、村田は鎌倉当時の一夫多妻の習慣、東国各地方における多忙な活動振りからみれば六子を一人の母に生ましめることは自然ではなく、又、善鸞以下の子息は宗旨をちがえ、遠隔の地に住む等の家庭の事情等々から多妻説を主張する。いずれの論拠も間接的推測の域を出ないものであるため、後になっても殆んど問題にされていないが、ともかくも玉日伝説がそのままに信じられている明治二十年の段階では、親鸞の近代史学的研究へのスタートを切るものとみてよいであろう。

又、村田は『親鸞伝絵』や『正統伝』にみえる、「夢想」、「奇瑞」、「霊現」といった非合理的な所伝は徹底して否定している。第二章においては親鸞誕生から吉水入室までの神童、英才としての所伝、第四章では玉日伝説、更に第八、九章では『伝絵』上第四段での蓮位夢想における親鸞が如来の化身であるとの聖徳太子からの告命、更には第八段の定禅法橋の親鸞が弥陀如来の来現であるとの霊夢の感得[14]等を批評するが、何れも史料の考証と言うより、その非合理性故の否定といった形をとり、それは更に視点をかえれば、親鸞に粉飾をこらしての教団形成・教線拡大をはかった覚如以後の本願寺の宗祖像の前近代性への批判をも含んでいるようである。それは『伝絵』上第四段、第八段の引用、紹介の前後に続く次の記述によっても窺い得ようか。

「既に七高祖を非凡の聖と仰ぐ以上は、独り親鸞を常人として捨て置き難し、ここにおいてか彼を推し立てて聖人と為し、曇鸞の応現となし、序に一歩進めて、弥陀化身説を付加するに至れり」又、「是我邦二万有余の真宗寺において、住僧等が朗々として最も得意気に読揚ぐる所、又、数百万の門徒が熱涙に哽んで南無を低唱する所に非ずや、而も悲しき哉、後世の偽作たること炳然たり。……然るに開山の化身説は漸く転化して、智の深浅と徳の美醜を論ぜず、代々の門主を活如来と尊崇する迷信の母となり、若しその真相を穿たんか、彼といい、此といい、共に真宗繁昌の一方便に過ぎざる也」。『伝絵』は大正に至って厳格な史料批判をうけるが、その批判の背景になるべき眼識はこのように村田においてはっきり打ち出されているのである。又、後述するように、村田は明治中期にあって仏教々団を常に意識せざるを得ないキリスト者であるためか、明治においても表面上は依然として強固な地盤と教線を張り廻らした本願寺の姿――実はそれは蓮如以後、近世を経て強大化した既成の遺物になりはじめていたのであるが――それが彼には巨大な姿をして眼前にのしかかったのか、親鸞に強大なる本願寺教団の開祖、巧みな開教伝道者としての虚像をおし着せ過ぎたようにも思われる。それが第十三章「法然と親鸞との関係」においては、基本史料をも否定する勇み足を犯すことにもなっている。そこでは特に批判の的になるのは『伝絵』であるが、『伝絵』中の両者の間柄の記述については、親鸞を「称揚して以て法然の神足高弟となす旨意」[15]に出たものとの批判眼から、『教行信証』後序、『伝絵』中の所謂、信不退行不退、信心相違争論の段、更には『末燈鈔』をとり上げ、いずれも真宗興隆のための作偽に出たものでないかと疑問視し、結局、親鸞が「法然の弟子であること」、「才気俊邁にして法然に愛されたこと」は認めるが、親鸞が他の弟子を敬服させ、法然の真髄を得たかははっきり言えず、又、凡夫往生・易行易修の教義では法然より数歩を進めているが、教学上では法然にはるかに及ばず、結局のところは「親鸞の祖師を景慕するの篤かりしこと」や、『七条日記』の「善信上人は漸く末弟に御在すといえども、其器勝れ」云々といった事実が彼にふさわしいのではないかと結論している。以上から親鸞像への視点、史料への見方、批判の姿勢は確立している事実が確められよう。

しかし、そこには史料批判の方法と技術が備わってはいない。『教行信証』後序の「愚禿釈鸞、建仁辛酉暦、棄雑行兮帰本願」以下の、法然との関係を親鸞自らが記す貴重な述懐については、「自家製造の証文は現在の社会においてすら、猶信用を置き難し、況んや幾多の弁難攻撃を排して一宗を興さんとの精神をもって起草せられしものなるをや。教行信証が果して親鸞の著作なるや否との問題に就て異説紛々たる今日にありては、この自家の証文は断じて無効と為さざるべからず」と、親鸞抹殺論者そこのけの否定振りであり、史料批判どころではない。しかし、『伝絵』の上の四段、八段の考証においては先にも紹介したが、批判視しながらも、法然伝や法然筆の「起請文」、親鸞の消息をも史料としてとり上げ、先述の如き今日からみても大過なき結論を導き出している。本書はこのようにこの時期の研究としては、第六章でも又みられるところであるが[16]、真宗、浄土宗、更には仏教々団の何れにもとらわれない広い立場から史料を駆使しており、その意味でも親鸞の近代史学的研究に第一歩を刻すものであったとみることが出来るのである。

だが、そこには一貫した史料批判や考証がみられず、あるところでは直接に史料を分析し、又、あるところでは江戸期の浄土宗側の批判を無批判にそのまま借用したり、又あるところでは、キリスト者としての立場から発する真宗教団観、親鸞像への過剰意識が独走し、間接的な史料批判に終始してしまったりしているのは致し方なかったにしても、本書の史的研究書としての評価を、その史観の画期性にもかかわらず、さしひかせるものであり、残念である。

その他第十二章では、親鸞の系図の問題をとり上げ、『伝絵』、『正統伝』を基本史料として紹介し、「真偽を一刀両断」しようとしてではなく、参考に供する意味から疑問点を指摘している。

(イ)　蓮如以前には、弥女のこと、歴代留守職が貴紳の猶子となったこと以外に手懸りはなく、しかもそれさえ信用しがたいのに、「親鸞が慈円僧正より優遇されしこと、彼が関白の女聟になりしこと、勅使を越後へ遣されしこと」は「即ち、名誉ある系図を製作してそれと釣合を保たしめんがため」のものではないか。

(ロ)　名僧伝には貴族を祖先とするものが多いが、就中、「真宗は貴族の淵叢たる京都を根拠とし、肉食妻帯をもって俗家と交通すべき便利を具え、子々孫々相継ぎて一門の繁栄を期するにおいて抜目」なく、又、事実、後世に「本願寺の留守職が蓮如の子なる九代実如に至りて一躍して左大臣の猶子となり、十代証如は更に一歩をすすめて関白尚経の猶子」となり、貴族の中に位置を占めた事実から、親鸞の藤原氏出自の伝えを作偽ではないかと疑問視する。

(ハ)　母吉光女については種々の説があるが『伝絵』には記してなく、又、父有範についても、皇太后宮大進の職にあったこと、親鸞四歳の時に没したこと以外判然とせず、結局、父母については明瞭でない事実、更に有範の父についても、所謂「大谷派系図」、「日野家系図」、「本願寺系図」等からその矛盾を批判しているが、(17)系図自体に対する史料批判がなされていないため、決定的な所論を下してはいないが、批判眼は鋭いといわねばなるまい。又、親鸞とその父有範、親鸞の舎弟の関係についても、「親鸞は承安三年四月に生まれ、有範は安元二年五月死去せりといえばその間の歳月は三年三ケ月也、然るに彼に四人の舎弟ありというは奇怪ならずや、たとい異腹なりとするも、入道になるるほどの人としてこのことを信じ難し、いわんや彼の四弟皆他宗に属し、かつ親鸞との関係についての記録、殆んど皆無なるにおいてをや」（本書一一二頁）と疑問を発するが、他の章とは異なり、ここに至って「冀くは真宗学者の明快なる答弁によりてこの疑問を氷解せんことを望む也」と姿勢は低い。事実、近代史学的研究が皆無のこの時期にあっては、「出自」について本格的にとり組むならば、系図自体の考証から出発せねばならず、さしもの村田も手に余ったものと思われる。勿論、この問題は後年解明されるのではあるが……。

しかし、それはともかく、強固な本願寺教団を背景に絶対的権威・ドグマとして教団内に伝統されて根を張った所伝に疑義をさしはさむこと自体が、常人の沙汰とはみられなかった筈のこの明治二十年代に、「親鸞の系図」について疑問を提すること自体、たとえ具体的に研究成果は上げ得なかったとしても、画期的なことであった。又、史学的見地からみれば、史料批判が行ない得ない為に疑問の提出にとどめ、専門仏教史家に教示を請うという学問的良心故に、彼のこの問題提起は光っているのである。そしてそれは彼の主観をこえて、親鸞伝研究自体が必然として要求するものであったが故に、後に専門史学者によって、村田から引き継がれでもしたかのように解明がなされていったのである。

親鸞の人間像　既に述べたように彼は、「親鸞を情あり、血ある一人物」として観察したといっている。果たしてその抱負は充たされたであろうか。

「香煙縷々として舞昇り、金光爛々たる御影堂に飾付し、偶像同様の親鸞は予輩が識らんと欲せしものに非ず、虚偽の金箔と仮作の煤粉は愚夫愚婦の景仰厚からしむべきも、具眼の士はむし

ろ一瞥を懶しとせむ。」(本書一〇七頁)

村田は無愛想といってもよい程、近世以来の門信徒の親鸞を相手にせず、専ら「愚禿」の親鸞を問題にする。従って、この時期の門信徒がいだいている「われらが親鸞聖人様」、一般国民がみている「浄土真宗本願寺開祖親鸞聖人」といった尊称は彼の辞書には有り得ないものであった。即ち、彼は人間親鸞に対し、無邪気で温良な、即ち「観音の告命とあらばたといおかしきこととといえどもまともに之を信用し、師命とあらば涙にむせびつつ、ただ善き人の仰を蒙りて弥陀を念ずる外、別の仔細なし」といった純粋な人間性を見、又、一面、権謀術数に秀でた政治家的英傑の面影をみている。即ち、キリスト教伝道の立場から、キリスト者の活動をあたかも冷笑するかのように、微動だにせぬ本願寺教団の教線とその象徴としての開祖親鸞が、又、西洋的合理精神を身につけた知識人としての立場からは、その教団にまつわる強固な封建的体質と前近代性・非合理性に覆われた親鸞の虚像が強く彼の関心を引いたのである。

従って、前者の場合、求道者というよりも浄土真宗教形成者、天才的宗教伝道家としての親鸞が前面におし出される。

「それ衆生済度は彼が最大の目的なりき、而してこの目的を成就するには易行易修の念仏往生に頼らしむるに若くものなしと信ぜり、念仏往生の中にも、一向専修信心中心説に勝るべきものなしと覚れり、是においてか立宗は彼が年来養い得たる智略才能を注ぎ、善巧方便を尽して成遂ぐべき大望となれり……唯煩悩具足の凡夫を往生せしむる目的に向って急奔せり、この目的のためには如何なる障碍をも恐れず……、唯滔々たる無智の凡夫に安慰を与え得るもの……をもって

最大の善と認め、而してその善は念仏往生に在りと信ぜり、是実に彼の心中を支配せし至大動力なりしなり。」（本書一一三頁）

伝道を功徳とするキリスト者村田には、親鸞の利他的側面が意識されるあまり、親鸞自身「念仏して弥陀に助けられてゆくしか道のない、凡夫であると深信する」信心の真相へと筆は深まらない。従って、描かれていく親鸞はまことにエネルギッシュであり、「猛烈人間親鸞」ともいえそうである。

「彼は身躯長大、骨格逞ましく、秀鼻広額の好男子なりき、健康と猛志と不撓の気力は此裏に宿れり、帰京後もたえず東国の布教に注目し、門弟等へ贈りし手翰甚だ多く、……是等の書翰中に潜める沈着なる親鸞、教行信証中に顕はるる雄弁なる親鸞、御伝絵鈔中に崇めらるる聖親鸞、正統伝中に濶歩する巨人親鸞、予は以上すべての方面より彼を熟視しつつ、彼の真相特色は、彼が自白せし如く非僧非俗の英物なることを発見せり、彼はその頭脳に浄土教の粋を蔵め、その胸臆に政治家の才能智略を蓄え、右手をもて蒼生に西方弥陀如来を指示し、左手には佳肴美人を擁するを辞せざりし人物也、彼は聖人に非ず、高徳の士にあらず、仏教の思想中に養われ、而も政治家の技倆を具えし英才なり。」（傍点福島）（本書一一四頁）

「身躯長大、秀鼻広額の好男子」と持ち上げているが、あの「鏡御影」[18]を眼前に想い浮べるならば、これは何とも始末に困る親鸞ではあるまいか。又、「右手をもて蒼生に西方如来を指示し、左手には佳肴美人を擁する……政治家の技倆をそなえし人物」とは、『教行信証』や『歎異抄』、『和讃』等の述作からは如何にしても思いつかない親鸞像であり、むしろ、日蓮に近い人間像である。村田は親鸞神聖視から生まれた虚像については徹頭徹尾否定的である。しかし、先程からの親鸞像をみてくると、前近代における新らたな虚像をつりく出すことになっていると言えまいか。教団拡大の過剰意識からする、近代における聖的親鸞に代わって、キリスト者としての伝道、教団拡大の過剰意識からする、「臨機応変の術に通じ、深慮あり、遠謀あり、智勇弁力兼ね備りて、一世を睥睨せし一英物也」と言うが、このように伝道戦線に力を揮うキリスト者の典型的人物像が彼の脳裡にひそんでおり、それが、親鸞の上に映っているとみるのは筆者の独断になろうか。ともかく、そこにはベルリンやローマを雄飛した英傑の姿が髣髴とし、草深い越後、関東に草鞋を運んだ親鸞の面影はうすい。

ところで、村田は何を根拠としてこのような人物像を描くのであろうか。新島に学んだ彼が明治初期のキリスト教々線拡大の苦闘の中にあって、ある時は厚い壁として立ちふさがり、ある時は重圧としてひしひしとのしかかってきたのであろう本願寺とその宗祖の姿は、やはり何としても強大であり、従って、親鸞が一途な求道者、温厚な聖人などに映る筈がなかったのであろう。まことに黒衣に身を固めた権謀術数に長けた英傑であり、この像は血の臭が漂う西洋宗教改革史上の闘士の面影を宿しているように思われてならない。

又、東国教化の部分は次のように結ばれている。「有為の親鸞豈猛然として起たざるを得んや、さきに彼に囁きて叡山を下らしめし声は、再び彼を導きて東北の原野に奔らしめたり、彼が立宗の決心一は不得止に出たり、然り仏天も、天下の気運も人心の渇望も、皆彼が立宗を促して已まざりしなり」。（本書八九頁）東国にて教線確立に戦う勇士としての親鸞を、その動機や史的状況から描写しているが、史論風民間史学徒としての面目躍如たる、又、最も秀れた史的人物描写の一節であろう。木下の東国原野における「農民解放者親鸞」は、既に村田において顔をみせているのである。又、対仏教意識過剰のため、村田の筆は冷静を保てずにほとばしり、親鸞を描くに親鸞を離れ、あるところでは親鸞の教説のその後の教団形成に果たした影響に、又、あるところでは覚如や蓮如等の教団大成者に、更には明治の教団の現状にと及んでいく。例えば妻帯については次のように説明する。

「妻帯公行の結果は、乃ち女人往生の門戸を開放して日本人口の半分を我味方とせり、巧なる哉、真宗の名僧等は、すでに女人往生を許すといえども、猶女人罪業の男子よりも一層深重なるを説き、それを摂取し給う弥陀の鴻恩を鳴らし、それを取次ぎ給う開山上人の大徳を掲げ、以て報恩謝徳に余念なからしめたり、看よ目下本願寺の親教式より、僻村の説教場に至るまで、女人の数如何に多く、其熱心如何に驚くべく、其献金の精神如何に熾烈なるやを、女人往生の影響豈絶大ならずや。」（本書五一頁）

ここにその教説のもつ現実的浸透力がうらやましくも、又ねたましくもあった彼の心中が顔をのぞかせてはいまいか。

又、血脈と法脈の上に立つ真宗の法主制については、

「血統相続の一法が後世に波及せし勢力実に驚くにたえたり。これら幾多の画策は後代に発達せしものならん、もしこれをしも親鸞の肚裡に熟せしものとせんか、彼は法衣をまとえる大政治家也」と言い、更にこの教団維持・継承の方途に加えて、親鸞は「歴代縁組政略の緒を解きて、姻親を貴紳名族に通じ、有力なる親族分家を増殖し、直接には一氏族相団結して、以て法門の繁栄

を計り、間接的には上下の人心を収攬すべき秘術を行へり、抑も縁組政略は門閥政治の行わるる我邦の如きに在りては、最も便利且根深き手段にして、藤氏は巧みにこの手段を弄して政権を一族に握りしなり、藤氏の血を受けたりという親鸞は乃ち此慣用手段を用いて先ず自ら貴顕の女を娶り、子孫をして、この遺法を襲わしめたり。看よ本願寺歴代の宗主、多くは幼にして有力なる門閥の猶子となり。」(本書五四頁)とその巧みさを指摘し、更に続けて「祖師瞑目してより今に至りて六三〇余年、世替り星移り、北条氏も倒れ、足利氏も倒れ、織田、豊臣の二氏も滅び、特に本願寺を扶けし徳川幕府もすでに過去三百年の夢となりしとは雖も、独り親鸞の遺業は是等俗界風塵外に凌立して、而も俗家に劣らざる経営を施しつつ、一家の繁昌を企図せり」(本書五五頁)と専ら教団大成の事業面に筆は走る。本願寺留守職としての覚如以後の教団発展の方法と原因を、そのまま親鸞の創り出せるものとする誤りを犯してはいまいか。即ち、覚如や蓮如の姿があまりに強く投影される結果、村田はここに至って歴史的発展の中で教団形成をとらえる視力を一時失ってしまったようにみえる。そして一人間としてよりも強大な本願寺大成者・開祖としての親鸞とその教団に驚嘆し、更にそれへの羨望はついに親鸞の末裔への批判と化す。

「壮哉親鸞、汝が曾て凍風に櫛り、炎熱に曝されつつ、草鞋を蹈んで往来せし東北地方に今汝の子孫等は飽食軽車を駆りて遊べり、嗟呼汝の雄魂今何くにかある」(本書八一頁)。中世以来の盛期を過ぎたとはいえ、農村を地盤とする本願寺の勢力は、明治にあっても、たとえその基底において、近代への動きの中で地すべりが始まっていたとしても、人の眼には厳然たる法城と映じたであろう。まして、キリスト者である村田には、それは必要以上に意識されていたに相違ない。

所謂、東国の真宗原始教団の形成者親鸞ではなく、覚如以来、江戸時代へと至る封建体制的本願寺教団の創設者としてのイメージが彼の脳裡から寸時も離れなかったものとみえる。即ち、キリスト教を中心とする西洋思想や啓蒙的文明史観に立つ村田には、本願寺の前近代的状態に対する批判は、それが現実に強大であるだけに、一段と烈しいものにならざるを得なかったと思われるのである。後に、「親鸞は本願寺の先祖ではない」とまで極言しなければおさまらなかったのは木下尚江であるが、村田はそれを心中にたぎらせつつ爆発させず、その思いを親鸞に「強大な本願寺の開祖」・「教団形成の策謀家」としてたたきつけたのである。この批判精神とキリスト魂の熾烈さ故に村田の親鸞はまことに猛烈であり、又、スケールも大きい。

親鸞教の把握　村田は真宗教学それ自体の検討はしていない。それは真宗教学者でない彼の任務ではなかったものの如くであり、彼が専ら注目しているのは無智の凡夫に対し、日本の国体人情に如何に適用する教を説いたかという教義の実効面である。第十章、親鸞の宗教において、一、自力と他力、二、人間の罪悪、三、人間の智力の無効、四、弥陀如来、五、念仏の功徳、六、報恩謝徳、と分けて説明するが、基本的問題は一応整理されている。中でも、第六の報恩謝徳については、浄土和讃の「如来大悲の恩徳」を引用し、真宗が隆盛をきわめた一大原因はひとえにこの教説にあったとして、教団発展の面より解釈する。眼前にそそり立つ本願寺、これが彼の脳裡から如何にしても離れなかったものとみえる。又、『歎異抄』第二章を用いて法然と親鸞の関係にまで言及しているが、明治二十年代には『歎異抄』はまだ一部の宗学者や新進の真宗人以外の眼には殆んどとまっていない時期であり、その意味では、『歎異抄』が親鸞伝構成の要素として使用された嚆矢として注目される。その他『歎異抄』二章に関連して、『大無量寿経』より発したる弥陀の本願以下、釈迦、善導、法然、親鸞と相承されたという念仏の伝統(19)については、その源たる三部経典に対し、「釈迦素より自ら筆を執て此経を記さず、然らば如何にしてこの経文がたしかに釈迦の金口より出でたることを確め得べきか……抑も、又弥陀は歴史上の人物に非ずとせば、実在物にも非ざるか」（本書八五頁）とその歴史性を質しており、これは所謂「大乗非仏説」と同じ見方であるが、江戸期の儒者仲基に始まった大乗非仏説が、明治三十年代に村上専精や姉崎正治らの仏教学者によって提唱される前にキリスト者村田の口吻にのぼり、あまつさえそれをもって、親鸞真宗立教の正当性へ疑義を提しているのは、神学における歴史的実証的研究の教養を身につけたキリスト者的見識からの親鸞批判として、意義深いものをもっているように思う。

以上、史的考証性、人物像、教義の三点から本書を検討したのであるが、真宗教義には素人であり、史学徒としても厳密な考証の方法に徹し切れないために、独断や齟齬も多く、史的考証的研究としてはあまり高く評価出来ないようである。又、対仏教意識過剰のため、親鸞の諸問題が、伝道、教線拡大、教団形成といった視点から殊更に拡大してとらえられ、従って、修道者、求道者の面が殆んど欠けてしまい、全体として、歴史上に発展した本願寺教団やその形成者達と、その開祖としての親鸞とが交錯し、教団論か人物史伝か、その印象が不鮮明になっている。しかし、この一編の史伝には親鸞の歴史性への熱情がみなぎり、既成の親鸞伝とは全く面目を一新した史伝が展開している。又、史料の点については一宗一派にとらわれずに、例えば、浄土宗側の手になる親鸞伝批判書、『教行信証』、『歎異抄』、『東鑑』、『沙石集』、『天台座主記』、『源空七ケ条起請文』、「興福寺奏状」等の従来の親鸞伝では殆んど使用されていない史料をも自由に駆使しており、而して、それは教団から無制約にして、合理的・批判的な史観をまって初めて可能なことであったのである。「歴史への態度の表明と問題意識の鮮明」[20]さに、二十年代の民間史学、即ち、民友社史論家の特色があったと言われているが、村田の眼も又、それと同質であり、その眼識こそが親鸞史伝を探ったといえるのである。しかし、進歩的知識人対象の本書の当時代における評価は、そのスタイルの新しさが目を引くことはあったが、その親鸞研究史上の意義の高さに比べれば、全く低いものであり、殆んど無視されるか、あまり話題に登らなかったようである。[21]所詮は大学史学とも系統と性格を異にするが故にその視界には入らず、又、真宗僧侶や門信徒には、いまだ『伝絵』以外に異質の親鸞像が必要な筈はなく、又、その異質さ故に容易に共感されるものではなかったのである。

雑誌『仏教史林』批評子から、本書は「キリスト教牧師、村田勤氏が従来の崇拝的伝記を排し、史的眼孔をもって、親鸞の真伝を明にせんがために著はされたる所なりという。一読せば多少の益あらん。但し、著者の真宗教義にくらく、且歴史的知識乏しきは本書のために大いに惜しむべし。又、史的限界を超越して、詩的のところも多く、親鸞を評するに往々感情によりてその人を読者の頭の中に描出せんと努むる如きは史的著述としては価値最も少し。加之、誤謬も亦極めて多くして一々指摘にたえざるほどなり。一言にしていえば本書は親鸞の真伝を明にしたるものにあらずして著者が脳中に画ける親鸞を露出したるもの[22]」と冷酷なる批評を浴びているが、これが当時の仏教史学者、仏教家達の見方の集約であったとみてよいように思う。新しい試みに錯誤は避けられない。この明治中期に親鸞伝が要請しているのは、一つは伝説的史伝への考証と、他の一つは、仏教思想、宗派、護教といった既成の視点にとらわれない科学的・合理的史観と方法による親鸞伝の再検討・再構成の試みであったが、明治四十年代までは、史学徒、仏教家、真宗人からはそのどちらの研究も姿もみせず、唯、一人勇敢に立ち向かったのは、後者からの明治二十年における村田のみであったのである。この意味では彼の労作は充分に讃えられてよい。後年、山田文昭は真宗史学者としての立場から、本書を「浄土宗側の見方を基調とし、種々粉飾をほどこしたもの」(23)と評しているが、その考証、批判の材料、観点については正しいと思われる。しかし、本書の意義は前近代的親鸞伝の型を破り、合理的・科学的史眼による、又、キリスト教的教養からする進歩的文明史観を基調とする点にこそあったのである。そのような意味から本書は合理的・啓蒙的親鸞伝の最初のものとして位置づけることが出来るように思われる。而して、特に当時代の真宗教団人は、この立場の親鸞伝にもっと学ぶべきではなかったか。その斬新な観点と合理性には、真宗人の前近代的・封建教団的感覚を脱皮する啓蒙性が充分含まれていたからである。しかし、本書の親鸞は時と共に埋もれていった。伝統的親鸞伝・親鸞像の歴史性は何としても重かったのである。その非合理性が如何に批判されようと、六百年を生き続けた親鸞像が歴史に張りつめた根は堅固であった。一キリスト者の試みが簡単に動かし得る程のものではなかったのである。しかし、伝統的親鸞伝への視点と批判精神はここに準備されたのである。即ち、既に楔は打ち込まれたのである。これに確固たる実証のメスが加わった時、伝統的親鸞伝は大きく揺らぎはじめるのであろうが、それにはあと十数年の時を必要としたのである。そして、一方、この村田の立場は木下に受け継がれ、更に服部之総にと継承されて厳密な史学的研究にと結実する。

第三節　批判的・実証的親鸞伝研究（その一）

——長沼賢海「親鸞聖人の研究」——

大学実証史学の親鸞伝への参入　明治における国史研究の発表機関は二十二年、東大国史学研究室の『史学会雑誌』（四年後に『史学雑誌』に）に始まっている。だがその後は、四十二年からの『歴史地理』以外に国史研究誌はみえず、『史学』、『史林』等は大正にまで降らなければならない状態であった。而して、日本仏教史の研究はこの『史学雑誌』の中でとり上げられていくが、長沼の本論文の発表された四十年代では、まだ政治経済史の中に散見される程度に過ぎなかった。

一方、仏教界からは明治二十七年、村上専精、鷲尾順敬、境野哲を中心に『仏教史林』[24]が刊行をみたのが、近代における仏教史研究の嚆矢であるが、他には大谷大学の『無尽燈』がみえる程度で、仏教史の近代史学的研究はやっと緒についたばかりの時期であった。即ち、この明治における黎明期の日本仏教史研究は、国史の一側面として仏教史をとり上げる『史学雑誌』的大学史学の立場と、「仏教家として仏教の史的側面としての仏教史を研究する」[25]二つの立場から出発しているのである。而して、「一般歴史家は仏教を知らず、仏教家は歴史（社会）との仏教の関連を知らず」[26]との批判が仏教史研究への当時の批評であったとみられるが、明治時代における仏教史研究の問題点はまさしくそこにあったのである。そして、その点への認識の深さが、研究の前進の挺子ともなり得る筈であったが、その反省から『仏教史林』に代って四十四年、『仏教史学』が発行されている。その中心人物は鷲尾順敬であった。友人の村田勤（前節において述べた『親鸞真伝』の著者）は発刊に際しての請いに応えて、「歴史と宗教」[27]なる一文を寄せている。明治末期の仏教史研究への貴重な啓発を含んでいるので長文を厭わずに紹介したい。

「仏教史学は将来、宗教に重きをおいて歴史をその方便とすべきか、或は歴史家たる本領に全力を傾けて仏教の利害を眼中におかず、大胆にその研究の結果を公けにすべきか、『仏教史林』時代には幾分か第一の旨意を順奉せねばならぬ事情が存しておったように思うが史学発刊の目的は確かに後者であろうと信ずるのである。諸氏は真理の探求者、事実への記録者であって仏教の弁護者ではないのである。法衣をまとうて掾大の史筆を揮うはよし、止むなくんば法衣を捨てても史実に忠ならん覚悟を要するのである。ランケの精神は即ちそうである。史学は宗教の束縛を脱しつつ而も宗教に同情をもっておらねばならぬ。」（傍点福島）と言い、又、「根本史料の淵源に遡って日本の仏教史を科学的に研究批評し、構成せんとことこれ諸氏の精神也。換言すれば、現今欧米の史学者が作り上げつつある最新最高の歴史研究法を運用して、日本の仏教史を根本的から改造しようとするのではあるまいか」と期待を寄せている。村田は仏教史研究にこのような夢をかけていたのであるが、もとより仏教、国史学のいずれにも専門家でない彼には果たし得ない夢であった。しかし、この主張は次の長沼や中沢の研究への史学史的支柱ともして、その背後に準備されていたことを意味するものであり注目されよう。又、明治四十年代の親鸞御遠忌を機に続出した親鸞伝[28]に対し、先ず教団人へ、「遠忌をやりながら何故その歴史（親鸞伝）を調べてみようとしないのか」と質し、更に、「歴史上の創見あるもの、新史料の加わったもの、先人の気付かなかった批評眼のあらわれたものなし、……当時の宗教界を知らんとするもののためにいかなる新光明を与えたろうか、両大師の関係、生涯中、史伝家が大きな疑問符を付していた点にどのような新解釈が与えられたか、その装丁の極めて美麗であり、文体の現代式になった割合にその内容は貧弱である。その編者の趣旨は昔から世に行なわれていた有難本と僅少の違いしかないのである」と批判する。『親鸞真伝』を著わしてから十五年後のこの時において、尚一層親鸞伝への関心は燃えさかっていたものとみえる。彼の労作は大学史学をも、宗門史学の親鸞研究をも直接に大きく動かすには至らなかった。しかし、上述してきた論旨から、表面では一見無関係の如くみえる村田と長沼、中沢の研究の間にも、明治から大正への史学史の上では、旧親鸞像をゆさぶり、近代的史眼による親鸞の史的解明という点において地下水にも似て、脈絡が連がっていたとみることが出来よう。

村田は、同論文の中で更に進めて、歴史家の姿勢について次のように言及している。

「史学は批評、言論の自由の存しない邦国には発達することが出来ないものである。日本の史学者が果して此自由をもっておるか。皇室に関し、明治維新に関し、大胆にその研究の成果、結果を公表する勇気があろうか。間接か直接に政府の保護を受けている史学者には少くとも、今日の如き非立憲的な立憲的政治の下に積年の研究の虎の巻を公表する勇気があろうか。予は社会の輿論が学者の意見の独立を神聖視することを切望すると同時に学者が自重して、殉教者の如き勇猛心を奮起せんことを願うのである。日本における宗教と政治及び社会の関係を闡明せんことは大事業である。そのためにはランケの如き史眼とモムゼンの如き気根とギッポンの如き批評眼とマコレーやミシュレーの如き筆力を要する。」（傍点福島）

この論文は、大逆事件の翌年に書かれたものであるが、「政府の保護を受けている史学者に、この非立憲政治の下で、研究の虎の巻を公表する勇気があろうか」との官立大学史学の本質にも迫る批判をみる時、キリスト者・自由主義者として、史伝を手がけて来た史論風民間史学徒の面目躍如たるものがある。又、文中の皇室や政府を、本願寺法主や内局におきかえてみればどのようなことになろうか。まことに教団の重さに耐えても日本仏教史の近代的研究が敢行さるべき時期に立ち至っていたのである。しかも、それは明治日本の近代化のテンポに比較する時、遅すぎても早すぎることはなかった。それを村田は二十年代に既に試み、今又、仏教史学徒へよびかけたのである。そして、その要請にこたえるかの如く、その数年前より既に親鸞伝への研究が長沼の手により進められていたのである。

ところで、前節で結論を下したように、村田の親鸞研究には観点の新しさはあっても、一貫した実証史学的方法が欠けていた。従って、動かし難い史実の上に立った親鸞史伝という要求に応えるには、いまだしのものであった。仏教、真宗教団、キリスト教等のいずれの立場にも限定されず、没思想の姿勢でともかく確実な史実を探り当てる努力、これが近代の知性を納得させる為に、又、親鸞が近代人に語り得る資格を得るためには、必ず通過しなければならぬ関門であった。それは村田の研究におくれる事、十数年後、東大国史学徒の長沼によってはじめて試みられたのである。

大学史学徒長沼賢海

長沼賢海は明治十六年、真宗の地帯、新潟県高田市に生まれた[29]。彼の生家は浄興寺の寺内寺の一つ正光寺であり、仏飯をいただいて成長したのである。しかし、仏教や親鸞に積極的な興味をもつ優等生的寺育ちであったわけではない。彼自身「予は寺院に生まれ、幼にして俗名を廃して釈名を名乗ってはいるが、僧籍も有せず、且つ宗教的学校教育を全く受けていない。社会的のそれにおいても同様で、かつて一枚の経論の講義も、一回の教理信仰の釈義も聴いていない。ただ門前の小僧である[30]。」と語っているが、謙遜として割引いたとしてもやはりこれは事実のようであり、宗教や哲学の形而上の学問には不向きの性質であったようである。後に詳述するが、この真宗寺院に生まれた門前の小僧としての宿業が、東京帝大における実証史学の武器を縁とした時、親鸞伝は本格的に近代史学をむかえることになったのである。

折しも、明治二十年代に入ってより、浄興寺一門は本願寺からの独立運動をおこすに至っていたが、一門ではそのために一門内の俊才に仏教学修学の道を選ばせたが、彼もその期待をになう一人であった。四高文科哲学科から東大哲学科へのコースはそのようにして準備されたものであった。しかし、哲学に不向きである己を知った彼はまもなく国史科へ転ずる事となった。父と門信徒への義理立てから、友のすすめる西洋史学を選ぶことも出来ず、当時、東大にあって仏教を研究出来る唯一の学科、国史科へ移ったのだという。この転科が親鸞伝や聖徳太子伝の研究をライフ・ワークにする助縁ともなったのである。

明治四十年、一向一揆の研究を物して、国史科卒業後、東大史料編纂所編纂掛となった。彼の関心は予定されていた如く、日本宗教史の研究に向かい、十数年にわたる研鑽の成果は真宗史、神道史、キリシタン史にわたる諸論文の集大成として、『日本宗教史の研究』として昭和三年に刊行された。その間大正十三年には九州大学に迎えられるということもあったが、ともかく、この研究によって、史学界における彼の位置は定まったのであった。

さて、今とり上げる「親鸞聖人の研究」は『日本宗教史の研究』の劈頭を飾っているが、これは明治四十年から十回にわたり史学雑誌に連載されたものであり、これこそ彼の史学者としての出世作であった。今、本論文のもつ意義を確認するために、その著述までのいきさつと動機にふれておきたい。

先述の通り、卒業論文にとり上げたのは、「一向一揆を論ず」というテーマであった。この研究に没頭した結果は「こどもの時から伝統的に頭にしみこまされた蓮如上人と、いろいろあらわれた研究の結果とがあまりにちがう点、例えば、上人には実子を生まされた女性があまりにも多く、自然お子さんの数のあまりに多かった点」等であり、幼少の頃より寺院の中でその高潔な人格を聞かされて疑わなかった彼は想像以上の衝撃を受け、その両者間の乖離の解釈に苦しんだあげく、本郷の求道学舎に近角常観を尋ねたが、「言下にそんなことはいくらもないでしょう」とのすずしい答えであったと言う。近代的仏教史学開拓期におけるこの若い史学徒の史的懐疑は、求道者近角の視野には入らなかったのである。史的懐疑と信仰的懐疑、両者は所詮、異質にして相容れざるものなのであろうか。しかし、彼はこの近角の返答を逆縁として目が醒めたという。「これからの歴史は間違いのない史料によってのみ、真の歴史は解明される」と。ここに近代史学徒として開悟することを得たのである。又、ある一日、「歴史は主観が大事である」とする浩々洞の暁烏と「史料による客観的研究が大事である」とする彼は、議論を交えることがあったが、議論は並行しますます己の道を往かんと決心したという。従って、暁烏の友人佐々木月樵の、「精神主義」による真宗新信仰から書かれた『親鸞聖人伝』も、彼には同意出来るものではなかったという。近角、暁烏、佐々木は共に明治後半においては、時代の要請にこたえるべく、親鸞教と新感覚でとりくむ指導的真宗人であり、知識人層にも支持が多く、信仰界のスターともいうべき人達であった。而して、このように信仰における近代的素養を身につけた彼等ではあったが、史的実証性という近代の知性の要素を未だ充分に備えてはいなかったようである。従って、厳密な実証性をこそ生命とみる長沼の立場は、彼等の視角には映らない性質のものであり、むしろ鬼子的存在でさえあったかもしれない。長沼自ら語るところによれば、前述の村田の『親鸞真伝』についてはその名さえ知らなかったという。とすれば彼を導き、勇気づけてくれる善知識も、研究書も、又、頼るべき権威も仏教史学界にはなかったといえる。唯一のたのみは正真正銘の「生の史料」だけであった。この全くの孤独はこの黎明期の仏教史学徒に与えられた宿命であり、試練でもあったと言えよう。東京帝大の実証史学に立てこもった彼には、教団的事情に右顧左眄する必要のなかったことも幸いであった。かくして、生の史料による客観的史実の探求の精神と技術が、彼の内に培われていったのである。

ところで、彼が新進の史学徒として史料編纂所に勤務し、専ら宗教史の研究に携わっていた四十年の初め頃から、日本史上の人物抹殺論が流行をはじめていた。幸徳秋水のキリスト抹殺論、村上専精、姉崎正治らの大乗非仏説等、他の分野にも革新的な論議があらわれていたのであるが、日本史上の抹殺論は八代国治や重野安繹を中心として吹き荒れ、児島高徳、菅公伝、弁慶伝、更には親鸞にまで及び、史料編纂所は全くこの抹殺の気運に支配されてしまっていたという。しかし、それは長沼にとっては木下の如く、「聞けば親鸞と云ふは假作の人物、小説の中の人物で、實際に生存した人では無いと言ふ考證先生の御説ださうだ。僕はこれを聞いて毫も驚かぬ。却って『其れは面白いことだ』と頗る悦に入」(『法然と親鸞』)って済む問題ではなかった。ここに至って彼は決然としてこの抹殺論に「反抗するようになり、親鸞聖人の御伝鈔を生かそうとするから抹殺されるのである。まずこの縁起上の聖人を抹殺しなければならぬと決心した」のだという。

時代傾向として、宗教史研究が盛行のきざしを見せはじめていたこともあるが、何といってもこれが本論著述の根本動機であったと思われる。西洋近代史学の方法を修めた彼ではあったが、それによって彼自身の出自から来る身についた真宗人としての業縁までもが変わってしまったわけではなかった。「親鸞抹殺」の言辞に接した時、宗門外の世界を歩き、真宗安心も必ずしも堅固ではない彼ではあったが、真宗生まれの伝統の中に培われてきた真宗人本能は頭をもたげたのであろう。自ら語る通り、文字通り「門前の小僧」であったのである。

かくして彼は『伝絵』を中心とする伝説上の親鸞を殺す道を選んだのである。障害児の我が子の誹られる悲痛に耐えずして、自らの手でその生命を断つ親心にも似ていようか。結果は殺すことが活かすことに通ずるのであるが……。近代的知性の眼に耐えない親鸞伝説を衆前に曝すにしのびなかったのであろう。この心情が彼における愛山護法の精神であったのかもしれない。しかし、現実にはそれは理解されず、彼も又、親鸞抹殺論者の烙印を押される始末であった。明治末期においては未だ伝統的親鸞伝を科学することはおそろしきタブーであったのである。

しかし、ここでもう一つ見落してならないのは彼の出自、つまり彼が浄興寺に属していた事実であろう。浄興寺はいうまでもなく高田専修寺や坂東報恩寺と並ぶ親鸞遺弟開基の名刹であり、越後におけるその勢力は明治になっても侮り難いものがあったのである。この浄興寺が一門を率いて明治二十年頃から本願寺に反旗をひるがえし、独立運動をおこしているが、長沼の語るところによればそれは彼の祖父の時代のことであったという。その抵抗の精神を彼は無意識のうちに受け継いでいたとみえる。自ら「本願寺が封建的大名的存在になり、聖人（親鸞）とは相容れぬ存在となり、正しい真宗の歴史が否定される」ことが黙認出来なかったと語っているが、この真宗教団内での教派の葛藤が長沼を通して、親鸞伝研究に顔をのぞかせることになっている。即ち、彼が史料批判のまな板にのせたのは本願寺聖人伝のバイブルたる覚如作の『親鸞伝絵』であり、更にはそれから派生した史伝であった。彼にはそれらの一見神聖にして、仮空性をも含んだ聖人像は、史学徒として肯定出来ないばかりか、浄興寺に属す宗派的立場としても、本願寺教団隆盛の不当なる具とみられるわけであり、黙していることは出来ないものであったのである。而して、彼は目を教団に向けて、「当時、宗内の歴史家は後生大事に本願寺を宣伝することにこれ努めるという風であまりに非学問的であった」とも語っている。宗門史家の妄護教主義に接した時、彼の科学的実証史学の立場は黙しておれず、反抗心がかりたてられたと言う。この点から言えば、本論文は宗門史家や伝統的親鸞伝への啓蒙的・批判的視点をも含んでいたとみることが出来よう。

以上のようにみてくると、長沼の研究の背後には親鸞抹殺論への抵抗、浄興寺一門の本願寺への対抗、前近代的・護教的親鸞伝と宗門史学への批判の三つがあったのである。そして、若年の史学徒が生命の綱ともたのむは「史実」の実証であり、それのみがあらゆる伝統と権威の重圧に克ち得る武器であった。

而して、親鸞抹殺論と伝説的親鸞伝の両者への批判を踏まえて、史実の親鸞へと止揚出来るのは、この時期にあっては真宗教団から出自し、しかも西洋近代史学の手法をマスターした長沼以外に人はいなかったのである。長沼の「親鸞聖人の研究」はそのような歴史性を担うものであった。

実証の概要　長沼は親鸞抹殺論、伝統的親鸞伝の何れにも立たなかった。即ち、そのうちの抹殺論は彼の筆を借りれば、「親鸞に関しては確実なる史料存在せず、其の一生の大事件たる越後配流の事、既に確かなる記録の伝うるものなきのみか、曾つて其名さえ世の記録文書に伝えられず、又、其の筆蹟の如き一も見るべきものなく、親鸞の筆と称せらるるもの、多く一致せず」というところから発生したものであったが、彼はこれに対しては速断と見た。一方、後者については、「親鸞の壮麗を想像する者曰く、『親鸞聖人は九条兼実の女を娶り、肉を食い、五辛を嫌わずして、始めて凡夫往生の先達と為り給い、教行信証六巻を著して所依の経論を示して新に宗旨を開き給う』」とその疑問点を紹介し、そして、この二つの視角の接点に考証の眼を据えている。

さて、本論考は、全七章からなる長編である。第一、二章で、それぞれ親鸞以前の僧侶の肉食妻帯観と親鸞のそれをとり上げ、日本仏教史の系譜の中に肉食妻帯と悪人往生の問題を跡づけている。又、第三章「親鸞の室と教会の相続法」においては、親鸞伝の基本問題である親鸞の出自について、『親鸞伝絵』第一段の史料批判を介して追求している。第四章「真宗教会規式」では、真宗の食堂、無碍光曼荼羅、勤行の経文、初期本願寺の経済等、初期真宗史の諸問題が、第五章では、親鸞の立教開宗の問題を、親鸞の立教開宗意識にスポットを当てつつ、俗的な教団我欲批判の観点から検討している。そして、第六章で親鸞伝の中心問題の一つである親鸞と法然との関係について、史実を追求し、『教行信証』後序の批判にまで論及している。そして第七章「結論」に以上の考察から咀嚼・抽出した親鸞像、親鸞伝がまとめられている。以下、親鸞伝に直接関係のない第四章を省き、逐次章をおって論点を紹介し、親鸞史的研究におけるその意味を考察しようと思う。

さて、第一章では、古来親鸞教の特色と喧伝されてきた肉食妻帯が、果たして親鸞とその一流のみの特色か否かという疑問を、『古今著聞集』、『愚管抄』、『古事談』、『今昔物語』を紹介しつつ提示し、それを念仏、法華の両宗に分け、その歴史的系譜の上において検討している。前者では『中右記』、『往生伝』、『拾遺往生伝』、『後拾遺往生伝』、『三外往生記』、『本朝新修往生伝』等の鎌倉時代以前における所伝の上に、破戒不律、肉食女犯の生活の中から悪人念仏興隆の機運が生じた事実の見られることを、又、後者では『法華験記』の上に殺生放逸、魚鳥女犯の罪悪の身が法華の功徳に浴する姿の見られることを列挙する。そして、この両系統には後の親鸞の宿業観と同質の罪業観すら表われていると指摘し、この見方より親鸞の肉食妻帯を「敢て慎まざりしも、当時においては少しも珍とするに足らざるべし、後世親鸞を説くもの、これを以て彼の特色となし、これを以て彼を有名ならしめんとする」ものとしてその不当を批判し、肉食妻帯を親鸞の専売特許とすることの欺瞞をあばいている。そこには、中世末以来の教団経営面からの玉日伝説を中心とする親鸞の肉食妻帯のかつぎ出しに対する、史学徒のきびしい眼光を感ずるが、それは教団内的真宗史・教団内的親鸞史伝からではなく、日本歴史の視点から、日本歴史の中に親鸞の位置が探索され始めた瞬間でもあった。而して、そこにみられる重量感あふれる史料の駆使や、史的批判の迫力は、彼が史料編纂所に身を置いた事実から与えられた功徳でもあったといえよう。

さて、この見方は第二章、「親鸞の肉食妻帯観」においても継承され、肉食妻帯が悪人往生と関係づけられて検討される。その論旨は次の如く要約される。

親鸞没後、南北朝時代の真宗門弟の信仰生活に対し、彼は二つの分類をする。即ち、信仰生活に制裁を設け、「自力の規律とは為さざるも仏の戒律、弥陀の制禁と為す」立場を「抑制的悪人往生の信仰」とし、一方、「絶対的に自力の戒律規範を脱せんとする」立場を「絶対的悪人往生の信仰」[31]と定義する。而して、前者については考証の素材に、浄興寺文書の中の所謂「二十一ヶ条禁制」や「十七ヶ条制禁」を引例し、又、後者については『口伝鈔』、『歎異抄』の所謂、悪人正機思想や宿業観を、本願ぼこりや造悪無碍と絡ませて「絶対的悪人往生」の立場と規定する。そして更に、「二十一ヶ条禁制」、「十七ヶ条制禁」を所謂、法然の「七ヶ条起請文」、親鸞消息と合わせ検討し、それらの中の造悪無碍、本願ぼこり、婬酒食肉、諍論、邪法説法についての制禁に共通の方針がみられることを確認し、結局、親鸞の思想は『歎異抄』に代表される「絶対的悪人往生」の立場ではなく、前者、即ち「抑制的悪人往生」の立場に属すると結論する。そして、その見地から親鸞の肉食妻帯に対し、親鸞はそれを積極的に門弟に勧め、又、自らも公然と憚るところなく実行したのではなく、「他力念仏の行者として五逆十悪の凡夫なる我身を律せんとし、我心を戒めんとして律すること能わず、戒むること能わざる」痛みをいだいての所為であったとする。ここに彼の親鸞へのイメージは「愚禿親鸞」であったことが窺えるが、本論考の累々たる史料考証の裡に一貫して流れているのはこの親鸞であり、これこそが煩雑な考証の持続に耐える力になっているように思われる。

さて、ここで注目されるのは、「十七ケ条制禁」、「二十一ケ条禁制」と「七ケ条起請文」、「親鸞消息」に綿密な史料批判を行なった後の、両者の比較・考証の見事さと、そこから親鸞の肉食妻帯観を導き出し、『歎異抄』、『口伝鈔』を親鸞の思想そのものに非ずと判定して、所謂悪人正機説に「抑制的悪人往生」という色合いの違った解釈を下した二点である。即ち、年代的には「七ケ条起請文」、「親鸞消息」、「二十一ケ条禁制」、「十七ケ条制禁」を成立の時期から考察し、造悪無碍、本願ぼこりから発する念仏者の乱れに対する禁制の方針を検討し、そこに共通してみられる生活上の戒めや制禁の事実(32)から、親鸞の悪人往生の思想を、上述の如く抑制される範囲内という条件づきに解釈する。又、「七ケ条起請文」と他の三者にみられる相違点の指摘も見逃せない。即ち、「七ケ条起請文」では魚鳥女犯を全く禁じ、戒律を厳格に守ることを要求しているが、他の三者では幾分かの制限というように弛められていると見ており、この観点は『口伝鈔』、『歎異抄』の位置づけへの準備工作にも相当している。即ち、『歎異抄』はその史料的価値の面からみて、『浄典目録』にも出ていない事実、更には文章の体裁や蓮如の「於無宿善機無左右不可許之者也」との奥書から、『口伝鈔』同様、室町初期の成立とし、その宿業観や悪人正機説は親鸞の直説ではなく、真宗の教義の歩みの中で変化し、極まったものとの見方をとる。即ち、彼は悪人往生の問題を、平安の仏教の様相の中から掘り出し、法然、親鸞、親鸞門弟を経て室町へと到る経緯の上に実証しようとしたのであった。しかし、この見解の背後にかくされている史学徒としての主張も読み落してはなるまい。「歎異抄、口伝鈔の信仰をもって、真宗の信仰を一貫せんとするものに対し、警告せんがために」と云って、『実悟記』の後生御免の立場が(33)、既に蓮如の教えにして、孫の証如に至って変化している事実を指摘していることからもわかる通り、当時の教界に対する彼の忠告の一つは、歴史的思考、即ち教理の歴史的展開に即して、聖教の聴聞をすべしということにあったのである。前節でもふれた通り、求道学舎の近角とも、浩々洞の暁烏とも、親鸞観において根本的に食い違いがあったというが、当時、彼等は『歎異抄』一筋の信仰生活であり(34)、その熱情的信仰故の没歴史学的理解に、長沼は批判的ならざるを得なかったのである。歴史的思考と異質の立場、即ち、『歎異抄』の成立年代や、真宗教理史上の位置が本質的に問題にならず、ひたすら自身を経典に投げかけていく求道的姿勢は、彼の持ち合わせない世界であったのであろうか。ともあれ、悪人往生の思想を平安時代からの歴史的経過の中でとらえた堅実で実証的考察にもかかわらず、皮肉にも、『歎異抄』をして室町時代初期の成立とみなし、親鸞の教説からはかなり変化していると外的史料批判に終始し、親鸞消息との比較においてもその教義・信仰における同質性を見抜けず、親鸞の親鸞たる所以とされる悪人正機の思想をも、「抑制的悪人往生」という冷え冷えとしたものに見てしまったのは何としても速断であった。信仰文の成立時の状況、更には親鸞の信仰の告白書、あるいは門弟への説諭といった信仰の種々相の機微にまで史眼が透徹するには、彼のみならずこの時期の史学研究自体がまだ若過ぎたようである。

ところで、彼の史的批判眼が向けられる他の一面は、真宗教団史の中にあって、親鸞にまつわりついた遺物、つまり教団維持・発展意識からの親鸞偽造の数々であった。その史眼からは門信徒に生き続けている親鸞像にたとえ傷がつこうとも、それを超えて、史学徒として、史的真実の前にその偽像を葬らなければならなかったのである。第三章、「親鸞の家系」、第五章、「立教開宗と宗名問題」は、なかでもその意識から取り上げられているように思われる。

さて、長沼は、この時期の実証史学の見地からは当然のことではあるが、教団内に伝わる関係史料をその信憑性の稀薄さ故に考証の対象から外し、専ら宗外に素材を求めている。従って親鸞の家系、妻子に関する問題についても、従来それによって家系が信じられてきた『親鸞伝絵』、『口伝鈔』、『報恩講式』といった宗内の文献は相手にせず、家系についての唯一の宗外史料とみられる『尊卑分脈』中に所収の本願寺系図の諸本を照合しつつ、書誌学、本願寺史の面から検討し、洞院公定が『尊卑分脈』を編集した当初には、親鸞の家系を日野家の一流と明示した本願寺系図は収められていなかったと推定する。[35]そして、親鸞没後の本願寺史に視点をおき、覚如以来の日野家との結びつきにはじまり、更に教団の一時的衰退後の蓮如時代の絶頂時に本願寺の地位の高まった事情に着目し、本願寺の公家的世界との結びつきと社会的地位の向上から、公家日野家との紐帯が強化され、本願寺は室町幕府を介して日野家に接近したと推定する。そして、この事情を背後にして、天文年間に公家の家系図一覧たる『尊卑分脈』に、本願寺系図を日野一流系図として組み入れるという細工があったと説明する。[36]今はその論旨の経緯のみを追ったのであるが、実際は見事に一つ一つの考証が史料の裏づけ操作の上になされ、この結論もその積み重ねの結実であり、近代実証史学の方法が重厚な力をもって、親鸞の家系を掘り探ってゆく行程には畏服せざるを得ない。ここに金科玉条たる『尊卑分脈』も準宗内史料としての烙印を押され、更に中沢に至って、その技巧は覚如の手になるとまで論断されるのである。

ところで、『尊卑分脈』所収の本願寺系図の背後事情を見抜いた彼は、一転して宗内史料によって親鸞の妻子女の探索にと移る。即ち、『親鸞伝絵』[37]、『口伝鈔』[38]、『反古裏』[39]の記述を検討し、『親鸞伝絵』中の六角堂夢告での「玉女」の名の初出、『口伝鈔』での、親鸞の室の法名を恵信といい、六人の子女の母であったという記述から、戦国時代に至ってからの『反古裏』の、親鸞の室を九条兼実の娘、玉日であったとする所伝を逐一、時代を追って検討し、結局その背後に動いている史的事情、即ち、天文以後の本願寺と九条家との接近の中で、両者が結縁しても不自然な状況ではなく、親鸞、玉日、九条兼実と結びつけられて行ったのであろうと推測し、最後に「親鸞に室ありしてふ一事のみ、其の法名を恵信と称し、男女六人を生み、その内女一人日野広綱の妻となりしというに至りては姑く之を信ずるのみ」と結ぶ。これが彼の掌中に残った親鸞の妻の姿であった。今日、親鸞子女及び、その後世に発生した伝説については、その経緯はかなり解明されているが[40]、この明治末期においては、未開拓の部分であり、この考証は高く評価されよう。しかし、親鸞の出自は別としても、親鸞の子女に関しその所伝の史料批判は為されたが、積極面、即ち、子女そのものの解明には恵信尼文書の発見まで為す術がなかったのである。従って、この一連の考証の意義は、親鸞の妻子女にまつわりついた伝説を先づ洗い落した点にあったとみた方がよさそうである。

さて、第五章では「真宗の宗名と親鸞」と題して、「古くから唱えられし真宗もしくは浄土真宗、浄土宗、一向宗、無碍光宗の何れが真宗原始時代の名称なるかを究め、これと親鸞との関係を探り、以て親鸞の立教意識の一面を観察せん」と云う。即ち、安永以来の浄土宗、浄土真宗両宗による所謂「宗名争い」(41)の渦中で、主人公たる親鸞その人と思想を傍に放置しての教団我まる出しの争論の中に、親鸞の原像が歪められてきた事実への憤りが彼の念頭に燃えている。即ち、浄土宗側からの法然門下における親鸞の存在の抹殺と、本願寺教団のいう浄土真宗側からの主張、つまり、『教行信証』教文類巻頭の「大無量寿経真実之教浄土真宗…謹按二浄土真宗一有二二種廻向一。一者往相、二者還相。就二往相廻向一、有二真実教行信証一。」をもって、親鸞の浄土真宗開立の宣言とする(42)主張の対立の中で、親鸞が虚飾を着せられ、教団的抗争の具に供せられてきた事実に対する、彼の史的批判精神から発している。彼は無碍光宗、真宗の各々について可能な限りの史料を駆使し、その積み重ねに立って真宗内の典籍について、『唯信鈔文意』――真信實心をうれば實報土にむまるとをしえたまへるを浄土真宗とするとしるべし、――『末燈鈔』――浄土宗の中に真あり仮あり、真というは選擇本願なり、選擇本願は浄土真宗なり――、『口伝鈔』――或時仰宣はく、源空上人浄土真宗御興行さかりなりし時、――『高僧和讃』――本師源空あらはれて浄土真宗をひらきつつ選擇本願のべたまふ――を例証とし、親鸞やその徒が真宗、浄土真宗と称しているのは、法然とその一流の浄土宗の宗意安心を意味しているのであり、結局近世本願寺の教団的要請からうち出された親鸞の新教立教開宗の喧伝は肯定出来ないと断ずる。而して、浄土宗側の親鸞否認、浄土真宗側の親鸞かつぎ出し、共に如何に鎌倉時代にあった親鸞とかけ離れたものであろうと、現実における教団の死活をかけての抗争に過熱した彼等には、それは至上命令の意味をもつものであった。従って、その視野から離脱しない限り、親鸞の史的真実への追求の精神はあらわれないのである。その意味から、ここに、論証に耐え得る史実を何にもまして価値あるものとする近代実証史学と、それに己をかけた学徒の精神が親鸞伝に近代の曙光をもたらした一端をみる思いがする。

ところで、本論文の中で、伝統的親鸞伝に対し、最も刻削が揮われているのは、先にふれた家系の問題と、もう一つは、法然と親鸞との関係を取り扱った第六章であるが、就中、そこでは法然と親鸞の関係を親鸞伝の核心的問題とみなして、関係史料について克明な考証が行われている。自己の考証眼識以外に依拠すべき何物をも持たない彼は、唯々史料批判に己を潜ませる。第一節では関係史料として『報恩講式』、『教行信証』奥書、『本願寺聖人親鸞伝絵』、『拾遺古徳伝』、『歎異抄』、『最須敬重絵詞』を列挙して、まず外的史料批判を試みている。その中で、『親鸞伝絵』、『拾遺古徳伝』についてはは覚如作の伝承を認めるが、その他については、親鸞の著作と伝えられる『教行信証』は南北朝中頃前のものと推定し、又、覚如作と伝える『報恩講式』は存如、蓮如以前との確認しか出来ないとし、『歎異抄』は専ら一流の信仰の極致を述べているが、製作については南北朝若しくは室町時代初期と推定している。その他、『反古裏』や佐々木月樵がその史料的価値を幾分認めた『正統伝』、『御因縁秘伝集』にもふれているが殆んど問題にせず、結局先に列挙した史料について、次のような注目すべき結論を下している。

(イ)　『教行信証』、『拾遺古徳伝』、『親鸞伝絵』は同一の目的をもった一人の人間か、少くとも同時代人の手に成ったもので、『最須敬重絵詞』、『歎異抄』はそれに拠ったものである。

(ロ)　『教行信証』、『拾遺古徳伝』、『親鸞伝絵』こそは伝統的親鸞伝の原型をなすものであり、この三者は次のような関係にあるとする。「教行信証をありのままに解せんか、親鸞は自己と法然との関係の緊密なるを語らんがため、己は法然直身の門弟となり、之を否定せんとする者あらば、そは誤りなりと吹聴せるに似たり。而して伝絵は教行信証を引いて之に付会し、其の言う所、誤りにあらざるべきを更に確証して余蘊なからしめんとつとむるとみる。但し、是れ未だ第一人称及び第二人称の証言たるのみ、其の証言の証言たるには更に第三人称の確証なかるべからず、古徳伝即ち之にして、拾遺の名已に之を自白せずや」。即ち、『教行信証』奥書をもって、法然と親鸞の関係の基本的文献とみなしての考証であるが、更に第二節においてその『教行信証』奥書自体の内側への批判を進め、結論として奥書の一段は親鸞の自筆ではなく、即ち『教行信証』六巻の作者とは別人の筆になるものであり、法然と親鸞との関係、特に越後流罪や法然からの綽空名の授与の件は疑わしいと勇断する。その根拠は、『教行信証』奥書の文の内容が「竊以」から「仍抑悲喜之涙註由来之縁」までの前半と、「慶哉」から「菩薩皆摂取」に至る後半との二段に区別されるが、双方共に疑問点があるというに拠る。その(1)として、前段の場合、ここに親鸞が己の経歴を記した目的が理解出来ないし、文章の調子、読誦しての感じから言っても変調であり、もし記述するのであれば、正信念仏偈の源空のおわりに付すべきであるとする[43]。つまり、『教行信証』の構成面からの疑問である。

(2) 所謂、承元の法難における法然流罪の年は建永二年であり、赦免は同年十二月八日[44]で、帰洛は建暦元年であるにもかかわらず、奥書には、五年後の建暦元年に初めて赦免されて帰洛したように記している。このくいちがいからみると、奥書の一段は怪しむべきものである。

(3) 奥書では、後鳥羽天皇を「太上天皇」、次の土御門天皇を「今上」、次の順徳天皇をも「皇帝」と称している点について、「土御門天皇を今上と称する上は次の天皇の御代の記事があるべき理なし。これをしも親鸞が土御門天皇を今上と称する時代に記載したるものとせば、親鸞は実に大予言者たらざるべからず」と指摘する。他に「今年」、「予も亦其一人なり」の一句についてもその年代や印象の不調和から疑問視し、更に綽空の法名を法然から授与された事実についても、「七ヶ条起請」文中の連名、『二尊院文書』、『漢語燈録』、『行状絵図』に「親鸞」・「善信」の名の見えないところから、奥書及び『口伝鈔』、『親鸞伝絵』の作者が一策を案出し、連名中に記載の、その名のあまり知られていなかった「綽空」の名を親鸞にあてたと推論する。ここに親鸞伝における根本史料の一つたるべき報恩寺本『教行信証』も南北朝に引き下げられ、その奥書に至っては別人、即ち覚如の偽作との断を下されてしまったのである。この推論は当然の如く学界に物議をかもし出し、その後しばらくは鎮まったものの、大正の後半に至って再燃するのである。しかし、ともかく大正に入って辻善之助によって報恩寺本『教行信証』をはじめとする真筆が確認されるに及び、長沼のこの考証の結論はその労を労らわれるだけのものと化してゆく。だが、親鸞伝に本格的な実証史学が未進出のこの時期にあって、一貫した方法によって、六百年の歴史の中にヘドロの如く親鸞を覆った偽作、伝説の中から真史実を選択しようとしたその実践にこそ、この論考の生命を見い出すべきであろう。

自らも謙遜している通り、真宗の安心の極致もさだかならぬ一青年学徒が、『教行信証』を中心として親鸞伝に史的判断を下すには、学問的のみならず人間的にも未だ若かったとしか言いようがない。しかし、自ら「大胆であった当時の私をうらやましく思う(45)」と回想しているように、その若さ故にもたらされた飛揚が、歴史の年輪を重ね、伝説で塗りこめられた親鸞をめぐる史伝を荒々しく掘り起したのである。たとえ、その結論に錯誤があったにしても、親鸞史伝の掘り起こし方、課題のありかを提示し、近代史学からする親鸞研究に指標を築き上げた功績は不動である。

実証がもたらしたもの　第六章での考証は次の結論で終っている。

「若しそれ厳格なる意味における親鸞史伝の信ずべき程度に至りては曰く誕生、曰く出家遁世、他力入信、曰く関東斗藪、曰く帰洛と入寂てふ概説之項の確認に止めん。」

実証史学の方法に忠実に奉仕した代償は、唯これだけの残片であった。しかし、これは今、篩い終わった手おけの底に光る砂金であり、親鸞史伝が一史学徒に与えた何よりの報償であったのである。ところで、この研究のモチーフとして、(1)本願寺への浄興寺一門の抵抗、(2)前近代的護教的親鸞伝への批判、(3)親鸞抹殺論への対抗の三つがあったことは既に指摘したが、当然のことながら、この三つが考察を進める力となっているように思われる。(1)は直接には第三章の親鸞の家系、妻子女の考証を中心としての『親鸞伝絵』、『口伝鈔』に対する洗浄にあらわれている。又、(2)については、本論考の全篇がその回答であるともいえよう。唯、先にもふれたところであるが、親鸞像に対し、近代史学の実証精神に無智な姿勢で、史実と伝説の区別なく親鸞に関する史伝を、信仰崇拝の念から採り入れる態度[46]については、その信仰の近代的、前近代的の如何にかかわらず、史的誤謬として批判している。(3)、当時、史学界を覆っていた抹殺論に立ち向かうこと、これは正に史学徒としての真剣勝負を意味する。而して、彼はそれに抗するに、抹殺論者が人質の如くその抹殺の好餌としている伝統的親鸞伝、つまり親鸞が高貴の藤原氏に出自し、九条家の娘玉日と結ばれ、越後へ流罪となり、独立の一宗「浄土真宗」を開立したという所伝を、抹殺論者の眼前において抹殺し、抹殺論の前提を切り崩す作戦をとったのであった。即ち、「親鸞は名家の子孫にあらず、兼実の女を娶りし者にあらず、越後に流罪されし者にあらず、真宗を開くというも規式の如き一も創めし者にあらずとせば親鸞を有名にする所以何処にありや。」といって、今日における一大教団の始祖なるが故に、当時の記録にみえるのが当然とし、その常識の上に立って、記録的にみるべきものがないという事実から、親鸞の史的存在者としての資格を奪うことの非を指摘し、「親鸞を著名にする所以に至りては毫も信ぜざるものなれど之をもって親鸞の存在を疑うものにあらず。[47]」と結ぶ。而して、この抹殺論反対の立場から、親鸞実在の積極的証拠として、覚信以下の留守職譲状、報恩寺本『教行信証』及び本誓寺蔵の『唯心鈔文意』にみえる親鸞名、浄興寺蔵『愚禿鈔』奥書を上げ、そして、最後に信憑出来るのは「曰く親鸞の出生、曰く法然への帰依、曰く関東布教、曰く入寂のみ史料とするに足るべし」と結んだ。ともすれば読む者を圧倒し来るばかりに、次々と幾重にも史料が重ねられるこの実証主義の手法が篩いに篩った結果は、唯これだけであった。出生し、法然に帰依し、関東に布教し、京にて入寂したという事実しか主張出来ない親鸞、伝統的親鸞から見るならば、これは見るもみすぼらしい正視に耐えぬ残骸であった。しかし、これはもはや、何人も疑う余地のない親鸞の史実であった。そして、これはたとえ僅少であっても誰よりもこの史学徒にとってはなにものにもまして貴重であった。又、一方、親鸞の史的研究史においてもこれは近代史学からの研究史の一ページを飾った最初のしるしであった。

彼は確かに他の立場を排して実証の精神に耐えた。しかし、抹殺的状況は彼の意識を超えて考証眼を規制したようである。抹殺論への反論という動機からしても、抹殺論が念頭を離れなかったのは無理からぬことであったとするより云いようがない。従って、『教行信証』奥書や『歎異抄』までもが否認された事実から、反ってこの時期における研究の困難さをこそ読みとるべきではなかろうか。「既にして親鸞は存在せり。項目的史伝とはいへ、信ずべき部分は信ぜざるべからず」。彼はこの三十五字を得るために、史学徒として青年の一時期をかけたのであった。しかし、これによって必ずしも親鸞抹殺の疑雲が一掃されたわけではなかった。それには他の議論を許さぬ、親鸞その人の遺品の確認が必要であったのである。

ところで、考証を了えた彼は安堵した如くに親鸞像にふれる。彼の念頭に浮かんだ親鸞像は「愚禿親鸞」であった。この像は、考証の延長には生じないそれとは異質の精神作用の所産である。考証が史学徒に内面化した時に、考証と遠き時代の親鸞とが感応し、そこから現生した親鸞の素像である。即ち、「親鸞は自ら称して愚禿と云い……愚禿の二字は以て能く親鸞を尽くせり、親鸞は平々凡々の人なりき、恒沙の諸仏に捨てられし大悪人也」[48]。これが彼の心奥に潜める親鸞像であった。しかして、この「愚禿」の二字の親鸞に、更に意味を見出すのは他の分野の人々の課題であり、又、この論考に続くべき史学徒の責務でもあった。そして、この課題の遂行こそが更に親鸞思想史を形成して行く事になるのである。

しかるに、本論考の研究史的意義に比べる時、巷の反響は必ずしも芳しくはなかったと云う。それは黎明期の史学的研究であり、又、一般人と隔絶された学術界での成果であったからと云えばそれでも済もう。しかし、たとえば『出家とその弟子』の如く、人生の問題、永遠の問題にふれ、読者をして愛と慈悲の境へと誘い込んでゆく作品の反響は強くて広いのである。史学的研究はやはり強烈で普遍的悲願に立った史観と方法を具備するものでなければ、国民へ訴えかけることは難かしいもののようである。これは没史観的研究のみを保持する立場の死角である。そこには史学界という限られた場における史実の詮索と確認があっても広く人心に訴える魅力に欠ける。今、史料批判がはじまったばかりの時期の本論考に、そのすべてを要求するのは無理というものであろうが、親鸞の史的研究史それ自体の幅と質の飛躍という点から見るならば、常に新しい要請として受けとめらるべき課題であるといってよい。その意味では数々の伝統的親鸞伝への科学的実証眼からの批判には脱帽すべきであるにしても、それらの親鸞伝が信仰からの要請に応え、訴えてきた一面に対しては、近代史学の立場は逆に脱帽すべきものをもっていたとも云えるのである。しかしてそれは、長沼以後の研究に受け継がれ、又、他の分野にも咀嚼されてゆくのである。

ともかく、この研究者にとっては、教団、学界からの評価、経済的報酬等の条件にもまして、真史実の開顕こそ無上の喜びであり、最上の報酬であったと云えよう。この無償性の確認こそ親鸞史伝の研究に携わる者にとって自明の理なのであろうが、この論考は他の何ものにもよらず、唯、この道理、即ち、「史実に拠る」を無言のうちに後の学徒へ啓示したと云えるのである。

第四節　基礎的史料研究と親鸞伝

かくして、親鸞伝の研究は大正を迎える。しかし、明治末年における親鸞六百五十回忌法要の大行の中に盛り上がった親鸞への関心が、鎮静期に入るのを反映するかの如く、大正の前半には親鸞の史的研究には特に注目されるものは表面に出てこない。だが、長沼の段階にまで至っていた学界の中では、幾人かの学徒が地道にそれを受け継ぎ、更に確証の段階へと親鸞の史的事実の探索を続けていたのである。仏教大学（現竜谷大学）を中心とする禿氏祐祥、妻木直良、中井玄道、大谷大学を中心とする山田文昭、橋川正、日下無倫、藤原猶雪、東京大学の辻善之助、本派本願寺の鷲尾教導、三重暁覚寺の中沢見明等がそれである。彼等は親鸞関係史料の発見と確証を得る為に盛んに各地へ歩を運んでおり、親鸞の史的研究は正に黎明期をむかえたと云えそうである。(49)果たして、大正後半に入ると相呼応するかのように彼等の中から論考が陸続として発表をみるのである。彼等は各々異なった宿業の上に生きながら、親鸞の史的研究への執念においては一つの道を進んだと云える。その中で、大正時代において一書にまとめられて刊行をみたもののうち代表的なものは次の四者の作品である。

即ち、辻善之助は親鸞の筆跡を確固不動のものとし、藤原猶雪は親鸞の真像を探り当て、鷲尾教導は親鸞の妻、恵信の玉簡を発見解読したのであった。この三者の労作は内容を異にしながらも、親鸞の確実なる基礎的史料の発掘というこの時期の史的親鸞研究からの要請に応えたものであり、あとに続く学徒に研究の場と意欲を用意したものであった。一方、大正期の親鸞伝研究を代表する中沢の『史上の親鸞』も、そのような成果に啓発されてものされたものである。

さて、本節では以上の中から基礎的研究としての三書を紹介・検討したい。

一、辻善之助『親鸞聖人筆跡之研究』について

「辻善之助」、この名は日本仏教史学徒にとってはその大著『日本仏教史』全十巻と共に、研究の出発において、又、その道すがら立寄るという意味において、父なる故郷である。そして又、この名は、日本仏教史の研究と共に不朽である。しかし、一方この名は大正期の史的親鸞研究史においても、親鸞に史的実在者としての位置を供養したその布施の行によっても不朽である。

辻善之助は明治十年、兵庫県姫路元塩町に生まれた。生家は小さな呉服屋を生業とし、決して経済的に恵まれた方ではなかった。しかし、甚だ負けず嫌いのきかぬ気の上に、秀れて静邃の素質に生まれついた彼は、明治時代における学校教育の過程の上に自分の道を拓いていった。

明治十六年、城南小学校初等科に入学以後、姫路高等小学校、姫路尋常中学校を卒えて京都第三高等学校へ入学、同二十七年には第一高等学校へ転学、二十九年東京帝国大学文科大学へ入学と、エリート・コースの足取りに狂いはなかった。大学在学中に上田万年や三宅米吉の史学会講

演を聴き、想うところあり、又、直接には恩師三上参次の勧めによって国史科へ入り、卒業論文「足利初代における天台宗と禅宗の軋轢」をものし、続いて三十二年「政治の方面より観察したる日本仏教史」を専攻題目として、大学院に進学、院生々活と並行して三十五年には東京帝大史料編纂員、卒業後の三十八年には史料編纂官の地位を得、昭和四年、編纂所長に就任、昭和十三年の定年退官までの学究生活は正に編纂所と共にあった。「僕が多少とも国史学の上に業績をのこし得たとするならば、それは史料編纂掛の事業、即ち、主として大日本史料、大日本古文書の編纂出版並びにこれに付帯せる各種出版の事業に努力した事である。この公務の余徳として、僕自身の私的研究に便益を得たことは申すまでもない。僕の著作物で、いくらか見るべきものがあるとすれば、それはひとえに史料編纂の賜ものである。[50]」との彼の追憶がその事情をよく物語っていよう。その間、明治四十二年に文学博士の学位を受け、四十四年に東大助教授に任命され、大正三年には「社寺領性質の研究」を『東京大学文科大学紀要』に発表、続いて『田沼時代』（大正四年）、『海外交通史話』（大正六年）、『日本仏教史の研究』（大正八年）、『親鸞聖人筆跡之研究』（大正九年）と刊行、更に大正九年から昭和三年にかけ、村上専精の勧めにより、鷲尾順敬と共に『明治維新神仏分離史料』を、昭和五年に『本願寺論』、昭和六年に『日本仏教史の研究』続編、昭和十二年に『日本文化と仏教』、昭和十三年に『日支文化の交流』と世に送り出し、昭和十九年には、大正二年から昭和十三年までの約二十五年間続けた日本仏教史の講義録を、『日本仏教史』として岩波書店から刊行を始めた。これが文字通りのライフ・ワークであった。その後においても『日本文化史』（昭和二十三年）、『明治仏教史の諸問題』（昭和二十四年）を発表している。そして、昭和二十七年には文化勲章を贈られ、翌年には朝日賞を受け、奇しくも『日本仏教史』全十巻の刊行成った昭和三十年十月に、仏教史研究三昧の中に永眠している。

ところで、以上の経歴からみてもわかるように、彼は仏教史専攻の国史学者として正に学界の頂きを辿った文化勲章に輝く巨匠である。しかし私達はその輝きに眩惑されるばかりであってはならない。それは時代文化が与えた評価であって、研究それ自体ではないのである。即ち、その事実よりも、まず、彼を仏教史へと促がした要因を知ることが先決かと思われる。彼は次のように語っている。

「僕の関する所は、要するに日本文化史の一部としての仏教史を研究せんとするものであった。……僕がこの研究を始めんとするに当っては、史学の専門家は多く仏教を知らず、寺院僧侶の事項は之を軽視した。仏教家も亦日本歴史には疎く、たまたま日本仏教史を説くものありとするも、全く一般社会の歴史より離れて仏教が孤立して存在したものの如く扱っていた。」(51)

ここには『仏教史林』(52)と同質の問題意識が認められるのであるが、所謂、廃仏棄釈後の仏教復活への状勢の下で、村上専精、鷲尾順敬らの影響をうけたことはほぼ間違いない。又、東京帝大国史学の立場にありつつ、恒に仏教史の面にも傾注を怠らなかった恩師、三上参次の影響も大きかった。

一方、彼の生家の存在も忘れてはならない。「僕が国史科の学生であった時から、既に仏教史専門の論文題目を選び、今また大学院の研究題目に日本仏教史をとったのは蓋し、知らず識らずの間に家父の感化が然らしめたのであろう。先考は夙くから真宗の篤信者として、常に念仏の声を断たず、僕がもの心ついた頃には、父は頗る真宗の教旨に通じ、寺詣より帰ってはその日の説教が真宗安心の趣旨に違う所があったといってはこれを非難しているのを聞いたことがある。われら姉弟は三度三度の食事には、まず仏檀の前に跪いて礼拝しなければ食を給せられなかった。父がかように信仰の深かったのは、蓋し曾祖父より受けた潜在意識の然らしめによることでもあろうか。曾祖父というのは名を権六と称し、厚く仏教を信じ、慈悲の心深く、毎朝本願寺の姫路船場別院本徳寺に参詣し、途中に乞食が寒さにふるえているのを憐しみ、じばんを脱いで与えたことがしばしばあったということを僕は父より聞かされた。(53)」

彼の語るところから、代々に伝統された篤信の家庭が彷彿とする。しかし、彼にこの念仏がそのままに継承されたかどうかは疑わしい。(54) 念仏の道と近代史学、ことに仏教文化研究の道が同一であろう筈がない。前者は内への道であり、祈念への道である。後者は外への道であり、探索への道である。しかし、日本仏教史を専攻し、又、『本願寺論』の一書をものしているように、真宗教団への関心はなみなみならぬものがあり、この事実からも、彼の生家に伝統された念仏が明治の新しい世代であるこの一史学者においては、歴史上の客観的存在としての仏教の歴史の構成にと展開したとみることが出来よう。伝統された念仏信仰は仏教史研究へのインパクトとしてはたらいたのである。

このようにみてくると、明治仏教の課題と生家の念仏道、それに加えて史学者としての最高の位置が、彼の仏教史研究を育てた助縁であったと云えよう。

しかして、本書は、その学究生活の間の幾年かの彼を動かした問題であり、決して一生をかけたものではなく、日本仏教史という観点から、その一流としての真宗史に目を向けた所産であった。しかし、彼の鋭い史料鑑識眼は親鸞の筆跡を見事に見究めたのである。それに加えて、東大史料編纂官としての学的権威、更に本願寺内史学者に非ずという立場とによって、本書は史料探索を課題とした大正期の史的親鸞研究史に不動の礎石たり得たのであった。

さて、本書は大正九年、東京大学史学会における辻の講演筆録を東京金港堂から出版したものである。旧菊版、巻頭に親鸞筆跡のコロタイプ写真二十二枚、報告説明文八十二頁からなる一見極く平凡な小冊子であった。しかし、史学界へ投じた意味は重く、親鸞に史上の実在人物としての位置を確保させたのであった。

コロタイプ写真は本派本願寺、高田専修寺所蔵の親鸞筆跡中(55)の貴重本及び坂東報恩寺本『教行信証』の十三枚、並びにそれらの中にあって、明確に比較検討の対象となり、親鸞真筆と断定される基準となった文字を含む筆跡の比較表九枚から成っており、一方説明文はそれらの筆跡についての調査・検討の経過報告の形式を採っている。今、(イ)研究の動機、(ロ)調査・検討内容、(ハ)その史学的意味、の三点から紹介したい。

(イ) 年来、彼の心に懸っていたのは「親鸞抹殺論」であった。それについて冒頭に「尤も此説は重野先生の児島高徳論とか弁慶の説のように公にせられたものでない。唯、口で伝えられてある一部の仲間に話されておったに止まるようであります。而も其説というものは別にえらい論拠があるという程のものではありませぬで、甚だ精密を欠いているように私共はひそかに考えておりました」と、そのデマゴギー性を指摘している。既に長沼が抹殺論に挑んだが、依然、霧は晴れなかったのであるが、その情勢の中にあって、じりじりしながらも満を持して来た史学者の心中が伝わってこよう。しかして親鸞抹殺論の要点は「親鸞は当時の記録にみえなく、又、その筆跡にも確実なものがなく、伝記も後世に作られたものが多く、従って、後世本願寺が盛大になってから作られた架空の人であろう」というにあった。彼はこれに対し、「別に何等精密な研究を加えたことでもなく、甚だ粗大の説、大胆な説」であると視、そして、この説は強大化した蓮如以後の本願寺を以って親鸞在世時の真宗教団を想像するという「原始時代における真宗に対する買いかぶり」から発しているとその史的錯誤を批判視していた。しかし実状は、この粗大の説が、「案外にもいつとなく世間にひろがり、かなり大きな響を与えたような様子であり、殊に真宗の人々には其響が強く伝ったように見受けられた」という。しかして、この雲霧を払うために彼がとったのは親鸞の遺品、殊にその肉筆確認の道であったのである。

(ロ)　先に親鸞の史的研究史にとって大正時代は史料探索の時代とよんだが、既に大正七年に山田文昭らの一行が関東地方へ親鸞聖蹟踏査紀行[56]を試みており、又、大正八年には西本願寺から新たに親鸞消息三通が発見され[57]、更には「鏡の御影」の発見等々史学界の動向は新史料発掘へと向かっていた。辻の動きも実はその中にあったと云えるのである。

　辻は大正八年、日蓮宗関係の文書調査行の一環として京都の本派本願寺を訪ね、更に翌年、伊勢一身田に専修寺を訪ね、この二回の調査によって、親鸞筆跡に確信をもつに至ったと云う。

　従来、親鸞筆跡としては所謂、坂東報恩寺本がよく知られており、既に史料編纂所の調査をうけていたが、親鸞真筆との決定にまで至っていなかった。又、明治四十四年、親鸞六百五十回忌記念として写真版が出された本派本願寺の『唯信鈔』も、真筆との期待をいだかせてはいたが、やはり確実視するには資料不足であった。辻の調査行はこの段階において行なわれたのである。従来、親鸞真跡の第一候補と目されていたのは本派本願寺蔵の『浄土論註』奥書であったが、これだけでは真跡とするには不安が残っていたのであった。そこでこの奥書を更に同寺の康元元年書の六字名号」と対照した結果、全く同筆であることが判明し、同時に腹ごもりの書として知られる『教行信証』、「安城の御影」讃文が、その筆意つまり書風、筆力、筆形等から親鸞真筆であることが確認されていった。殊に共に同年の康元元年親鸞八十四歳の筆になる『浄土論註』奥書と「六字名号」の筆調の全き一致が、親鸞真筆への絶対の確信をもたらしたのであるが、その時の喜びを、「論註一つだけ見ました時は多少不安の感じがあったものが、此六字名号を見ましてから、その不安の念も消え去って、前の疑念は一掃せられ、実に雲霧を披いて青天を覩るの感」があったと語っているが、この数句は調査・検討の跡をたんたんと語ってゆく本書の中できわだって印象的である。真筆の基準は一応ここに確立した。しかし、この段階では本派本願寺の消息三通、『浄土三経往生文類』、『唯信鈔』については確信を持てず、更に伊勢一身田へと探訪は進められた。そして、そこで夥々たる親鸞筆跡にふれ、「驚喜措く所を知らぬという有様」であったと云う。彼の疑念が晴れると共に親鸞真筆は日の目を見たのである。

それは高田入道殿消息（元仁元年）、和讃、「十字名号」、『西方指南抄』等、真蹟、真筆合わせて三十五点を数えた。随喜のうちに逐一検討、その眼で本願寺所蔵の坂東本『教行信証』を再吟味し、真筆と断定を下すに至ったのである。ここに標準が確定するに至り、その他にも、僧綽空の

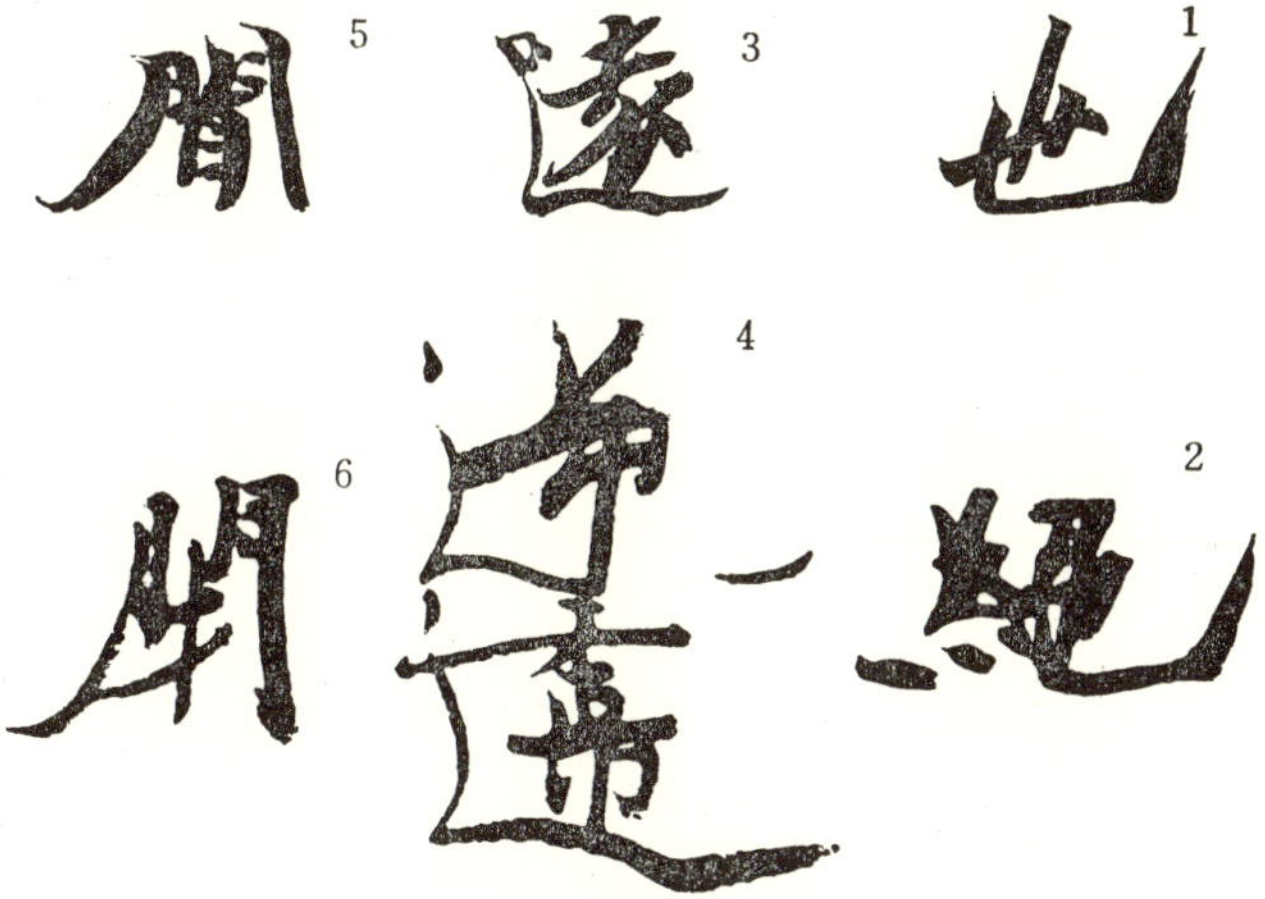

署名を含む二尊院の「法然上人七ケ条起請文」、結城称名寺の「往生要集言」、越後浄興寺「六字名号」、桑名妙源寺「十字名号」等、続々と名のりをあげ、大正九年の段階で総計五十五点を数えるに至ったのであった。親鸞の存在はここにゆるぎないものとなったのである。

ところで、それを成し得たのは彼の信念と立場によろう。その信念とは、史料編纂官である彼の古文書鑑識への絶対の自信である。即ち「この多数のもの（親鸞筆跡）が果して、必ず聖人が自ら筆写せられたものであるや否や、世間には其人に親近しておるが為に非常に其人に酷似せる筆跡をもっておるものがある。それは一見弁じ難いものではない。親鸞聖人にもあるいは誰か左様な人が近侍していて、聖人と殆ど同一の筆跡を有するものがあったのではないか。そして多くの中には其人の筆が混っていやしないか」との疑問があろうと予想し、それに対しては先手をとって「比較してみて一筆とみた以上はこれ以上致し方ないと思う」、「元来、筆跡は其人の性癖、体質等をあらわすものでありますから、たとえ如何に親昵にしている人でも其筆跡の形骸においては酷似するとも、または故意に模倣し得るとしても、其筆意、筆ゆきの心持においては必ず相違あるべきものであると信じておりますから、一見弁じ難いものでも、十分精密に見るときは必ずその差違を判じ得ることと思うのであります。……これが古文書の鑑識であります。」と断言している。

一方、その立場とは、彼が仏教々団に属さず、超宗派の立場で史料批判を行ない得るその条件故に、彼の研究が自と学的客観性への信頼を獲得し得た事実である。例えば、大谷大学の山田文昭は既に大正三年に坂東本『教行信証』の真筆性について精細な論証をしており、[60] 同じく稲垣広運が大正七年に、『末燈鈔』、『御消息集』、『親鸞聖人血脈文集』につき解説しており、[61] 又、八年には本派本願寺の鷲尾教導が新発見の親鸞消息について解説している等、辻の調査以前に親鸞筆跡についての研究が生まれているのである。しかし、親鸞抹殺論は確固たる根拠のないものであるが故に、又、教団外から発生したものであるが故に、漠然とした反宗祖・反教団的気分を伴うものであったが故に、教団内、あるいは教団立大学史学者の研究では晴れることのない性質のものであった。努めればそれだけ疑雲が広がるといった体のものであり、教団外の史学者には待つより途のない性質のものであった。教団内史学者には歯ぎしりの幾年かであったと思われる。西本願寺立仏教大学の史学徒、禿氏祐祥は本書を紹介するに、「この人によって親鸞聖人の筆跡に関する研究が公表さるることは吾人の夙に期待した所であるが、其の問題を取扱った新著に接して吾人の満腔の歓喜と敬意を表する」[62] と述べているが、この讃辞は決して外交辞令と理解してはならないのである。教団にとって利害関係のない人物、史料史学のメッカを代表する史学者の発言は、思うてみれば当然のことながら、疑雲を晴らすには想像以上に強力であったのである。

本書については学界各誌[63]はそれぞれ紹介・批評を載せている。そこには一、二の誤りの指摘や、個々の疑点の提示がみられるが、それらは正に棟上げが終了した段階後の壁塗り作業に相当していよう。事実、この作業こそ、辻が本書の最後で、確認された親鸞真筆を基に、より完全な史料の真偽批判・研究がもたらされることを期待している通り、彼自身が待ち望むところであった。

(ハ)　本書は発刊に際し、雑誌『中央仏教』から次の如き紹介を受けている。

「本書は仏教史学界の重鎮、古文書鑑識の権威たる著者が透徹せる史眼と卓越せる手腕とを以て、宗教界、史学界の難問題解決の上に放たれる一大光明也。本書の特徴凡そ下の如し。

一、親鸞聖人抹殺論の誤りを弁じ、聖人の実在を証す。

一、本願寺並専修寺等に蔵せられし函底の秘を発きて、聖人の真跡四十余点について批判研究を試む。

一、真偽不明なりし親鸞聖人の幾多の著書もその自撰たるを明らかにし、従来、不安定なりし、聖人の研究に確実なる基礎を樹立す。

学界の謎は茲に解かれ、真宗史界の暗影は照されたり。真個、是れ仏教史上の大偉蹟」

まことに高らかにうたわれている。しかし同時に、その蔭には、ともすれば教団外からの疑惑の眼を意識しながらも、親鸞の史的研究に励む幾人もの教団内史学徒のあった事も忘れてはなるまい。しかし、それはともあれ、親鸞史的研究への本書の打込みは盤上をゆるがし、同時に混乱せる局面を引き締めた観があった。例えば、『教行信証』後序をも偽作とした長沼の説も、筆跡の確認とともに一応消え去ったのであった。而して、学界は、本書に対し、惜しみない讃辞と共鳴とを送った。

ところで、本書に対する唯一無二の批判は京大の喜田貞吉からなされた。大正十一年八月号『歴史地理』に発表の、「教行信証に関する疑問に就いて――『親鸞聖人筆跡之研究』に関連して――」がそれである。辻善之助、喜田貞吉を中心として大正の仏教史学界をにぎわし、所謂「教行信証問題」(64)をひきおこした問題の論文であるが、その中で本書にも言及し、辻が親鸞真筆と鑑定したその根拠(字形、筆意、筆勢、跳ね形の類似性)に対してほぼ二点から成る疑問を提示した。

(a) 親鸞への尊崇の念から親鸞の文字を習って執筆し、それに親鸞の名を署した偽筆の場合がないであろうか。つまり、弟子の中に随分似せて書くものがあったということを研究者は頭の中に入れておかねばならぬ。従って単によく酷似しているだけの理由で真筆と断定するのは疑問である。

(b) 長い一生のうちには年齢や用筆によって多少字体や筆勢に変化があると考えられるが、本書に提出された真筆は似過ぎる程似ている事実は反って疑問ではないか、との指摘に続き、更に「或るものは似てはいるがよく見れば別筆であり、或るものは別筆らしいが、よく見れば同筆であり、或るものは筆力軟弱なるが故に其の別筆なることを明にし、あるものは軟弱に見えるがそれは『長い柔い毛で書かれた』為であって事実はやはり同筆であり、更にあるものは何十年というような余程長い年数をへだてて書かれたということを頭に入れて熟読した結果、初めて其の間の脈絡の存することが発見され、而も一方では、そのものが実は余り年代の相違のあるべからざるものであるというに至っては到底理論をもって説明し得べきものではなく、全く専門家の眼識に俟ってのみ決し得べき所である。随って自分等素人のもとより容喙すべき限りではないのである。つまり是等は気分の問題で、其の気分のわからぬ素人にはやはり其の内容からして研究して行かねばならぬのである。……」と筆跡鑑定の根拠について、暗にその主観性を批判している。

それに対し、辻は(a)には「如何に親近した者の筆でも、よく之をみれば区別出来るものと思う。もとよりそれは見る人の感じの鈍いのと敏なのとの差はあるのである。然れどもよく見れば必ず区別出来る。元来筆跡は其人の性癖体質等が自然に現われるものであるから、たとえ如何に親近しておるものでも、たとえ其筆跡の形骸においては酷似するとも、また故意に模倣し得るとしても其筆意、筆ゆきの心持において必ず相違あるべきものと信ずる」と史家としての自信を吐露し、又、深く立ち入った説明をしなかったのは「真否合せて総計幾点あったその中において、これこれだけ真筆と認める、これこれは他人の筆であろうということを公表することは、予の立場として今日に於いても避けたのである。それは所蔵者に対して礼を失うを恐るるばかりでなく、また学術上からも真否未定のものを公にするは謹むべきことであるからである」と史家の良心でもって応えている。又、(b)については「一体自筆をきめるには実際上さやうな理屈づめで極めるものではない。これは平生われわれのしばしば遭遇実験する所である。いくつかその文書の数を比べて見るうちに、自然に直覚的に感得するのである。この感じは之を口にあらわすべからず、筆に上すべからざるものがある。而して之を説明するには若し都合のよい材料があらば、理屈をつけていうこともあるであろうが、都合のよい材料の乏しい場合には致方はないのである。その場合にはわからぬといわれれば、それ迄である、そこが芸術的とでもいはばいうべき点であらう。」となみなみならぬ信念をもって応じている。喜田は重ねて、論駁を試みたが辻は全然動じなかった。(65)親鸞の筆跡との厳粛な対面を通して感得した確信は強固であったのである。しかし、細かい点ではこの批判によって西本願寺本『教行信証』の製作年時についての失考に気付き、それを訂正するという収穫を得たことについては辻も謝意を忘れてはいない。しかし、親鸞真筆への確信は霊感に打たるるものの如く不動であった。そしてその不動の信念に支えられたかの如く、学界に親鸞は定着した。かくて長沼から辻へと、親鸞は晴れて近代史学の舞台へと登場するのである。

二、藤原猶雪『親鸞聖人真像之研究』について

藤原猶雪は明治二十四年、愛知県津島市真宗大谷派末寺、浄蓮寺に生まれた。所謂尾張門徒といわれるこの地帯は北陸や広島と並ぶ真宗教団の金城湯池であったが、その信心の豊饒の中で彼は順路を辿り、明治四十四年京都真宗大谷大学へ入学し、住田智見、稲葉円成、山田文昭らの所謂尾張学者グループ(66)の啓発を受け、真宗学のみならず、当時新しい気運に向かいつつあった真宗史についての素養を培った。大正三年、大学卒業後帰寺し、郷里の尾張中学へ奉職したが向学の心やみがたく、再び上洛して大谷大学図書館に勤め、その傍ら尾張の学者グループとの親交に恵まれ、日本仏教史、中でも真宗史の研鑽に励んだ。その成果は大正五年「宗祖門侶二十四輩牒合

考」、同六年「上北面輩範綱法師について」、「覚如上人著述雑考」、同八年「親鸞聖人所覧『無量寿経』の書誌学的考察」と大谷大学発行の研究誌『無盡燈』において発表をみている。又、この間、大正七年には山田文昭らに随い親鸞聖蹟踏査紀行にも参加しているが、この紀行は後の『親鸞真像の研究』を中心とする論考の礎ともなっており、彼にとって得難い経験であった。

さて、大正十年には東大付属図書館に司書の職を得、大正十二年初めて『史学雑誌』に載せた論文「国宝明空法師像について」が辻善之助の眼に止まるところとなり、史料編纂所に迎えられた。この時の喜びを回想して「まことに寝耳に水というか晴天の霹靂であった」と生前よく語ったというが、[67]彼の心中はこの一言に尽きているといっても過言ではない。ここに仏教史学、真宗史学徒として、近代実証史学のメッカに身をおき、教団内史学者がともすれば引けめ意識の中で発言せざるを得ない立場におかれていた当時にあって、教団出身者であるにもかかわらず教団からは比較的自由に、しかも史料編纂所という権威を背景にしての学究生活に恵まれたのであった。そして、大正十二年からは、東洋大学に非常勤講師を勤めているが、何といってもその学究生活の中心は史料編纂官としての仕事であり、その副産物としての研究の成果は次々と大学の講義案としてまとめられ、後の『日本仏教史の研究』、『真宗史の研究』の準備となっていった。而して、幾多の論考の発表にあわせて、大正十年に『親鸞聖人真像之研究』を刊行したのを皮切りに、『真宗史蹟大観』（大正十五年）、『復元聖徳太子伝歴』（昭和二年）、『覚信尼公行実の研究』（昭和七年）、『日本仏教史の研究』（昭和十三年）、『真宗史の研究』（昭和十四年）と続けて世に送り、昭和十六年には文学博士の学位を授けられている。殊に『日本仏教史の研究』は聖徳太子と仏教関係書誌の研究に際立っており、『真宗史の研究』は親鸞伝の幾多の難問に解明をもたらし、今日に至るも研究史上に学問的生命を保っている。昭和十九年大戦激化と共に帰寺したが、二十二年には再度上京し、東洋大学教授、学長と務め、続いて三十二年死去するまで大学院教授であった。

さて、彼は文字通り仏教史学の研究者として一生を了えている。一末寺の長男に生まれた彼であったが、寺院の経営を弟に委ね、宗門の大学に学んで結局は母校を去り、仏教史研究をひっさげて教団や宗門大学と離れた東都に進出し、研究者としては史料編纂所に、教育者としては東洋大学にあっての一生であったと云える。彼は住田智見と辻善之助を恩師であると云う。この宗門内の真宗（宗）学者と東大の仏教史学者の両学匠がそれぞれ彼の生みの親であり、育ての親であったのである。その上、山田文昭、橋川正、日下無倫らの先輩善友にも恵まれていた。彼の研究はこの両翼によって、高水準を維持し、その実証的・書誌的研究は今日においても一つの位置を失ってはいないのである。

さて、本書は決してこの学匠の円熟期の著作ではない。大谷大学図書館から東京大学図書館に移って間もなく図書館研究会にての彼の講演の筆録である。一度、『図書館雑誌』に掲載されたが要望をうけて、東京森出版部より刊行をみたものである。文字通りの処女出版であり、それは彼三十一歳の秋のことであった。

ところで先述したように、大正時代は親鸞の史的研究においては、伝統されてきた宗内史料の批判・検討と、新史料の探索の時期に当たっている。その動向の中で『親鸞聖人筆跡之研究』は肉筆において親鸞の実在を証したのであったが、本書は親鸞を生前のかんばせに還元したことにおいて意義をもっている。過去の仏教史上において無数に造られた仏像、菩薩像、宗祖像は法よりも血肉の通った形相において、仏教哲理にわけ入るよりもその尊容を拝し、眼裡に観想することにおいて仏、菩薩を身に感得し得るという方便性によって無言の吸引力を持ち続けてきたのであるが、親鸞においてもそれは例外でなかった。親鸞没後、遺弟の間に追慕景仰、念仏相続の念から、影像、木像、光明本が作成され各地にそれらが流布されてきたことは周知のところである。それは一面において信仰宣布の方便の意味をもっており、従って、南北朝、室町、江戸と時代を降るに従い、かくおわしたであろう親鸞とはおよそ似つかぬ「偽像」が産出され、皮肉にもそれが各地の真宗信仰を荘厳してきたのである。門信徒にとっては、その像を宗祖の生身の御姿として拝することが安堵の境に浸るかけがえのない道であった。又、一方、覚如以降の教団指導層や地方における中心的寺院においても、宗祖への景仰の念にとってのみならず、布教の手段としても、親鸞の「像」は至宝であった。しかし、ともかく、門徒末流においては、はるか聖人の在世を偲ぶ祈念の対象であったことに間違いはない。

では、真実〝いづれの像が親鸞の現身を写しているのか〟、〝親鸞は現にどのような顔容の人であったのか〟との畏敬の念はさておいても、その身、その肉体を知ろうとする近代リアリズムの姿勢をもつ近代史学からは、早晩、親鸞は探索を受ける運命にあったのである。実証史学に流れている執念にも似た即物の精神がそれである。親鸞はその執念にとらえられたのである。そして、藤原猶雪もその執念の一人であった。

ところで、親鸞の影像については、明治末年より真宗史の諸問題に混って関心が高まりつつあったようである。殊に本派本願寺に伝えられた所謂「鏡の御影」が大正に入ってから注目を集め、親鸞の真像としてメルクマール的位置をもつと判定され、親鸞真像の標準が確定をみた。即ち、妻木直良、辻善之助、橋川正らによって、その歴史的、芸術的価値が紹介され[68]、続いて、同じく本派本願寺蔵の「安城の御影」についても鷲尾教導が[69]、妙源寺光明本中の影像については橋川正が解説を試み[70]、真像が確認の方向へ向かうと同時に親鸞の新しい側面が明らかになりつつあったのである。本書はそれを背景として、親鸞の図像真影について総括・検討したものであり、親鸞影像についての決定版であったとみることが出来るのである。

さて、本書は先述したような学界の動きの一端としての親鸞聖跡踏査紀行からの賜物である。又、本書の副題が「親鸞門侶の地理的分布を概観し其郷土史料より聖人の影像並びに墓標の原型を想う」とあるように、地方史の上に親鸞を追った軌跡でもあり、現に今、関東における親鸞聖蹟を踏みしめているような感慨と、聖蹟への追慕の念が文面より切々と伝わってくる。

大正七年の夏、大谷大学は真宗史担当教授山田文昭を中心とする初期真宗史々料調査団を関東へ派遣している。一行は山田を中心に研究科の橋川正、京大宗教学の阿部現亮、大谷大学図書館の藤原猶雪と他に写真撮影担当の大淵真了の五人であった。一行は七月十七日に京都を発って九月一日に帰洛するまでの一ヶ月半のうちに、茨城、埼玉、宮城、岩手、福島、栃木、群馬、長野、新潟と真宗原始教団地域の親鸞聖蹟を探訪し、一千点以上の文献、遺跡、記念物の調査を行なっている。この踏査行は大谷大学における初期真宗史の研究の進展に一つの時期を画したものと思われ高く評価されるものをもっている。即ち、山田文昭を中心とする大谷大学の真宗史研究グループにより、その後、雑誌『親鸞と祖国』[71]の発刊をはじめとして次々と論考の発表をみている。正に本書もこの踏査行での成果を、宗門大学を離れて東都の史学界に進出して間もない藤原が放った第一声であったのである。

而して、本書は巻頭に盛岡本誓寺蔵光明本（写真四枚）、鳥栖無量寿寺蔵連座御影（写真二枚）、仙台称念寺蔵連座御影（写真二枚）、東北別院保管光明本（写真二枚）、鏡御影、安城御影（原本及び蓮如復製本）、桑子明源寺蔵光明本、他に墓所、遺跡等のコロタイプ写真を載せ、続いて五十六頁にわたって解説を加えている。そこでは親鸞真像の研究を中心として、更にそれに関連する真宗史の問題にもふれているが、何といっても本書の意義は親鸞の真像を総整理した事実にあるのである。今、他は割愛しその整理の跡と、そこに浮かび上がった紛れることなき親鸞影像の記述を紹介したい。[72]

関東への踏査行において新たに発見された親鸞の影像の中、原型に近いと思われるものは「光明本」、「連座の御影」中に描かれた親鸞影像十点であり、独立した影像、木像には親鸞の真像を伝えたものはなかった。その十点とは盛岡本誓寺、新潟高田本誓寺、長野長命寺、同じく西厳寺、茨城妙安寺、同じく光了寺、無量寿寺、浄光寺、宮城称念寺のそれぞれに所蔵の十本であり、中でも盛岡本誓寺本、仙台称念寺本、茨城鳥栖無量寿寺本に最も信憑するに足る印象を受けたと云う。而して、これらはいづれも室町中期以前あるいは南北朝時代を下らないものと目することが出来た。

そこでこれらを、巷間に伝えられ、あるいは親鸞影像と想像されるものと比較した結果、相違するところが明白になり、ここに親鸞影像の原型が浮かび上がってきたのであった。

ところで、先述の通り、従来親鸞影像としては、「鏡の御影」をはじめとして「安城の御影」、会津光明寺本、三河妙源寺本の影像の四点が論議されてきたが、それらをも加えて一本一本につき解説の上、写真を付して比較検討している。特に「鏡の御影」、「安城の御影」については親鸞在世時の写影であることを指摘し、そしてこの二本の意義を「影像研究の基礎となること恰も筆跡研究における西本願寺蔵古板論註の識語における位置」であると強調し、更に「決して後世に拝む為に作られた影像でない」事実を追記している。即ち、関東行での多数の光明本中の親鸞影像との対面によって、従来、注目されてきた「鏡の御影」以下四本の影像に、親鸞真像の確信を一層深めることが出来たのである。そして以上の立像、座像の影像の比較検討から、親鸞の真像を次のように結論報告している。『親鸞聖人伝絵』(73)第一段の記述から「私共は眉目秀麗の貴公子を思い浮べざるを得ませぬ。又一切衆生に対せらるる聖人の御相好を憶念すれば、其所に私共は豊頬円満なる慈母の如き御姿を想い起さざるを得ない。」而るに、彼が探り当てた親鸞の真像はそれとはおよそかけ離れた相好を示していた。即ち「先づ御頂骨に注意いたしますに扁平で頭は可成大きい方でありまして、いわゆる大もんあたまは何れの御影にもよく現われていますが、扁平の点では会津本と鏡の御影とは一層明らかであります。次に顴骨は非常に高くてこぶの様に突出して畫かれてあります。随って頬は決して豊かではなく痩せこけて引締っております。而して、眉毛は長いのが逆立にぴんとはね、眼は小さくて細くあらせられますが、實に眼光熒々たる様に明らかに認められます。……それから御口元を拝見しますに、唇は厚い方でおそらく出ッ歯であらせられたように

親鸞像（鏡御影）部分　西本願寺蔵

窺われます。次に御耳は大形の福耳と云う所で鳥栖本と盛岡本が最もこの特徴に富むと思います。而して御鼻は余り高くない方でどちらかといえば先が円い方で俗に云う獅々鼻の傾向を持たせられたかと思われます。而して、御丈は如何と申しますに、御立姿は鏡の御影一つしかありませぬけれど、御在世中に似絵の名人が拝写したものでありますから先づ信頼してもよろしかろうが、これによりますと御低い方であらせられたかと想像致します。(74)」

（傍点福島）

頭あくまでも大きく扁平で顴骨突き出、頬は痩せて引き締まり、眉毛は長く逆立ちに跳ね上がり、眼は小さくて細く、眼光熒々、口唇厚くて出歯、そして獅子鼻にて福耳、背丈低き親鸞、そこには天児屋根尊の苗裔、藤原氏の末裔としての高僧然たりし、宗祖然たりし、貴公子然たりし、顔容のかけらも見出せなかった。歴史の中で親鸞を荘厳してきた化粧の一つ一つが剝がされ、親鸞の素顔があらわれたのである。彼の使う敬語の一言一言が、その剝落の痛みをいたわるかのように聞え、又、この史学徒の親鸞へのはらからなる敬愛の念を伝えて美しい。この事実はまた科学的・知的追求心と宗教的景仰という異質の精神が接合された結果としても興味深いものがある。

而して、彼は見出した真像について、その頂骨と頬骨から、学殖と理智のひらめきをもった聖哲を、するどき眼光と長大な耳から、一切有情の秘めたるあらゆる苦悶をまで聞かせ給う実像を感得することが出来るとし、決して、豊頬円満な談僧的布教家でなかったことを強調する。そして「かくて悪人正機在家為本の人間の宗教は生まれたのであります。私は実にこの聖人の真像に対し奉りて、聖人実に斯く居ませり矣、否、親鸞聖人は実に斯くあるべきものとして限りなき歓喜に充つるのであります。」と結んでいる。彼が得たのは坊間に伝統されてきた貴族然たり談僧然たる俗的親鸞像ではなく、極悪の人間苦の凝視に生きた「悪人正機の人間親鸞」であったのであり、これこそ正に彼の希うところの親鸞でもあった。しかし、それは木下尚江の如く信念や願望から創り出した親鸞像ではなく、歴史の埃に埋もれて実在し続けてきた正真正銘の親鸞像の原型であったのである。

既に、学友の橋川正は、本書出版の前年の大正十年に、論考「図像より見たる親鸞聖人」において、従来論議されてきた親鸞の影像について総括・概観し、加古の教信沙弥が如き薄墨の法衣に身をつつみ貧昧の中に暮した親鸞像のデッサンを試みて、史学界を啓発する役割を果たしていたが、その彼が「小生自身の書いたものを読みかえすような気持」で我がことのように本書について紹介・批評を行なっている。詳細については「鏡の御影」を「極めて素朴な素描」と表現したのに対し、「白画」とか「白描画」と呼ぶべきである、親鸞の服装についても言及が欲しかった等々の注文を出しているが、初期真宗史におけるこの難問を解明し、一書に纏め上げた功績に対しては限りない謝意を呈している。これは単なる美辞麗句と受けとめるべきではあるまい。即ち、親鸞の真像は最終的には藤原猶雪により完き姿をみせたといえる。しかし、大谷大学と仏教大学（後の竜谷大学）の仏教史学研究の共通の問題意識のもとに、親鸞真像が確認されていった過程にこそ、この期の真宗史研究の共有の成果を見るべきであろう。互いに学恩を謝し合う友情に支えられて、ここに親鸞筆跡に続いて親鸞の真像が定着をみたのであった。

「思うに親鸞聖人の事蹟は往々雲霧に散るる如き感あり、……近年辻博士の研究によりて其筆跡の純真なるものを世に紹介せられ、爰に真宗史上の一大疑団を氷釈するに至りしが、藤原君の努力は博士の此研究と姉妹的関係を有し、聖人の実在の確乎たるを闡明して愈々有力なり。」

この図書館学の和田万吉東大教授の言葉が、本書の意義を的確に物語っていようか。

三、鷲尾教導『恵信尼文書の研究』について

鷲尾教導の生涯とその業績

辻善之助や藤原猶雪の研究に対し、鷲尾の恵信尼文書の発見は、親鸞のはらからなる同行伴侶の中に宿っていた親鸞の史的顕現であった。

鷲尾は昭和三年四月、漸く春の訪れた郷里越後でその一期を終えた。時に享年五十四歳であった。今、在京時における学友、西光義遵の筆になる追憶文によって彼の足跡を偲びたい。

「鷲尾教導師は明治八年四月三日、新潟県南蒲原郡葛巻村大字柳橋の安城寺に生まれ、長じて同県高田の興仁教校を経て、京都の文学寮に入られたのである。卒業後、明治三十三年二月から同三十七年十二月まで岡山県監獄教誨師を勤めていたが、辞して郷国に帰り、与板別院に出仕することとなり事務の静閑なのを幸いに、真宗の故実を調らべておられたそうだから、師の真宗史

研究はこの頃から始まるのである。明治四十三年四月、見真大師六百五十回大遠忌の記念事業たる真宗大辞彙の編纂員となって上京せられ、同四十五年一月本願寺史編纂員、同年六月仏教大学書記に任ぜられた。大正二年仏教大学書記を解かれてから美濃尾張に出張、岐阜別院史と名古屋別院史とを編纂し、続いて本派本願寺真宗宝典を作り、大正五年十月『本派本願寺史稿』をこれに付載す。同六年本願寺調査員となり、同九年六月郷国高田市の図書館（互尊文庫）を設立せらるるに際し、聘せられて帰国、十月三日まで勤続せられた。大正十二年、本願寺において開宗七百年記念法会の営まれるにさきだって褒賞局につとめ、真宗先哲の遺蹟を調査するところあり、同年十月学階司教を授けられたのである。

この調査が一段落ついてから、大阪津村別院に転じ、津村別院誌の編纂にあたり、大正十五年五月完成した。同年八月、明如上人伝編纂主任として本山に帰ったけれども、昭和二年春病気のために辞し、故郷にありて療養せられた甲斐もなく本年四月十一日、五十四歳をもって逝かれたのである。命終の前日、本願寺執行所出仕に任ぜられ、親授三等に列せられ、十二日御撰筆院号専心院と授与せられ、十四日自坊において葬終の式をあげられた。」(75)

まことにめまぐるしい程にこまめに勤めた一生であった。彼は住職の位置にあったが、寺務を殆んど寺族に任せ、その一生を郷国を離れ、専ら宗門から命ぜらるるままに教団の一構成員として、本願寺史・別院史の編纂に見られるような本願寺の歴史的顕彰、記念碑の調査作成に忠実に働きまわったのである。史料を求め、史書の素材を探して各地を経巡る史学徒としての彼には、安住の時は殆んどなかったであろう。即ち、彼は宗門大学に迎えられることもなく、本派本願寺派安城寺住職以外に一定した地位には恵まれなかった。史的研究の任務を命ぜられた場所から場所へと、ただジプシーの如く調査・編纂に明け暮れたようである。それは当時における本派本願寺、龍谷大学内における仏教史学の位置の低さにも因ろうが(76)、いかにも史学の職人として馳せ使われた観がある。だが、その繁雑な業務の中にあって、『六条学報』、『龍谷大学論叢』、『無盡燈』、『仏教研究』等の諸誌に発表した論文は、真宗史の基礎的研究全般にわたって七十数編の多きを数えている。その論考は基礎的史実に関するもの、例えば「初期の真宗寺院考」、「宗祖聖人と河野門徒」、あるいは「『存覚一期記』は果して疑うべきの書なりや」、「親鸞聖人御因縁秘伝鈔について」、といった真宗書誌に関するもの、あるいは、「『本願寺通紀』の著者玄智小伝」、「明光上人の研究」といった、ともすれば真宗史上に埋もれがちにみえる人物の発掘等々の各面にわたっている。しかし、その論考には特に体系化された方法や史観はなく、あるのは専らなる個々の真宗史実の考証と調査紹介である。従って、その事実から、彼の一生は真宗史構成上の素材造りに己をかけた一期であったといえよう。それが、彼の生甲斐であったかどうかは別としても、一つの客観的事実であったことは確かである(77)。つまり真宗史学史における秀れた「職人」であったと評価してよいのである。即ち、その「職人」とは亀井勝一郎氏がいう「その道のその徳をそなえた人だ。……或る一つの仕事に二十年三十年の年期を入れて、その職域では達人、名人といわれる程の人、かかる人物だけが……そのままの最高の道徳の具現者ではないか(78)」という意味において。

しかし、本願寺からすれば彼はその歴史的過程再現のための一員でしかなく、従って本願寺当局が彼を遇した仕方は、ある時は本願寺史編纂委員、ある時は仏教大学書記、又ある時は各地の別院勤めを転々としてとどまることなき、下級本願寺職員としての日々であった。彼は仏教講演会に出講したこともあったが、どちらかといえば現実の信仰思想や教団の問題には疎く、彼の眼中に映ずるのは専ら史的研究の素材であった。従って無冠の彼であったが、「平生常に貧しい中にいて一心不乱に研究を持続していた丈けに学門、学風に一見識を有し、意気軒昂あたるべからざるものがあった」とその学究振りが偲ばれているように、史料を手ずからに知っていることこそが彼の生命であった。だからこそ、真宗僧侶として本願寺職員として教団と共にある故に、護教へと誘惑され、批判を招き易かったにもかかわらず、アンチ教団、教団のいずれにも遍せず、唯々、史実に誠実たり得たのかもしれない。しかし、それは別の面からみれば、教団内の史学徒としての教団の教理的・行政的に固められたヒェラルヒーの中にあって、単なる史的調査・報告員としての位置しか認められず、本願寺教団と近代日本の思想、社会の諸状況との接点において教団の本質を思惟し、その布教方策を具体化するといった宗門の頭脳中枢とはおよそ無縁の位置で、その教団の方針から出されてくる史的記録面についての要請を、宗門内的発想で教団外の史的世界とは無関係に調述する以外に、彼のつとめはなかったことをも物語っている。従って、史学研究者としての学問的独立を未だ手に入れておらず、教団の御用に立つところにその存在理由をもつというその御用性に、彼の研究の支柱があったと云わざるを得ない。だからといって彼には意識的には勿論、無意識的にも宗門に有利に史実を解釈したり、秘伝を肯定した痕跡はなく、史学徒としての操を守っている。だが、問題は彼個人の上だけにではなく、むしろ彼の活躍していた時期における本派本願寺内史学の体質に係るのである。即ち、そこには、教団が、発展する近代日本の社会との接点において生ずる史学的側面での諸問題、例えば日本史上における真宗教団の役割、真宗史観の構成等の課題が明確に意識されておらず、結局のところ伝統的教団内の史実と課題を教団内的観点からとり上げるという全くの体制内的、それも教団内のみにしか通用しない閉鎖的姿勢を出ないものであった。従って、その研究が教団的要請の史的材料提供者たり得る限りにおいて、教団圏外へと視点が乗り越えない限りにおいて、有用な史学であったと規定出来るのであり、それは鷲尾の意識を超えて彼に内在した教団内史学の存在形態なのであった。

ところで、彼が宗門当局から授けられた学階の最高位は司教に過ぎなかった。しかし、本願寺の彼への何よりの贈り物は親鸞の妻、恵信尼の消息、所謂「恵信尼文書」であったのである。それは本願寺が贈ったというよりも、下積みの彼への宗祖親鸞の廻向であったと云った方がふさわしい。

大正十年の初冬、本願寺調査員として本派本願寺宝庫で調査中の彼は、たまたま蔵の一隅に、古新聞紙にまるめられた古筆を見つけた。それこそが恵信の遺した十通の消息であったのである。正に真宗史の始源にふれる思いであったろうが、今はその胸中を想像するより術はない。そして、これが彼の名を親鸞研究史上に不動ならしめたのであった。発見は偶然に与えられた好運であったが、その解明は易しくなかった。彼の言を聞こう。

「吾人至幸本山宝庫に文書を拝して以来、一年と半歳を過ぐ。此の間、吾人の幸福を同好の志に頒たんとしたことがしばしばであったが、職にありし為、其暇がなかったのである。空しく篋底に蔵するも時に披いて文意を知らんとせしこと一両度ではなかった。読書百返義自通、幾十回披閲の後、之を閲するは写すに若かず、写して今の文字に訳するには若かず、今の文字に訳して文意を汲むに若かずと決心してから、所謂研究が必要となった。(79)」

これが彼の採った方法であった。喜びと期待に促がされて、時の中に古化した消息の行を追い、一字一字の手探りの中に、筆の主、恵信とその夫、親鸞に通う生命と共に、七百年前の歴史と人間がおぼろげの中に姿を現わし、やがて親鸞とその妻の姿の一こま一こまが蘇り浮かび上がって来たに違いない。これは歴史に参入しようとする者ならば一度は知る経験であり、又、史料探索と解読の苦難の代償に歴史が史学徒に与えた秘悦の三昧境なのである。しかして、三ヶ年にわたる解読と基礎研究の後、大正十二年、先ず『親鸞の室玉日の研究』として、玉日伝説の形において発表し、続いて学界の要請のもとに『恵信尼文書の研究』として京都中外出版社より刊行の運びとなった。

彼は真宗史学史上における先学、『反古裏』の作者顕誓や、『本願寺通紀』の作者玄智に私淑し、就中、自ら素描した玄智の肖像を机上の師として拝していたという。史家としての彼のエトスが何辺にあったかが窺えよう。即ち、彼の目論むところは教団経営でもなく、又、抹香にくすんだ教理の解明にでもなく、唯、宗門の足跡に思いを致し、その史実の一つ一つを信心の徳の事実として探り出し、記録してゆくにあった。玄智の心も又そこにあったであろう。近代思想の波を未だ蒙らず、伝統された真宗教団の中で生をうけ、中世から近世への真宗史学者と愛山の志を同じうして生きた史学僧の姿をここに見る。紙喰い虫の如く、唯ひたすらに、教団内に生起した史実を探り出す一念を業としてうけた一人の史学僧の魂をここに見る思いがする。

『恵信尼文書の研究』について　本書は旧菊判一七三頁からなる、一見何の変哲もない一冊である。しかし、その行間にこもった史実は、長い年月の間に原史実を流失した伝統的親鸞伝のまわりを、手探りで旋回することの多かった史学徒に、親鸞と恵信が遺した原生活を送りとどけるものであり、月の石にも似て貴重であった。

さて、本書は恵信の書簡のコロタイプ写真二十一枚において書簡全文を紹介し、その上で三章、即ち、第一章総説、第二章本文解説、第三章結論にわたる恵信尼文書の史的考察、古文書学的側面からの解説と本文解説及び結論でおわっている。しかし、今は親鸞研究史という観点から特に重要と思われる史的考察の部分の第一章即ち、第一節恵信尼文書の特質、第二節恵信尼文書の伝来について、第三節恵信尼文書と口伝鈔、第四節恵信尼文書と聖人史実、第五節恵信尼の俗系、第六節恵信尼の信仰、第七節恵信尼の晩年と入滅、を中心として三つの視点から紹介したい。

(a)　親鸞伝研究における意義について　恵信尼文書からは彼女の人柄やその信仰生活、更には当時の飢饉の様子等、種々の史的様相を汲み取ることが出来るのであるが、親鸞その人については、文書旧六通の裏端書「このもんぞ、殿のひへのやまにたうそうつとめておはしましけるが、やまをいでて六かくどうに百日こもらせ給て、ごせの事いのり申させ給ける……」にみえる、比叡山時代の親鸞が「堂僧」であった事実の記述で、その意義は尽きているとさえ云える。古来、親鸞の比叡山時代の事蹟については『親鸞伝絵』の「それよりこのかたしばしば南岳天台の玄風をとぶらいてひろく三観仏乗の理を達し、とこしなへに楞厳横川の余流をたたへて、ふかく四教円融の義にあきらかなり」や、『報恩講私記』の記述(80)を拝読して親鸞の修行時代を偲び、江戸時代に入っては潤色されて、例えば「二十歳、仲春より南都にうつり、東大寺光円律師、招提寺の文乗法師等に従って、律と倶舎とを聞き給ふ。二師ともに当時南京戒師倶舎の碩学也。……二十三歳、横川禿谷に於て学友のために『小止観』と『往生要集』との試講あり、三塔の碩学達、ひそかに伺聞て恐らくは北岳の駿驥ならんと讃揚せりと云々、二十八歳正月、慈円大僧正範宴を請して三大部会得の旨を述しむ、殊に『止観』の奥義重々問答あり、範宴懸河の弁を挙て、これを抜きたまふこと疾風の雲霧を払ふが如し、円師感歎して実に北岳の神龍なりとのたまふ。(81)」と讃えられ、それこそが若き日の親鸞の英姿と伝えられ、信じられてきたのであった。僧侶、信徒と立場こそちがえ、彼等にとって、それは尊崇するにふさわしい、又期待通りの伝承であったろう。まして、それに疑義を挾む理由はどこにもなかったのである。近代史学は既にその伝統的史伝に疑いの眼を向けてきたが、大正に入っても前述のように辻や藤原の研究以外には親鸞史実への生産的業績は乏しく(82)、特に比叡山時代の親鸞については従来の伝承が疑われてはいたものの、それに代わる手懸りすらなかったのである。そのような時に、全く予想だにされぬ中で「たうそう」という史実がふいに現われたのである。正に価千金であった。

ところで、その「たうそう」について、鷲尾は「堂衆」と読みとったのである。彼はそれを『平家物語』の一節(83)から、比叡山における修行僧、つまり「学生」に従う「法師」のことと解釈した。即ち、エリートとしての「学生」になるには、学生式の空文化した当時では在俗の時、相当の身分家柄の者でなければならぬ状態になっており、皇太后宮大進程度の位置の有範を父とする親鸞では、学生になれる筈はないと考えたわけである。そして、そこから「自ら摂籙の出を以て誇る慈円の膝下に、有範の息、範宴（親鸞）がどうして接近することが出来ようか。」と旧説に反論している。崇拝の的としての完成した宗祖のイメージから導き出されたる台嶺の若き碩学・聖僧として定着してきた親鸞像はここに後世が付けた泡沫でもあったかの如く、比叡山時代の親鸞から姿を失ったのであった。そして代わって青年求道者としての親鸞がクローズアップされ出すのである。程なく山田文昭によってこの堂衆は、常行堂の不断念仏を勤める「堂僧」[84]と訂正され、又、藤原猶雪によってその常行堂は「楞厳三昧院の常行堂」と推定され[85]、更に第二次大戦後には佐藤哲英によって一段と詳細な研究がなされた[86]が、ひたむきな一介の青年求道者としての基本像に変化はなかった。「たうそう」の一語が比叡山時代の親鸞を変身させたのであった。

ところで、この他にもいくつかの貴重な史実を確認できたが、その中でも、『口伝鈔』の「助業をなをかたわらにします事」を、恵信尼文書の第三通「ぜんしんの御房くわんき三年……」[87]、「聖人本地観音の事」と、『執持鈔』の一部を第六通「御ふみの中にせんねんに……」とにそれぞれ比較して、その内容の酷似性から『口伝鈔』、『執持鈔』のその記述は恵信尼文書に拠っていることを確認した。これは悉く疑惑の眼につつまれていた当時の宗内の所伝にとっては権威を回復する福音であっただろうし、史学界にとっても貴重な収穫であったのである。

(b)　恵信尼の行実について　以上述べたように、この消息は親鸞についての新史実を提供したが、当然のことながら、そこには恵信その人の幾年月にわたって親鸞に仕えたその献身に廻向された夫親鸞の想い出が綴られ、その中に老妻恵信の心ばえが脈打っていた。そして、遠く越後にあって京の娘の身を案じ、あるいは飢饉に明日の糧を思い煩う宿業の中に念仏する老婆の姿があった。そして、その一つ一つは伴侶の中に生き続けている親鸞を伝え、又、親鸞が男の身に与えられた観音の化身として、彼を荘厳引導した女性が顕現してくる点で、親鸞伝にかつてない光明を約束していた。

さて、恵信尼については本文書発見以前では、『口伝鈔』の「助業をなをかたわらにします事」の中の脚注に、「男女六人ノ君達ノ御母儀」とある記述と、「聖人本地観音の事」の中で、恵信が親鸞を観音菩薩の化身であると信じていたという事実、そして『伝絵』の観音菩薩の告命によって妻帯したと思われる伝えから、「情緒纏綿たる親鸞の家庭を偲ばしめ、観音菩薩は愛の化身である。聖人の家庭における御生活はこの愛の上に成立していたのである。(88)」といった推定以上には出なかったのである。しかも、覚如の著作が全面的に怪しまれている大正の当時にあっては、これらの事実さえも宗内においてしか通用しないものであったが、恵信尼文書はその疑いを晴らし、宗内外の学者にも『口伝鈔』の記述を顧みさせたのであった。

さて、第五節において恵信の出自を考察した後、(89) 第六節において本文書から窺われる恵信の姿と、本文書の価値を次のように訥々とまとめている。

「聖人が後世の助からんずるえんにあひまいらせんと尋ね参らせて、法然上人に遭い『後世の事は善き人にも悪しきにも同じやうに生死出つべき道をば唯一筋に仰せられ候しを承り定めて候しかば、上人のわたらせ給はんところには人はいかにも申せ』とある語に随喜して、このことを聖人入滅の報を得た時に知らされたところに、恵信尼が如何に聖人の信仰に同心せられたかが反証される。又、聖人をば観音の化身なりと心に永く秘して、其入滅の報を得て初て夢想の事を知らするが如き純真のあたたかさが伺われる。斯くの如く他力の安心に住してあればこそ聖人と別れて越後の国府に幾多の子女を擁し又幾多の下人を世話して孤独の生活を持続することが出来たのであろう。かくてこの恵信尼文書は、聖人の教化を受けた同朋で自ら其信仰を述べたのを聞くことの出来る唯一の貴重史料である。」

そして、第七節において、寛喜の飢饉、弘長年間の越後の飢渇、更にその悲惨の中で自らは重病の苦痛の中にあって、五重塔の建立を発願するといった老婆老母の姿を、越後の恵信が在京の娘覚信に送った消息を辿って綴っている。

以上、本書を親鸞、恵信の両面から紹介したが、その他にも第一節の本文書による親鸞、恵信の年表編成も当時にあっては親鸞伝構成の基本資料として貴重であったし、又、第二節の恵信尼文書の幸いなる伝来についての検討も、宗内史料を駆使した精緻な考察を示しており、教団内史家の手をまってはじめて可能な考証とみられさすがと思われる。

(c)　本書への批評　既に鷲尾が、『親鸞の室玉日の研究』を出版した時、大谷大学の橋川正は『仏教研究』の「新刊紹介」において、「本書の最も有力な史料としては、恵信尼の書状を挙げねばならぬが、『自筆の原本が存してあって』とは説かれているけれども、歴史の研究としては、その原本が何処にあるかを当然付記せねばならぬであろう。該原本は本派本願寺に存在することは、既に一部の人は熟知しているであろうが、一般史界には余り知られていないのであるから、その全文を発表してその総てにわたる解説を試みるのが、著者当然の責任でもあり、誇りでもなかろうか。[90]」と提言したが、これが、鷲尾への史学界からの大方の要請であったと思われる。しかし、その作業は、「読書百返義自通、幾十回披閲の後、之を閲するは写すに若かず、写して今の文字に訳するに若かず、今の文字に訳して文意を汲むに若かずと決心してから、所謂研究が必要になった、その研究の成果幾千か僅に現代の文字に写したる外に概観として数節を叙説したのがこれである。」と彼自らも述懐しているように、想像以上に難解を極め、彼は「恵信」に憑かれた人となっての、文書と起居をともにする一日一日であったと思われる。しかしその精進にもかかわらず自ら、「殊に刊行するに当りて原文の仮名をば存したいのであったが、例せば「利」「万」「あ」「戋」「不」「ゑ」「む」「ハ」「の」「と」「川」等を多く、万・そ・か・を・ほ・り・は・た・こと・つ、として仕舞ったことである著者の力がそこまで届かなかったのは読者と共に遺憾である。この外に著者が浅学短才のため字句の読み誤りをしたり、或は不可解のところも少くなかったことである。[91]」とその非を憾んでいるように本書には問題点も少なくなかった。京都帝国大学国史研究室の古文書学の権威、岩橋小弥太は本書出版を、「従来の聖人伝を徹底的に批判するもの」と充分評価しながらも、古文書学の見地から、この文書の形式、つまり、其の用紙の質とか、大きさとか、書体とかを明白に論じて、この消息が案文でもなく、又後世の偽作でもないことを読者に納得させておく必要のあることを指摘し、更にその一通一通について鷲尾の解読と異なる部分、鷲尾の誤読の箇所について逐一指摘している。[92] 又、龍谷大学の禿氏祐祥は岩橋の指摘以外の誤読の箇所にも触れ、その他著者の考察との相異点にも紹介をかねて言及している。[93]これらは本書への批判というよりも恵信尼文書がより正確に史上に蘇るための善意の協賛といってよく、懇切でもあった。ともかく、それらの不充分さをこえて、本書の「御真本教行信証の公開出版と共に親鸞研究の上に一つのエポックを劃する契機を与えたもの」(94)との意義は不朽のものとなった。

さて、恵信尼の消息の一通一通を解読した鷲尾は稿を了えるに当って、恵信の世界に陶冶された者の如く、満腔に湧き上る赤心を次のように吐露している。

「春風秋雨六百六十年、北陸の辺陬から恵信尼が認めて送られた消息が是れ丈でも現存してあったことは不思議と云はねばならぬ。恐くはこれ以上発見されることは無かろう。文書十一通、経文断片を図版と共に掲げて不完全ながら研究を遂げ、内室たりし恵信尼の文書を聖人の傳料として世に紹介が出来たことは感泣措く能はざるものがある。ただ惶るる所は研究疎漏解説不備或は尼公の真を傳えず為に聖人に累を及ぼすことなからんことである。」

この述懐を聞く時、越後の人、鷲尾が同じく越後の風雪の中に念仏申して生死した親鸞の妻の手になる消息に、遠く京都にて奇しくも遇い得たということは、正に六百年を隔てた邂逅であり、親鸞の史心が廻向した感応のドラマであったとしか云いようがない。越後の人、恵信の消息は他の誰でもない越後の人、鷲尾教導を選んで史上に蘇ることを得たのである。

第五節　批判的・実証的親鸞伝研究（その二）

――中沢見明の『史上之親鸞』について――

中沢見明の生涯　中沢見明は本派本願寺末寺、暁覚寺第十六代の住職として、一生寺を出ることはなかった。しかし、彼は僧職の他に史的考証という別個の特技をもっていた。それは家族とも門信徒とも全くかけ離れた世界であり、教団よりも、辻善之助を通して因縁を結んだアカデミック史学の住人としての栖であった。そこには住職でありながら檀信徒を離れ、ひたすら史実に没入出来る世界があったのである。『史上之親鸞』は、真宗寺院の一隅において、この一人の忠実なる考証・批判精神の持主によってはじめて産まれ得た珠玉であった。しかして、それは伝統的所伝への疑いから発し、更に徹底して疑い切ることに終始している。従ってそれは正に史的懐疑の凝結であったとも云える。今、その一生を彼と親戚関係にあり、兄弟のよしみのあった武内義雄の筆に依って尋ねたい。

「彼は明治十八年、三重県三重郡小山田村暁覚寺中沢見従の長男として生まれた。生れつき聡明でものおぼえがよく、父なる見従は寵愛して色々のことを教え込んだので、まだ小学校へ通った間に三経の読誦は申すに及ばず、七祖の訓読までも一応卒業していた。しかるに十六歳のとき父は病死して、その後彼は彦根の仏教中学に学んだが、父を失った悲歎に身心をつからした彼は学問に対する興味をさえ失ってしまった。彦根中学を卒業するとすぐ郷里にかえって母につかえ、寺門の経営に力を尽したが、やがて身心の疲れもいえて学問に対する興味をもとり戻した。かくて彼は国史大系や群書類従を手はじめに、多く国史関係の文献を買い集めこれを精読したが、その興味は次第に宗祖親鸞の伝記研究に集中されていった。かくして出来上ったのが彼の処女作『史上之親鸞』であった」。彼は本書の稿を成し了えるに際し、「父見従院二十三回忌記念也、為知徳報徳、大正十一年十月十三日稿了」と書き記している。これは彼における父の存在の重さを暗示するものといえるが、ともかく、父の死は恩愛を断たれる悲しみと、双肩に寺門がのしかかってくるという重荷を若き彼に課したのであったが、前者ではその悲痛から脱却する道として史学研究に己を見出し、後者においては、二十二歳にして住職を継ぎ、暁覚寺の守護人となったのである。そして、この無関係にみえる二つの生の事実が、実は彼の中にあって、彼を促し、彼の生涯を形成していったとみることが出来る。

つづけて聞こう。

「いつ頃であったろうか。中沢は黄檗版の一切経一部を購入して経蔵を建てた。(95) 経蔵は北面して南に窓を啓き、窓下に机案を設けて読書のところとした。彼の蔵書はすべてこの蔵中に搬入せられ、門徒の応対は老母と坊守に委ねて暇さえあれば自分はここに引籠って書を読み稿を練った。彼の寺院は門信徒四百を擁して法要はかなり忙がしかった。朝早くから夜晩くまで法務に忙殺された晩でも、家人の床につくのをまって独り静かに机によって練り、稿を綴ることも少なくなかった。(96)」『古事記』、真宗史についての史考はこうした中で続けられたのであった。

さて、本書を検討するに先立ち、今少し中沢について書き添えたい。彼の史学研究の基礎は人並秀れた記憶力と直観力という彼の資質にあったことは勿論だが、仏教中学での漢文素読等の基礎学力、更には史実への本能的ともみえる嗜好にあったと云ってもよい。つまり、誰に勧められるでもなく始まった史実への興味は彼の本能であり、必然であった。一方、東大の辻善之助の存在も見落してはならない。研究書を手許に集め、近辺の寺院に史料を求め、史実の中に没頭していた中沢は、鷲尾教導を訪うて親鸞伝について尋ねることもあったというが、大正八年、辻の『親鸞聖人筆跡之研究』出るに及び、その問題点を指摘して辻に認められるところあり、爾来、辻の史学に惹かれ、以後、彼の研究は辻の支持を背に進められた観がある。ちなみに本書の序文をみると、辻と鷲尾からそれぞれ一文が寄せられているが、このことから大学アカデミック史学と本派本願寺史学がバック・グランドにあったことは明らかである。そこにこそ鈴鹿山系の麓に住して尚史学界の先端に立つ一流の考証研究を成し得た秘密があった。この点から彼はアカデミック史学に連なる在野の史家と位置づけられるのである。喜田貞吉は「大学にグランドをもっておれば、一流の国史学者になれた天才であろう」と彼を評したという通り、一寺の住職として果遂した事実と大学史学界に育ったのではない事実が影響してか、彼の史学研究は史観に根ざした体系を成すまでには至らず、執拗に忠実な考証に徹した史学としておわったようである。

ところで、彼は当時の思想家とは交渉はなく、又教団がはらむ近代における真宗の問題、例えば本派本願寺派を中心に揺れた野々村直太郎の浄土教批判の沙汰や、大谷派内における清沢満之以後の浩々洞一派の新信仰がもたらした暁烏敏の異安心事件や金子大栄の『浄土の観念』等の現実の教界や思想界に波立つ問題や思潮にはおよそ心を動かされず、専ら史的世界に没入し、史的疑問を追い続けたのであった。無欲括淡、時流に乗ろうとせず一貫して考証的史学徒の姿勢を崩さなかったという。しかして、そこに産まれる史的労作は史学界においては正に革新的であった。しかし、一方現実世界にあっての住職としての彼はひょうひょうとして時流に逆らわず、革新の姿勢はなかった。彼は学者ぶることは更になく、法要に明け暮れる旧来の住職のあり方、寺門の経営に満足し、時には寺の経営を慮って村の青年達を寺に向けさせ、世間話に花を咲かせるといった田舎の好住職で終始したのである。しかし、この分裂、つまり住職としての在り方においては前近代的体質、史学者としは近代的意識と姿勢をもつという事実に特に悩むようなことはなかったようである。村人は彼を呼んで「仙人」と愛称したという。そこには無欲恬淡、仙人然たる彼への敬愛の情をみる思いがするが一方では、彼等村人（門信徒）にとってはおよそ理解を絶たれた史実の中に生きていた中沢（そこでは彼はもはや住職さんではなく史実に魂を魅せられた史学者なのであるが）に対する、「わたし達にはわからないところにいる」という意味での無意識のさみしさ、距離感をあらわすものであったかもしれぬ。

とまれ、彼は村からも寺からも出ず暁覚寺住職として一期を了えた。それは第二次大戦後間もない昭和二十一年一月、時に享年六十一歳であった。そして、あとに『史上の親鸞』と一連の真宗史上の論考が遺されたのである。

『史上之親鸞』について　既に紹介した藤原、辻、鷲尾らの基礎的研究が進む中で待たれたのは、同じ精神に立っての従来の親鸞伝に定着してきた諸伝の徹底的検討であった。即ち、その中で津田左右吉の『古事記』における考証を『親鸞伝絵』においては中沢が成し遂げることとなったのであった。勿論、明治期の長沼の業績も忘れてはならないが、彼の場合どちらかといえば、親鸞伝を中心とした真宗史論とみる方が相応しく、従って、親鸞伝の諸問題を逐一考証して親鸞史伝の形にまとめ上げた『史上の親鸞』をもって、近代における合理的・実証的親鸞伝の嚆矢とみることが出来るのである。

さて、本書は旧菊判二二〇頁、全十章から成っている。その一頁一頁には懐疑と考証が次から次へと続き、読者には息つく間を与えない迫力を持っているが、その考証の世界に著者と共に参入出来ない者にはこの上なく無味で煩雑な書に映じ、その執拗さに頭痛さえ覚えるにちがいない。しかし、大正期の親鸞の史的研究において何よりも必要とされたのは、親鸞の思想の性格や意義を問うことよりも親鸞の新しい史実であった。そしてそれに応えるには本書のように文字通り史実への強烈な追求の軌跡を描かなければならなかったのであり、従って、恣意に伝説を捏造する――たとえそれが史的知識と信仰とが未分化の段階にあったとはいえ――前近代人の在り方と、それが如何に親鸞伝に非史実を混入させることになったかという事実への憤りと、史実への探求心は鬼気迫る執念を感じさせる。本書が『親鸞伝絵』への告発の書となった所以はそこにあるのであり、著者と共にその執念に燃えることなしに、本書は何事をも読者に語ってはくれないかもしれぬ。だからといって本書は考証の平面的羅列に終っているわけではない。そこには考証を持続させる動力源としての親鸞の理想像が宿されており、それがページの端々に繰り返し強調され、そこから流れ出ている史実追求の一念は、考証的研究に特有の煩雑さ、無味さをかなりの程度相殺している。長沼にあってその働きをしたのが「愚禿親鸞」像であったことは既に述べた通りである。彼にあっては大学史学者として親鸞を史的解明することが一応の任務であり、他の実践的姿勢は当時の大学史学の性格からいって、特に要請されるものではなかった。その故か、彼の「愚禿親鸞」像は考証を済ませた上で、その結論をまとめ上げるために引合いに出されるというように影の薄いものとなっている。しかし、中沢は宗祖を戴いて末寺を護持する立場にあった。それ故に彼が想い念ずる親鸞像は、住職としての彼自らがその宗祖の姿に化されてゆくべきところの当為の関係をもっていた。従って、それは静視し、客観化して済まされる関係ではなく、自己の生命の親鸞像への回帰を無意識のうちに迫まられるものであった。本書に、中沢の理想の「親鸞」が頑強に根を張っているのはその為かもしれない。その親鸞とは「後世その存在を疑はるるほど左様に精神的にのみ一生を送られた人で、何ら自己が中心となった一宗設立の望もなく、ただ熱烈なる求道心から法然上人の門に入り、その教化に依りて自己が救済された仏陀の大悲を仰いで、聖人自身が慚愧心の下に法悦の一生を送られたというだけ」(序章)の真摯そのものの求道者であった。彼はこの宗祖像を固守していたようである。この像が住職としての彼の支えであったろうし、又、生涯、伝道に馳せまわることもなく、一住職として生死した彼の心的傾向に適っていたのかもしれないが、同時にこれは当時においては、小説『法城を護る人々』の主人公「宮城」も、「盲目的な民衆に勿体がらせるべく、如何に祖聖が貴族化されているかを見よ。彼の伝記と称せられるものが殆んど全く仮作された物語であって、人間親鸞のあらゆる行為をすべて神化したる愚かなるうそを見よ。祀られているものは人の罪業に泣いてそこに三世にわたる人そのものの救いを見出した真人ではなくして、うつろな高踏的な人間とは没交渉な死んだ偶像に過ぎなかった。この物語(『親鸞伝絵』)の戯作者が、さうして彼の無数の追従者が、祖聖を高く祀れば祀る程、祖聖九十年の生涯は奕々たる生彩を失って、彼の全価値を殺してしまうのに、心なき彼の児孫と徒弟とはこの永遠に生きた彫像の上に胡粉をぬり、漆をぬり、彩色を施し、金鉑をおいて吾が偶像成れりとばかり得々としている。若し本尊に祭られている壇上の真黒な木像に魂があったならば、彼はどんなしかめ面をして、彼自身の伝記と称せられる迷惑千万な物語を聞くことであろう。(97)」と批判しているように、決して彼一人の親鸞ではなかったのである。真宗末寺の新発意「宮城」の憤念は中沢の「親鸞」から伝わったとさえ思われる。大正期の文化の基調を個人的なものと規定する時、(98)この一個的信仰者としての親鸞像も、実は大正期の人間や文化の性格を映しているとみることが出来るのである。幼少の頃より見てきた現実の教界や信徒の中に、貴門藤原氏の末裔として一大教団の始祖として君臨させられている宗祖の姿をこの視点からみた時、その虚像から親鸞を解放しようとする熱情が滾ったにちがいない。それが、彼が宗祖の虚像を流布する元凶と観た『親鸞伝絵』への破壊的ともみえる史的批判と編者覚如の製作意図への告発となったのであろう。

さて、本書の特色は(イ)そのような意識からの伝統的所伝への批判と、(ロ)鷲尾から渡された未発表の恵信尼文書を、はじめて親鸞伝研究に登場させた二点にあると思われるので、以下その点から検討・紹介したい。

(イ)　本書は第一章、序文以下、章を逐って「聖人の幼時と在叡時代」、「六角堂夢想と吉水入室」、「吉水門下における聖人」、「聖人の越後配流及び其家族」、「常陸稲田の幽栖時代」、「帰洛後の聖人」、「聖人の入滅」と親鸞の一生を辿って考察を展開し、更に「聖人の性格及びその思想」と題する史的評論にも一章を割いており、親鸞伝の研究としてはほぼ完全な形にまとめられている。しかし、何といっても本書のやまばは、第二章「親鸞の俗姓について」で尽きているといってよい。即ち、先ず第一節において『親鸞伝絵』を宗外史料である『尊卑分脈』に当てて比較考証し、『伝絵』の第一段親鸞の父有範を有国五代の孫とする記述は、『尊卑分脈』の有国―資業―実綱―有信―有範と続く系図と一致している。しかし、その事実に立つと『尊卑分脈』における各世代の年齢間に矛盾が生じ、[99]親鸞の父を有範とする『伝絵』の所説は信じ難いものとなり、結局「有信の子に有範なる人物があってその子孫なく、その事跡も明らかに知れていなかった人物が日野系図中にあったから、聖人入滅後何人かが、ある目的のために、聖人及びその弟尋有等を有範の子としたのではあるまいか。[100]」とし、その疑いの矢を覚如へ向ける。そして、第二節伝絵著者の家系と聖人の俗姓、第三節覚如上人著作の目的、第四節留守職の門閥利用において、『伝絵』、『慕帰絵詞』、『最須敬重絵詞』、『口伝鈔』、『改邪鈔』、『尊卑分脈』、『公卿補任』、『反古裏書』を総動員しての考証を進める。即ち、第二節で覚如の父覚恵は日野広綱の子であることを確認し、更に第三節で「伝絵著作の真意は名を祖伝にかりて教義を述べ」、「それを聖人廟堂崇敬に結びつけて以来、廟堂を中心とした真宗教団を設立して留守職にその教権を収めんとして……それで廟堂留守職の家系と親鸞聖人の関係を深くするために、聖人を有国五代の孫、有範の子なりとせられたのではないか」と憶測し、更に第四節で「日野広綱即ち公卿の子孫たることが覚恵及覚如上人等の門弟に対する勢権の一であったと思う」とし、それらの事情への配慮から、覚如は親鸞をも貴族日野一流の出自とするため無理に日野有範の子と偽作した、つまり、「親鸞聖人を祖師とした別立の教団を建設し、祖廟を中心としてその教権を留守職の手に収めるために留守職の門閥と親鸞聖人の外孫系が利用せられた。そして留守職が門閥を利用するからには親鸞聖人にも門閥を必要としたのであろう。それで覚如上人は自家（日野）の祖先有信の子に有範なる世を早うして子孫も残っていなかった人があったから、年代等の考えもなく、無造作に有範の子として終ったのではあるまいか」と怪しむ。[10] そしてその疑惑は「『親鸞伝絵』の史実と見るべきものは、聖人自筆の『教行信証』の後序文に依る聖人の事跡と聖人の入滅（下巻六段）、廟堂造立（下巻七段）である」との極言となり、果ては「覚如上人の著述の総てが私の疑問をふかからしめるものである」と、とどまるところを知らない。恵信尼文書に息吹いた素朴な信仰者としての親鸞を知った彼には、この疑いは絶対的であったと思われる。名もなく、清く、ひたすらなる念仏者に親鸞のイデアをみた中沢には、教団の基礎固めに留守職として全うした覚如は不潔な俗物と映ったらしい。従って、『伝絵』の教団興隆の姿勢を継ぐ後世の諸伝も批判されていった。まことに徹底した反覚如振りであり、史的批判は熾烈を極め、ある種の感情をさえ含んでいるように思われる。そして、その批判は本書の行間にくり返し強調されているが、それが時には考証を飛びこえて理想の親鸞像を性急に打ち出し、考証的研究書としての本書に熱気を充満させ、時にはその厳密さを失わせる程、強く働いており、従って、その批判心は見方によっては必要悪となっていると云われても致し方のない面をも含んでいる。しかし、それこそが考証の苦しみをこえて、正義感に支えられた追求の精神を進展させて伝説の究明と新史実の確認を生み、更にそれが自己の信ずる親鸞像を不動ならしめ、そしてそこから又旧伝への疑惑を深めてゆく。そして、清楚な念仏者としての説明の糧となる諸伝は肯定され、教団形成者としての親鸞を目論むそれは悉く否定され、野心なき念仏者親鸞が強調されている。その例は本書の至るところに見られるが、一例を第七章の「立教開宗」の考察に見てみよう。

即ち、親鸞には立教開宗の意識がなかったとの前提に立ち、『伝絵』下巻第二段を検討し、[102]この一段は「明らかに法然上人の浄土宗以外における浄土真宗別立即ち親鸞聖人の立教開宗を意味するもの」であり、そして、この一段に開宗の文句が表面に顕れてないところに、覚如の苦心があるとまで疑いを深め、更に恵信尼文書、親鸞消息を使用して、「親鸞は真面目に師法然上人の浄土宗を信仰してしかも無遠慮に自己の意中を告白して下層民の中に同信の友を求められたけれども、師法然上人の浄土宗以外に立教開宗の意志は更になかったのである」と断定する。この観点は親鸞帰洛の理由にもスライドして「聖人は教団樹立の望みがない以上再度関東に往かれる必要はなく、関東に下って帰依渇仰の中心人物として生活するよりは多少の生活難はあっても都に居住して……旧友と故聖人法然の昔語に法悦を共にし、信仰生活の晩年を送らんとせられたのであろう」と中沢の考察眼を規定している。

大正十二年には、時あたかも親鸞の立教開宗七百年記念法要の行事が真宗教団の総力をあげて挙行されていたが、その頃皮肉にもその権勢・世俗性を嫌悪する一考証住職は、大正期のヒューマニズムに共感されるであろう信仰の告白者としての親鸞を捉えていたのである。しかし、そのような一徹さはともすれば冷静な考証を誤らせる場合も一度ならず生じている。例えば、『伝絵』批判のモチーフにもなっている親鸞の家系への批判の場合、後に山田文昭によってその行き過ぎが明らかにされており、[103]又、『伝絵』上巻一段の親鸞の青蓮院での得度の記事についても、「『伝絵に聖人九歳、養和元年の春に青蓮院を前大僧正慈円の貴坊』としているが、当時青蓮院は覚快法親王の貴坊でまだ慈円ではない、それで聖人が慈円の門に入られたということもよい加減のことを書いたのかもしれぬ」と疑い、更に親鸞の幼名、範宴についても「聖人の弟に尋有、兼有なる人があったから日野家の祖先に有の字の付いた人を求めて有信の子有範の子としたから今度は有範の範をとって範宴としたのではあるまいか」と疑いはゆきつくところを知らないが、この点に関しても今日では既に問題とされなくなっているのである。[104] しかし、数百年にわたって教団中枢により説き続けられ、末代無智の群萠の腹の底にこびりついてきた虚飾を払って真史実を確認するためには、このようながむしゃらな懐疑は致し方なかったのである。田舎の末寺の経蔵の一隅に座し、伝説批判の鬼と化して夜の無言の中でひたすら疑念を追い求める姿の凄絶さに、教団が伝説を売り続け、信徒がそれを盲目的に買い続けてきた関係の中で、近代に入ってからも依然として偽りのポーズをとらされてきた親鸞像に対する史学徒としての無念と、〝これこそが親鸞の実像なのだ〟と叫ぶ烈しい正義感を感じることが出来よう。

ともあれ本書はいくつもの誤りを犯してはいるものの、紹介した以外にも六角堂夢想、親鸞の妻子、『教行信証』製作の問題等、その後の親鸞研究史上に論議の的となった諸点について考証を試みており、所謂、「親鸞風邪」蔓延の中で恣意の親鸞像が次々ともて囃された大正後半期において、史実の上に親鸞を捉えようとする労作として、史学界からは貴重な清涼剤として評価されたのである。[105]

(ロ) さて本書のもう一つの革新性は、鷲尾発見の恵信尼文書を借り受けて、初めて親鸞伝に登場させたことである。そこで問題はこの得難い一級史料がどのように活用され、どのような役割を果たすことになっているかという点であるが、それについては十数ケ所にわたって使用されているものの、初出の史料故か必ずしも充分ではない。即ち、親鸞の比叡山時代の考察においては諸伝を紹介しつつ結局、あまりわからないとし、弘長三年の恵信尼消息、「ひへのやまにだうそうつとめて在しましけるがやまをいでて六かくだうに百日こもらせ給て……」を最後にもってきて、これが最も信ずべきものだろうとしめくくっている。その他、弘長三年二月十日付、「ぜんしんの御房、くわんぎ三年四月十四日むまのときばかりより……」の消息利用の部分では、親鸞は「師法然の真実なる浄土宗を徹底的に信仰して、その報恩のために関東辺鄙の地に同信の友を求められたまでである」と指摘[106]するだけであり、又、消息、「さてひたちのしもつまと申候……」[107]を引用の個所においても、親鸞の教化は「聖人自身の信仰の発露であったことが知られる」という指摘に使われているだけで、それ以上の意味を引き出してはいない。旧伝・旧説の検討・批判に重心がかかっているため、新史料から信仰の事実を吸み出し充分にそれを史伝の上に活かす余裕がなかったのか、それとも信仰それ自体にはあまり関心がなかったのか、親鸞の弥陀の名号への絶対信、親鸞を観音菩薩と拝んだ恵信の宗教的情操という親鸞伝の重要事実についても一言の指摘もない。しかし、考証のあい間に出されてくる恵信尼文書は、そのままの姿で操作が加えられていないため、かえって史料としての新鮮さを増し、鋭い考証に交って本書を引き締めることになっているのは、さすがに生の史料の威力を感じさせ、恵信尼文書発見の意義の重みを思わせるものがある。

さて、以上の考証をもとに結論としての第十一章において、四頁にわたり親鸞の生涯を素描している。

即ち、『親鸞伝絵』著述の目的は「聖人の伝記を載せるためではなく、親鸞聖人の教義を述べると同時に親鸞聖人中心主義を宣伝し、聖人の廟堂を中心として大教団を設立する」にあり、聖人の俗姓を日野家の出有範の息と云ったのも教団統一策からの付会であり、俗姓が不明な点にこそ親鸞の人格が認められるのである。何れの貴門にも属さない聖人は叡山にあってひたすらに修道し、六角堂の参籠を経て聖徳太子の霊告を受け、法然の念仏門に帰し、沙弥生活に入るが、その肉食妻帯を宣伝するようなことは更になく、「常に自己の罪悪生活を慚愧し、如来の救済に感泣しておられたのである。そして、壮年時代には自己の信仰以外にあまり布教の方面に注意されず、唯、法然上人の教化による熱烈な一門徒に過ぎなかったのである。しかし、寛喜三年の覚醒以来、自信教人信こそが報恩の道と知り、「その後大いに法義弘通に努力せられ、結果、稲田は聖人を中心として求道の同朋の来集する者多く隆盛であったが、立教開宗は勿論、教団設立の野心もなく、且つ名利に人師となることを慚愧してその教団の中心を遁れんとしておられたのであり」そして、帰京後、故師法然上人の浄土宗門下に異義が続出する中で、正義を明確にするため「諸経釈を披見し、その文類を集められたのが、教行信証六巻であり、それは決して、立教開宗の目的をもって述作せられたものでなかったのである。そして、晩年は盛んに聖教を述作し、九十歳の高齢をもって入滅せられたのである」。

意義とその限界　本書の十章にわたって累々と展開された考証の重量感に比する時、ここに見られる親鸞はあまりにも楚々として簡素である。本書はその親鸞に辿りつくまでの史実考証の軌跡なのである。従って、親鸞の人間像や思想が有機的に伝記の中に繰り込まれ、そこに読者が各々に無限の宗教的、人間的、歴史的意味を吸収するといった性質のものにはなっていない。即ち、この素材を駆使して、史上に生死した親鸞その人を掘り下げる仕事は残されたわけである。

本書は親鸞伝研究に新しい地平を拓いた点で研究史上の位置は不動である。しかし、既に紹介した考証上の誤りの外にも、いくつかの問題点を含んでいるように思われる。本来、史的考証は思惟方法からみれば、問題意識（前提）―予測―調査―推定・確認、と進められ、その確認が更に新しい史実に到達し、更に問題意識を産み出してゆくという帰納から演繹、演繹から帰納への循環性をもつといえよう。その観点から本書を検討する時、その考証は各章には論理的展開がみられるが、本書全体の論述からみると、前提、即ち、一念仏者としての親鸞像や『伝絵』には偽造が多いとする批判と、史実考証[108]とが錯綜し、考証の書としての整然さに欠ける印象を与えるのは残念である。加えて、その前提が、同一主張、同一表現をもって本書全般にわたって考証の前後に繰り返され、冗慢な感じを否めないものとしている。

しかして、親鸞を下層民の中で立教開宗の意図もなく師教を信じて生きるばかりの念仏者として――それは親鸞後に形成された教団体制における親鸞像からみる時、反教団的親鸞像といえるが――打ち出したが、そのような主張に立つことが、住職として現実に親鸞から何を吸収し、史家としての自己自身がどう生きることになるのかといった課題にまで深めることはなかったようである。従って、そのような史家自身の、更には読者自身の実践意識を媒介としない限り、ここに強調された親鸞像は、成程、清楚ではあるかもしれないが、それを歴史の中に還元してみると如何にも無力な人間として現像してくるのであり、鎌倉時代の現実の中に生死した、たくましき苦闘の親鸞は蘇ってはこない。

その意味で本書の親鸞像は、そのままでは無力な一念仏者として、型に閉じ込められる恐れと共に、「親鸞聖人様」の偶像から、「念仏者親鸞」という素像に、唯、おきかえられたに過ぎないという印象は拭い難い。

そのようにみてくると、本書の意義は七百年にわたって累積してきた親鸞所伝に合理的な史的考証のメスをあて、それを存分に批判し去ったことに尽きるようである。しかして、そのメスは冷たくとも、そのメスを握る中沢の胸中はまことに熱烈であったと云えよう。

第六節　山田文昭『親鸞とその教団』への結実

次々と親鸞研究がものされる趨勢にあって、泰然としてひたすら自身が親鸞に生きることを祈念して念仏する仏教史研究者があった。山田文昭がその人である。彼は親鸞についての断片的史的知識の追求に止まらず、弥陀の本願から恵まれた親鸞との応答の上に親鸞像を領悟した求道者であった。

かつて、平安の世に「予、少より彌陀仏を念じ、行年四十以降、其志彌劇、口に名号を唱え、心に相好を念じ、行住座臥暫忘れず」と序した念仏者慶滋保胤が、「願くば我一切衆生と与に安楽国に往生せん」(109)との所願のもとに、古来の念仏往生人の伝記を叙述したように、山田は親鸞から聴いた念仏往生の信界から、念仏者親鸞の史的精神的世界を再現し、伝えても歩いたのであった。本書はそのような人格の手に成るものである。

一、念仏者山田文昭

彼は明治十年、真宗教団の金城湯池、三河門徒地帯の真只中、碧海郡矢作町佐々木の大谷派末寺正福寺に生まれた。幼名を昭然と言い、同郷には前後して佐々木月樵、多田鼎、伊藤証信等があり、当時三河の真宗は法統を継ぐべき人材を一人また一人と産み出す力を蔵していた。さて、彼の父文成はそのような伝統を培った仁徳の僧の一人で、宗乗に明るく、三河教校にも出講し「念仏坊主」とも称されたが、母はるえも、いかにも高徳の僧にふさわしい信心温き坊守として仕えた女性であるという。彼はこの念仏の夫婦に授かった第二子であった。

さて、八歳の長男が早逝してからは、次男の文昭に正福寺の新発意（後継者）としての道が拓かれてくることになる。

明治二十二年、十三歳にて得度し、翌年には真宗僧侶の修学養成機関である三河教校へ入学、十七歳にて文昭と改名して教校を卒業後、続いて三河中学へと三河に伝統された真宗教学の手ほどきを受けた。更に上京して真宗東京中学を了え、明治三十年二十一歳からの五年間を当時革新の気漲る真宗大学、同研究院と進み、日本浄土教史を研究テーマに、その修学は一貫して宗門の人材養成の順路を歩んでいる。

一方、末寺を継ぐべき人として、父の死後二十八歳にして正福寺住職を襲い、研究院卒業時においては、権僧都（教師）、学師（学階）の称号を受け、教団の一員として末寺を護持するに相応の資格を獲て、求道と伝道と仏教史研究を兼備した綜合的幹部僧侶として活躍を示す。

その間、仏教史研究の場においてはその後明治四十年、真宗大学図書館係から四十三年には図書館長、更に大正元年、三十六歳にて真宗大学教授をも任命され、その後も教団からの要請によって侍薫寮出仕、宗意諮問会委員、宗憲調査委員、宗史編纂所長等の教団当局の役務に就くことも再三で、大学を離れることもあったが、日本浄土教史、真宗史の書誌・古文書等の基礎史料の研鑽は止むことはなかった。

ちなみにその著作の主なものを列記すると、明治三十五年、二十六歳の研究院時代における処女論文、「平安朝以前における兜率上生の思想」を真宗大学研究誌『無盡燈』（第七巻第六号）に発表後、同誌に「日本に於ける初期の浄土教」（八ノ六）、「日本における浄土教の先覚者」（九ノ七）、「行基菩薩の浄土教」（十ノ十二）、「解脱上人の念仏義」（十一ノ三）、「天寿国繍帳考」（十二ノ七）、「奈良朝の古文書に現れたる浄土教史料」（十二ノ十一・十三ノ九・十二）、「立川流の沿革及浄土教に及ぼしたる影響」（十三ノ一・二・四・五・八）、「親鸞聖人の儀式観」（十六ノ四）と続け、大正に入ってからも、「真慧上人より真智上人に伝えたる十箇の秘事」（十八ノ一・三・六）、「存覚上人父子の義絶に就いて」（十九ノ二）、「大谷本廟創立考」（二十ノ一・三・八・一二）、「晩年における親鸞聖人の半面」（二十ノ十一）、「親鸞聖人より覚如上人に至る真宗教団の史的概観」（二十二ノ四・五）を、又、

『真宗研究』には「御文の成立と開版」(一)、「観経の図相に就いて」(二)、「長福寺慶秀」(三)、又、単行本としては『三本対照親鸞聖人門侶交名牒』、『秘事法門集』等々、続々と発表している。

ところで、彼は仏教史研究の方法を特に誰の指導を受けることもなく、真宗大学、同研究院と独力で体得・開拓していったようである。ちなみに真宗大学の教育課程をみても、歴史に関するものは予科で仏教々理史、仏教歴史、各国宗教史、本科で浄土教史、哲学史、天台史、華厳史、列祖伝承等の講授が見られるだけで、仏教の史的研究という専門分野の影は薄いのである。ことに彼の時代に歴史学の主流を占める帝大系の史学や、雑誌『仏教史学』の村上専精、鷲尾順敬らと特に懇意ということもなかったようである。(一〇) 従って、大学で受けた仏教史の習得と、原史料との切磋によって、浄土教、真宗の史的世界を開拓していったとみてよく、それ故、彼には天性の仏教史家という印象がひとしお強い。そして、その蘊蓄は名古屋真宗専門学校における仏教学、京都帝大における浄土教発達史、真宗大谷大学における仏教史の各講座において重厚に展開された。

さて、ここで注目されるのは山田にあっては仏教史研究が学術にのみ止まらないで、同時にそれが「自己の求道」、「教法の伝道」と一味になっている事実である。「人生の目的は浄土往生にある。言い代えればこの世に生きているのは浄土へ往生するためである。(一一)」との述懐にも見られるように、彼は何よりも先ず、念仏往生の人であった。それ故、史的研究は時には厭うべき悪業とさえ感ぜられることもあったらしい。昭和三年、五十一歳の円熟期の彼が、大谷大学にて仏教史講座を担当する傍ら、京都帝大にも出講していた頃、「四月以後は学校の担任講座も殖え、且つ帝大の方へもしばらく出ねばならぬこととなり、弱い頭脳に閉口しています。それに学なるものが実際の自分に生命をあたえてくれないらしいことがしみじみ思われますので大学の教壇に立つよりはむしろ柳蔭に村童や田夫と語り合うた方が生き甲斐があるようです。早くこの宿業を果して、故山に静居し、古事に親しみ、道友と語り合う日を心ひそかにまっています。」とも語り、又、弟子に「古い物を観たり、読んだりすることが好きで、つい好事癖から仏教史をやっている。教を聴くことの方が、本意であったのだが……」(112)とも漏らしたというが、彼の本意の在処を伝えて興味深い。学術よりも自らに念仏道を聴き明かすことを第一義とする求道の姿勢は不動であった。そして、そこに汲み上げた信味を、信仰誌の『まこと』、『家庭』、『真宗の世界』、『慈光』、『みどりご』等に寄稿し、浄土教史の上に、親鸞伝の上に信仰への手がかりを求めて信境を展いた。その自信教人信の念仏僧としての仏教史の学識を素材とする歴史教育、つまり伝道の著述に「日本最初の出家善信尼」(『布教』三ノ四)、「斯くして浄土教の実は結ばれたり」(『みのりの家』三ノ四)、「覚信尼考」(同四ノ五)、「加古の教信沙彌の定なり」(同十ノ十一)、「親鸞と聖徳太子」(『まこと』)、「親鸞聖人の御生涯を懐う」(同明治四十四・四)、「親鸞聖人の御在世を懐う」(同四十五・二)、『仏教の歴史』(明治三十四)、『黒衣の聖者』、『親鸞聖人』(大正六)、『真宗信者の模範』(大正十二)等々を数えることが出来る。即ち、活き活きと自己の中に親鸞を追体験して、親鸞が生きたであろう弥陀の本願を力とし、仏教史学者として浄土教史、真宗史、親鸞伝の解明に、一方、求道者としては信仰の展開にと没頭した結晶が以上に紹介した業績の数々であった。

ところで、当然のことながら、各地の教界がこの篤信の博学を捨てておく筈はなく、三河を中心として、各地の伝道講習会に演壇に立つことも少なくなかった。大正時代の数年をとってみても、五年に本山での御殿講に「仏教史上における親鸞聖人」を、十一年には伊勢国講習会にて「祖(親鸞)伝史」、三河各地の講演会にて、「親鸞聖人の信仰」、「日本仏教史の大要」、「正像末和讃に現われたる親鸞聖人」を、十二年には加賀国にて「祖聖(親鸞)の生涯及信仰」、三河にて「真実道」、伊勢にて「祖伝概説」、再び三河にて「本願の開顕者としての祖伝の生涯」と真宗を説き、親鸞を語り続けている。究めることにおいて信じ、その信の上に伝道するという求道的伝道者が彼の一面でもあった。

さて、学究に求道に多角的な活躍の跡を遺した彼により近づくため、次にいくつかの視点からその持味を紹介しておきたい。

(イ) **郷里感について**　山田は大学での研究生活や各地への伝道にと、自坊に安住することは稀で、四十六歳で正福寺住職を弟に譲ることにもなっているが、[113] 終生、郷里には愛着を抱き、そこに、活きてはたらく念仏道が勃興することを熱願している。[114] 教団の伝統の中に腰を据えた三河土着の念仏者というのが彼の基本的体質であると云えよう。

(ロ) **教団や寺院の在り方に対しての見方**　既に述べたように、彼は終生、宗門立の教育研究機関に身を置き、本願寺当局の教学・修史という任務にも携わり、教団の管理指導に連なる立場にあった。だが、教団の俗的護持体制にどっぷりと漬った本山べったりの御用僧・御用学者であったかと言えば、決してそうではなく、教団への次の批判にも見られるように、信仰に醒めた精神に曇りはない。

「寺院生活の経済難は年を逐うて深くなってゆく様です。目下の寺院は皆その為に頭を悩ましておる。この経済難が寺院生活をゆきづまらせ、所謂既成教団なるものを崩壊させつつあるのであります。これは寺院生活者の罪でもあります。けれども私はその責任の大部分は本山が負わねばならぬと思います。永い間本山が種々の政策で末寺門徒を愚して了うたのであります。そして、今猶愚しつつあるのです。いつも口には教学的というが、それは何等かの口実に過ぎない。所謂宗門的政治家なるものがどれだけ宗門の第一義を理解しておるか、この第一義から出発してこそ宗政全体に意義があるのだが、それが反対になって、徒らに宗政の野心家達のために末寺の僧徒を動脈硬化症に陥らしめ、半身不随になってから、搾取だけしてあとは見捨てるという現在の本願寺のやり方には全く愛想をつかさざるを得ない。」と言い、又、末寺に対しても、「寺院を単に生活の具に見る現今の寺院生活者が生活にゆきづまるのは当然です。生活の具とするだけならば須らく寺院を去って他に生活の方法を講ずべきである。我々は寺院の因襲の殻を破るのだ。寺院に囚はれずに寺院を活かすのだ。寺院そのものを宗祖当時の道場たらしむればよいのだ。高田の如来堂も、木部の小さい毘沙門堂も第一義たる本願一実の大道を伝うべき宗祖にとっては、五十六間大堂よりも遥かに意義があったのである。……食うことが目的であれば寺院生活など愚の骨頂である。けれども宗祖が如来の本願によりて、久遠の更生をせられたように、我々も亦この第一義に目覚むることが生々世々の本懐なることを思えば、我々は関東時代や帰洛以後の宗祖の生活を憶はねばならぬ。(115)」と非僧非俗の精神からの忠告はきびしくもあり清々しい。幼少より真宗聖教や開祖「親鸞」に親しみ、長じて宗乗の学解、余乗の浄土教史、親鸞伝の研究にと味得・体解されてきた親鸞のイデーは鮮明なる信条と化し、現実の教団状況への叱咤となったのであろう。

(ハ) 時代思想に対して

「精神主義」の清沢満之らに対しては、その役割を認めながらも事業を共とする縁には恵まれなかったようである。つまり、真宗教団圏外にまで乗り出して意見を発表する姿勢は見られず、時代の課題や事件についても教団の城からうって出て切り結ぶのではなく、それをすべて念仏に吸収し了解する在り方にとどまっている。例えば、大逆事件に対しての次の感想である。

「天下を震駭せしめたる大逆事件の刑の執行も終り候。小生はこれについて何となく人生の味を深く致したるように覚え候。宣告後大石某が今度のことは真にうそから出たまことである。といい、森某が命がけで大きな嘘をやりましたといひしとか、何たる意味深遠の語に候うぞや。彼等が生命よりも大事に思いたる主義も一度死の前にたちて厳粛なる人生の真面目に帰れば『みなもてそらごと、たはごとまことあることなし』まことを自覚したる様子に候。要するに世の主義というものはみなこれ自力魂にして、主義は自己を活かすものに非ず、殺すもの也。即ち、自殺の機械に外ならず候。『ただ念仏のみぞまことにておはしますとこそ仰せ候ひしか』宗祖聖人のこの信仰は弥陀の本願そのままに御座候。小生の如く時代の風潮にゆられたるものが、久遠以来の約束として、この平凡極まる陳腐極まる『念仏』に永劫の自己を安住させて、いただきたることはまことに不可思議に御座候。[116]」

すべてを親鸞にと凝結（回帰）してゆくその往生への志向性は堅固である。鎌倉時代に在って、今もなお、彼の内に実在化している親鸞との感応の他に何物をも必要としていないかの如くである。

㈡ 人となり

ところで、何故か彼は一生娶らず、生涯の畏友、住田智見[117]と同じく、不犯の清僧としておわっている。失恋が原因という人もあるが確かではない[118]。「孤独に徹する中に罪悪の自己を内観深信し、その孤独の上に如来大悲の召喚を聞く[119]」という彼は、孤高の念仏聖・史徒として廉潔の風格を備えている。しかし、「清閑一題」には恋愛論、女性論を展開して、女性の愛を如来の大悲より論じ、熱い血潮の通いを思わせる一面をも合わせもっていた。

『黒衣の聖者』著述の頃の日記に次の記述をみる。「頃日将来自己の執るべき道を問うて思うところ多し。希くば故宗祖聖人の直弟にて世を終らんのみ。」（大正六年四月二十九日）まことに日本浄土教史の、親鸞の中に、自己の生命を見出しての一期であったと云えよう。日頃愛誦したのは「従仏逍遥自然、自然即是弥陀国」の善導の「法事讃」の一句であったという。しかし、徳孤ならずの謂の如、その徳化は三河に根ざしていった。

昭和八年、円熟期の彼は三河幡豆郡幡豆村福泉寺にて五十七年の聖なる一期を了えた。惜しまれての往生であった。権僧正（教師）、講師（学階）として、自信教人信の足跡は、本山から超世院の院号を下されて荘厳され、そのあとには、三河「聖教会」を中心とする彼の教化を蒙った信仰者の一群と、一連の仏教史研究が遺された。彼の後を継いだ弟文郁師は兄超世院釈文昭を、今なお師とも仰ぎ、念仏改悔の日暮しを送って正福寺に健在である。

二、山田の親鸞聖人伝について

章を逐ってみてきたように、明治後半から大正へかけて、信仰、思想、文学、史学等の各立場から人々は親鸞に近代的応答を求め、それぞれ等身大の親鸞像を創造してきたが、就中、史学における研究の進展は今昔の感を抱かしむる程であった。即ち、親鸞の筆跡、真像、恵信尼文書、『親鸞伝絵』の調査・批判が親鸞の史的人間像の解明にそれぞれ画期的役割を果たしたのである。従って、親鸞の研究史はこれらの成果を踏まえて、しかも内に親鸞との宗教的・史的感応を交しつつ親鸞の伝記としての形を整え、史的世界に活き活きと親鸞を再現している――従って、そこに人々の親鸞への、史的人間像の求めにも、自己の魂の安息や生への力の求めにも、史的研究素材の求めにも応え得る――そのような親鸞伝が纏まるべき段階に至っていたのであり、その必然に応えたのが山田であった。

さて、本書は、昭和三年度大谷大学真宗史講座において、「親鸞聖人及その教団」と題して感銘のうちに進められた講授原稿であり、その筆録が、山田没後、遺稿編刊の際、真宗史稿の第二篇として公にされたものである。親鸞への確信と、綿密にして重厚な史料解読三昧に裏づけられ、著者円熟期の蘊蓄を傾けた、この時期の親鸞伝研究の頂きに立つ一書であり、太平洋戦争以前における親鸞伝の決定版と云ってよいようである。

さて、本書は序説で、一、「親鸞伝研究の態度」、二、「古来の親鸞観」、三、「親鸞伝の研究資料」と親鸞伝研究に必要な基礎的認識を明示する。中でも一、では宗教者の伝記研究に対する基本的態度を表明して注目される。

「聖人（親鸞）の外的生活の歴史を知ったからとてそれは未だ聖人を知ったのではない。聖人の人格が解ったからとてそれでも未だ完全に聖人が解ったとはいはれない。生活を超えた人格に接し、更に人格を超えてその信仰に同心し、融合することによってのみ始めて祖聖を知ったといはるる。」と親鸞との実存的・信仰的感応をその根本に据える。即ち、史学からたまたま関心をひかれて親鸞伝を手掛けるというのではなく、親鸞の道に自らも続こうとして、自己にとって親鸞とは何かと問う、究極の課題を究める一方法として史学的研究を採る。即ち、信仰への道と史実探求の道との相違を、「聖人を知るにはその第一義である信仰、それは聖典に現はれたる教義の研究に依るべきもので伝記―事蹟の研究の如きは第二義に属す」と定義しているように、史学を一つの方法と受けとめて、教義の研究を優先させる。しかし、「信仰は生活をこえている。けれども生活と没交渉なものではなく、生活そのものを包容して居なければならぬ。生活は信仰を生まないけれども信仰は当然生活を動かしてゆくべきである。若し生活と交渉のない信仰ならばそは単なる概念である。」との信仰論から生活・歴史を、教義・信仰の現実化と見、その究明に史的研究の役割があると提示し、更に加えて、両者を、「聖人の信仰を無視してはその史実の研究は全体としては意味をなさぬけれども、史実を包容しない第一義の研究も亦完全なものとはいわれない。第一義を対象とした研究が純粋なる教義上の真宗学で、第二義を対象としたものが純正史学の上に立った親鸞伝の研究で、その立場を異にしているけれどもその間に必然の関係」があると言って、その綜合の上に親鸞伝を構成しようとする。これは史学界には事跡の調査や批判的検討の傾向のみ強く、一方、信仰・文学界はほしいままに親鸞を謳いがちという分離を呈していた当時にあって、それを止揚総合する意味をもっていた。そこに懸念される両者の混同については、史学の方法のきびしさから厳に戒め、「親鸞伝研究はあくまで史学の見地に立って、種々不合理なる伝説の中から真実の聖人を見出し、それをそのまま包容している第一義の先に置かねばならぬ」とその任務を規定することも忘れてはいない。

更に二、の「古来の親鸞観」では、真宗内、他宗、史学それぞれからの親鸞研究の観方を概観し、三、の「研究資料」において、近世末までの宗門内外の親鸞伝、親鸞研究、明治以後の親鸞への史学的研究のトータルを紹介し、彼自身の研究の位置を明示する。かつて、佐々木月樵の親鸞伝が、実証性の面では近代史学以前の段階にあったものの、研究姿勢、方法、資料を明示して伝記を展開したが、その姿勢は佐々木と同じく教団圏に在って親鸞に生きようとする山田によって、期せずして継承されたわけである。全人格とのかかわりにおいて親鸞を追い、親鸞伝を一つの生命体と観る立場が齎す道理とでも言おうか。

さて、本書は第一章「俗系及出家」以下、「在叡時代」、「六角堂の祈願」、「吉水時代」、「復古思想の勃興」、「師弟の所刑」、「沙彌生活」、「行化時代」、「教団の成立」、「隠棲時代」、「善鸞の異義」の全十一章から成り、親鸞九十年の生涯を再現している。次に、それを三つの視点から吟味、紹介したい。

(1)　**山田の親鸞像**　　彼は度々親鸞の史像によってその信仰世界を叙述しているが、中でも大正六年に『布教叢書』の一篇として著わした『黒衣の聖者』に彼の親鸞像の原型が見られる。この一書は信仰界へ親鸞の真実像を発表したもので、史実の考察を主眼とした伝記ではないが、一応、親鸞の生誕から往生までを、浄土教の史的伝統の中に描き出す形式をとっており、親鸞像、親鸞史実のいづれの面においても次の『親鸞とその教団』へのデッサンの役割を果たすものであった。

著述当時の彼の日記は、

「七月四日、蟄居、布教叢書（黒衣の聖者）の原稿に対するも想湧かず、文成らず。

七月五日、布教叢書、一層修学時代の聖人を懐う、夜に入り住職と信仰談に耽る。

七月十二日、布教叢書依然として進まず。

七月二十八日、終日蟄居、黒衣の聖者起稿す。

八月一日、午前第二節ようやく脱稿す。

八月二日、脱稿むつかしく、佐々木君のを先に頼む。

八月十五日、播州姫路にて講演会、浄土教史について語る。

八月二十三日、玉日姫考証、鎌倉初期の二大思潮、求道時代の親鸞、教信沙彌、宗祖の自然生活、平安仏教の大勢。

九月二十三日、終日蟄居して黒衣の聖者の原稿に没頭す。

九月二十四日、終日蟄居して原稿に没頭す、終日一歩も禁門を出でず。

九月二十五日、午後四時頃、黒衣の聖者の原稿を脱す、二〇四葉也。布教叢書として白夏のものとなる」（以上抜粋）

と続いている。予定を三ケ月おくれての脱稿であったが、親鸞像の核が応答と対決によって彼の中に形成されてゆく陣痛を伝えていまいか。

　さて、こうして出来た『黒衣の聖者』の序に「私は真実の親鸞聖人に接したい念が止み難いです。これは今の私の胸に映らせてある聖人の輪廓です。私は決してこれをもって他人に強いるでもなく、賛成を求むるのでもありませぬ。もし世に私と同じ感想を以て聖人を仰いでおる人があるならば私もその一人であることを知っていただけば充分です。」と述懐しているように、山田においで親鸞とは、善知識としての、つまり、山田が浄土教の伝統の中に見出した親鸞と同じく、彼も又その人に続いて願生浄土の道に帰せしめられてゆく、つまり、その化導に授かるという親鸞であり、従って、彼には「親鸞」という呼び方はなく、親鸞は真実に「聖人親鸞」であった。

そして、ここに結実した親鸞像を核に、史学研究の場において展開したのが今ここにとり上げる『親鸞とその教団』であり、この親鸞懐思と親鸞研究の両書で、彼の「親鸞」は尽きている。この年の日記は「願はくば、明年より原始真宗の研究に従事し、聖人を現代に勧請せんとことつとめざるべからず」との誓いでおわっているが、彼は自らの内に宿った親鸞像の燃焼を活力として、浄土教史の中に親鸞の史実と真実を探り、一方、明確化した親鸞を伝道の場において語ってゆく。山田の親鸞聖人伝は、そのような研究と自信教人信の伝道から、培われたものであった。

さて、『黒衣の聖者』は次の如き讃歌ではじまる。

「聖者が黒衣を着たのではない。黒衣のままが聖者であったのだ。如来が凡夫に変ったのではない。凡夫のままが如来の妙用であったのだ。かういう意味で黒衣の聖者は私にとって親鸞聖人ただ一人である。」

ただ一人の人として、「永遠の女性」にも似て「永遠の善知識」としての親鸞が偲ばるるままに、その一生を辿りつつ、平安末から鎌倉への時代状況・仏教事情の上に生きた姿を再生させてゆく。それは、山田にとっては真宗寺院に生をうけての幼童の修学時代以来、学究に大成するまでの数十年にわたり、子を懐に抱く母なる存在として、行住座臥、彼に聴聞、味得されてきた親鸞像であった。しかして、その親鸞とは、『改邪鈔』に「われはこれ加古の教信沙彌の定なり」と親鸞自らが自身を規定した「凡夫さながらの生活を続けた教信」であり、「某閉眼せば加茂川に入れて魚に与ふべし」と述懐する老沙彌であった。

その沙彌を「貴族の栄華から脱れ、聖道の難行から脱れ、律僧の生活から脱れ、更に人師の羇絆から脱れて赤裸々の姿となった聖人は全く一個黒衣の沙彌であった。久遠以来の凡夫であった。久遠の凡夫が大悲の願船に乗托して悠々として帰りゆく自然の風姿はそのまま聖者ではあるまいか」と記して彼の親鸞像は印象的である。

ところで、山田と同時代の史的研究者達は、村田がそのキリスト者としての伝道熱に執して親鸞を立教開宗の宗教改革の勇士と為し、また長沼が抹殺論に対抗してひかえめに愚禿親鸞を確保し、中沢は覚如以来の伝道的・教線拡大的教団姿勢に反体制して、一念仏求道者としての親鸞を固持し、鷲尾、藤原、辻らの研究も親鸞の史的側面をそれぞれに解明したものであった。これらの一つ一つの親鸞史像は親鸞を近代に活かすための研究者の責務であったといってよい。しかし、それらは言うなれば限られた研究意識と観点に見えてきた親鸞であり、果たして、真実に史中にあった親鸞に即して見出されたものかと問われる時、一抹の不安を抱かせるものをもっていた。その中で、山田は「沙彌」において親鸞を見出し、その老沙彌に「黒衣の聖者」の名を捧げたわけである。そして、その一語から親鸞の信界と、史的世界を発くという正に七百年前の歴史的現実にそうあったであろう親鸞を浮かび上らせ、彼を歴史的存在者として如実に表現していると見えるのは筆者のみであろうか。山田に、同時代のどの史的研究者よりも恵まれていたのは、真宗の法統を承け、厳粛な道心堅固の性に生まれた宿縁と、その宿縁の身をもって、長年にわたり日本浄土教史の世界を踏みしめ、心身毛孔に浄土往生の香を身染した果報であった。彼には日本浄土教の信境とその歴史が彼自身の世界と化し、その研鑽は浄土教史と一味の境を思わせるまでに熟達を示している。彼の研究が、歴史に如実の親鸞を思わせるのは、その浄土教史との自在なる交りがもたらす迫力なのであろうか。ともあれ、山田はこの「沙彌親鸞」の体温の中で、親鸞伝を史学研究の場に発表する資格を獲べく更に史実の考証に努め、十年後に結実させたのである。

(2)　親鸞伝研究史における開拓点

大略二つに要約出来るが、次にそのいくつかを紹介したい。

(イ)　史料の無理のない考証による、いくつもの親鸞史実への解明がその一つである。

例えば、『親鸞伝絵』にみえる藤原氏に連なる親鸞の家系についてては、それをそれぞれ、天文年間の技巧、覚如の技巧とみて否認した長沼や中沢の考証に対し、前者は「種々考証の結果、後世に成立したる本願寺系図が纔入せられたもので、従って、尊卑分脈の親鸞の系図は信用出来ないというてある。これには細部の点には異論もあるが、大体の上からは首肯することが出来る。従って、『親鸞聖人論』の俗系の結論は消極的であって単に『わからない』といふに過ぎぬ」と糺し、又、後者に対しては「極めて煩瑣なる考証と穿鑿に過ぎたる臆測とで築き上げられてあるが、これまた一の私見に止まって伝絵に現はれたる系図を覆すだけの根拠はない。」と批判し、『尊卑分脈』や「本願寺系図」にとどまらず、彼等があまり注目しなかった公卿日記をも用いるべきとして、『中右記』、『山槐記』、『公卿補任』、『玉葉』、『明月記』、『玉蘂』、『心記』、『吾妻鏡』、「古本本願寺系図」、「本願寺留守職相伝系図」、「存覚自筆大経奥書」等を駆使して、『尊卑分脈』の貞嗣流の下と「古本本願寺系図」の検討から、有範以外の系図上のそれぞれの人物を確認し、結局「有信の下に実光、宗光、資光の兄弟があり、実光の系統が日野の嫡流をなし、宗光の系統は庶流であって、宗光、経尹、宗業の三人が次第に父子関係であることは確実に証明することが出来る。而して、伝絵には範綱を阿伯といひ、歎徳文には宗業を伯父といふ、これによれば範綱、宗業、有範は次第の如く兄弟で、尊卑分脈の貞嗣流の下に出でたるものに合致し、それはそのまま古本本願寺系図と一致している。私はこれだけの証明では満足出来ないけれども、貞嗣流の下の系図は内麿流のそれと異って原形を存しているものと思われ、他日それが尚一層確実なる史料で証明せらるる時期のあることを信ずるものである。[120]」と内麿流の系図のみに執して、徒らに反『伝絵』的感情から『親鸞伝絵』を否定視することを戒め、第一段の系図は保留すべきであると提言する。長沼以来の『伝絵』への先入観的穿鑿に対し、忿満やる方なかった山田[121]が先ず、その第一章において、その穿ち過ぎた考証の軌道を修正し、原史料の冷静な考察から結論を下したことは、伝記研究書としての本書の重みを感じさせ、何ら右顧左眄することなく、彼と共に親鸞史実を訪い得る信頼感を抱かしめる。『親鸞伝絵』の記述を認めるという、ともすれば宗門内史家の護教の方向と嗅ぎつけられがちな、当時の研究動向に逆行する主張に立ちつつそれを感じさせないのは、史料考証の重厚さと史実を自家薬籠中のものとした円熟の史家がもたらす自信と貫録とでも言おうか。それは勇気だけでもたらし得るものではなかった。そして、この事実を、第六章の「六角堂示現の文」の考証においては、それを「廟窟偈」とする中沢や鷲尾の説を妥当と認めていることと思い合わせる時、可能な限りの史料による誠実な考察を貫く史家としての良心と史眼が迫ってくる。

又、第二章では、比叡山時代の親鸞を決定づける「恵信尼文書」中の「だうそう」について、鷲尾の「堂衆」の解釈では「だうそうつとめての『つとめて』の四字が文面に落ち着かず、つとめてとある以上は職名でなければならぬ、且つ幾多の史籍に学生に対する堂衆のことを堂僧と呼んだ例をみない。されば聖人のつとめられたる堂僧なるものは堂衆とかわった意味をもっているものと思われる」(122)との疑問と、豊富な生の史実に触れた史学的体験と洞察眼から、広い範囲に手懸りを探渉し、『中右記』と『兵範記』の上に、比叡山の常行堂において不断念仏を修する「堂僧」である事実を突きとめ、定説化した。史家としての慧眼と史料操作は見事である。

更に第九章「教団の成立」では、従来の東国教団時代の親鸞を知る唯一の基礎史料であった「廿四輩牒」に加えて、彼自身が大正初期に玄智の『非正統伝』から暗示を得て、三河妙源寺から発見した「親鸞聖人門侶交名牒」を基礎史料に活用して親鸞の門弟を考察し、合せて、『末燈鈔』、『御消息集』、『血脈文集』、『歎異抄』、『口伝鈔』をも縦横に用い、親鸞の教化の上に東国の原始教団を叙して彼の筆は滞るところがなく、今日のわれわれにこそ期待されるであろう東国の原始教団を次の如く再現して鮮やかである。

「――聖人の態度は前に述べた如く、当時の唱道家即ち、説法者ではなくして聞法者であった。……聖人の教団は聞法の教団であって、聖人が常にその第一人者であった。聞法の教団には教えるとか教えられるとかいう区別はない。即ち、共に如来の大法を聴き、共に手を携えて進む所の同朋教団であった。……真実の教団の本質は単なる善知識の人格ではなくして、この人格を生み出して而も人格を超えたる法、即ち、如来の本願である。されば聖人の教団は聖人自身にとっては決して自己の教団ではなくして如来の教団であった。(123)」

(ロ) もう一つは仏教史の豊富な学識と洞察力を駆使して、日本浄土教史の状況の中に親鸞を再生させていることである。

例えば、第三章「六角堂の祈請」では、平安仏教の行づまりから鎌倉新仏教勃興への最大原因は、末法到来の危機感にあったと見て、末法思想の四説を逐次紹介し、この思想が隋唐の仏教学者によって唱導され、道綽、善導と中国浄土教の中に深刻に根を下ろし、それが、平安時代の浄土教界に現実感を伴って受けとめられた諸様相を『日本往生極楽記』等の「往生伝」、『往生要集』、『末法灯明記』、『中右記』、『玉葉』等から描き、その状況描述の上に、「叡山に於いて静かに人生と世界との現実相を観じておられた聖人の心を動かしていたのも亦この思想であった」とし、更に「正像末和讃」から「末法の時機を痛感し、流転の苦悩に目覚めた聖人が、如何に仏教の第一義たる発菩提心のために苦悶せられたか。(124)」との推察を基に、六角堂参籠から吉水入室への足跡を、親鸞を駆り立てた歴史的業縁の上に捉えている。

又、第五章「復古思想の勃興」、第六章「師弟の所刑」では、ややもすれば鎌倉新浄土教の盛行にのみ眼が向けられがちの中で、旧仏教の覚醒、復興にも照明を当てることを忘れない。華厳の明恵の伝記・遺訓や『摧邪輪』、法相の貞慶の『愚迷発心集』、『心要抄』を素材として、彼等が末法時において尚、釈尊在世の正法と教団を希求して生きた真摯を、当時の仏教思想状況の中に位置づけ、新旧の衝突から承元の法難へと筆を進める。その筆は親鸞をとりまく状況を重厚な史的考察の中に描いて彫りの深さを感じさせ、そこに浄土教の課題と共にあった、歴史と一体なるが故にずっしりと重い親鸞が再現をみており、そこには著者の史的観念による妄動は見られないのである。

(3)　親鸞伝としての特色及び研究史上における役割

以上紹介してきた諸点と共に見逃せないのは、本書が仏教々理への博識と日本浄土教史の実相の味得によって、弥陀の本願力に感応道交した念仏者の手に成る事実である。つまり、浄土往生の教を近代以前の思想的未熟と否認するではないにしても、近代人の分別知から過去の思想的遺物として、自己の主体との係りなしに客体的対象としてみるのではなく、親鸞が生きた生命に自らも生きようとして、つまり、親鸞伝の研究に薫習を受けて自らもその道を歩むというその求道心と、該博な学識を活用するという、そのような主客合一の生の事実において親鸞とを訪うている事実である。そこに生まれる叙述は、親鸞との一体感に加えて重厚な史料の積み重ねと、中庸を得た考証と相まって、説得力をもって行間に漲っているが、一例を第七章「沙彌生活」から引用したい。

「聖人が散善義の文に『不レ得三外現二賢善精進之相一ヲ、内ニ懐二虚仮一ヲ』との付点をなされたという如きは、所謂出家としての虚偽生活から超えて如来の本願の前に凡夫の真相を打ち出して居られる態度が知られる。けれども聖人は自ら之を肯定して居る所の法然門下の造悪無碍者の流ではない。それは悲哉愚禿鸞、沈没於愛欲広海……（信巻）という言葉に依って知られる。されば聖人にとっては沙彌生活は如来によってのみ認めらるべきもので、自己としては恥づべきものであった。この恥づべき生活を営んでいる非僧非俗の沙彌が如来回向の金剛心を得ることに依ってそのまま真の仏弟子なる事を自覚しておられた。何となれば信巻末に言二真仏弟子一者、真言対レ偽対レ仮也、弟子者釈迦諸仏之弟子、金剛心行人也といってあるのは、真実の沙弥生活がそのままに釈尊出世の本意に契った真の仏弟子であることを表白したものである。その仏弟子とは菩薩の自覚である。[125]」

　自由自在に親鸞の信境に自らの境界を容れて、彼の筆先は史的叙述を超えて、信仰表現にまで高揚しているようにさえ思われる。「非僧非俗の沙彌が如来回向の金剛心を得ることに依ってそのまま真の仏弟子となる事を自覚しておられた」と記す時、山田自身その沙彌として、真の仏弟子に生きようとの了解に立っていたのである。そこには親鸞を究める努力によって、逆に親鸞に導かれるという親鸞と山田との相念の信界が現成していたに相違ない。従って、本書は親鸞の史実の研究者に応えてくれると共に、一方、親鸞の信を問おうとする求道の士への引導の書としての資格をも備えているようである。

　ところで、本書に近代史学性を求めるならば、史料批判と考証の場面においてであり、史観の面では、仏教教義、浄土信仰思想の価値感から浄土教史の伝統の中に親鸞を観るという、正に浄土教史観とでもいうべき立場を貫き、他の文明史観・唯物史観等の近代の所産になる歴史観は見出せない。従って、本書は、真宗教団生え抜きの親鸞帰依の念仏者が伝統を生きつつ、研究技術として近代史学の実証方法を用いての親鸞伝と規定すべきであり、俊厳にして強烈な信仰心と冷静にして誠実な実証方法が一体になったこの時期の代表作と見なしてさしつかえないであろう。

　明治中期に村田によって手をつけられた史学的親鸞研究は、幾つもの驚喜と嘆声を伴いつつ、山田の選択を受けて、一応ここに到達点に達したのである。勿論、個々の史実や親鸞像については新史料や新観点から修正と添削の必要が生じてくるが、時代を超えて親鸞研究者に応え得る書として、親鸞研究史上の古典に数えられるのである。

しかして、本書の親鸞像が読者に常に新鮮な親鸞を施し続け得るか否かは、親鸞その人の信仰の歴史を超えての普遍性と、各時代人の信仰求道への指向と能力が決めてゆくであろうとしか言いようがない。

親鸞を導いた弥陀の浄土の信統が、平安末鎌倉期の状況が、親鸞とその精神界が、その信仰が結縁した真宗の原始教団が、この一冊に今も尚活きていると言っては讃め過ぎであろうか。

註

（1）例えば、大正九年の恵信尼文書の発見。

（2）小沢栄一「明治時代の歴史思想」（『日本における歴史思想の展開』所収）、家永三郎『日本の近代史学』、岩井忠熊「日本近代史学の形成」（岩波講座『日本歴史』二十二所収）等参照。

（3）この時期では、新しい親鸞研究は皆無といってよく、わずかに、二十八年に福井了雄に『親鸞聖人』があるのみである。しかし、これは村田自身、『親鸞真伝』の中で批評しているが、文体の外には近代的意味のないものであった。

（4）『歴史とは何か』（清水幾太郎訳）

（5）『新島先生記念集』

（6）『ルーテル伝』書評（雑誌『真理』所収）

（7）『同志社九十年小史』

（8）彼の史学研究の立場は、後年の論文「歴史と宗教」に明確に窺える。本稿一一六頁参照。

（9）小沢栄一『明治時代の歴史思想』

（10）『史上の親鸞』五四頁

(11) 例えば、赤松俊秀氏は『親鸞』(二八頁)で九歳、慈円の下での出家の伝えを是認しており、又、青蓮院、慈円の下での出家については、白川房であったろうとし、又、その年、慈円が京都にいたことも確かであるとしておられる。

(12) 六角堂の救世菩薩より、「行者宿報設女犯、我成玉女身被犯、一生之間能荘厳、臨終引導生極楽」との告命を受けたとの伝えをいう。

(13) 親鸞妻帯の事情についての伝説は、『親鸞聖人御因縁秘伝集』に詳しい。兼実が(イ)、在家と出家の念仏の功徳のちがい、(ロ)、他力の念仏、自力の念仏について質問をし、それがきっかけになって親鸞が妻帯するに至る経過が記されている。

(14) 何れも宗祖の神聖さを教示する夢告物語であり、中世的信仰境をよく示している。『親鸞伝絵』を参照されたい。

(15) ともに『親鸞伝絵』本文を参照されたい。なお『伝絵』については、日下無倫の『親鸞伝絵』に詳しい解説がある。

(16) 源空筆の「送山起請文」、貞慶筆の「興福寺奏状」等を使っている。

(17) 「有範の父は誰なりやというに或は有信なりといい、又は経尹なりという説ありて、古来確定せずと恵雲は註せり、……然るに有信は承徳三年六十一歳にて死去したれば、それより親鸞の誕生、即ち承安三年までには七十三年の隔あり、此の如き不都合の発見されしものから、経尹を携え来りて、此中間に入れたるならん。今かりに有信四十歳のとき、経尹四十歳にして有範生れたりとせんか、親鸞の誕生は有範五十歳余の時となるべし、然るに有範は長子親鸞の生れしより、三年の後若死せしように言い伝うれば、矢張不都合をまぬがれず、是に於てか、更に宗光を引入れて、有信、宗光、経尹、有範、親鸞と承継せしめて、年暦上の不都合を没せしめんとせしが如し、実は愈々出て愈々仮作の正躬を顕わしたるものに非ざるか。」本書一二二頁。

(18) 「鏡御影」は「安城御影」と並ぶ親鸞の肖像画であり、明治になってから注目され出したものである。つり上がった眉、小さいが鋭い目、かぎ鼻と少しくしまった口元、重そうな腰、引きしまった体軀、全体からうける意志の強さと一徹な頑固さからは、それが彼の老年期の似絵であったとしても、とてもそこから秀鼻、広額の好男子を想像し難いように思う。村田はまだ「鏡御影」を観ていなかったのであろう。

(19) 京都隠栖中の晩年の親鸞を、関東の門弟が往生極楽の道を求めて訪ねて来たのに対し、親鸞が「弥陀の本願まことにおはしまさば、釈尊の説教虚言なるべからず。仏説まことにおはしまさば、善導の御釈虚言したまふべからず。善導の御釈まことならば法然のおほせそらごとならんや。法然のおほせまことならば、親鸞がまふすむね、またもてむなしかるべからずさふらうか。詮ずるところ愚身の信心におきてはかくのごとし。」と自己の信仰の伝統を教示している。(『歎異抄』第二章参照。)

(20) 小沢栄一『明治時代の歴史思想』

(21) 山田文昭『親鸞とその教団』(法蔵館発行)八頁、参照。

(22) 『仏教史林』明治二十九年、六号

(23) 山田文昭、前掲書参照。

(24) 三年間刊行、後、明治四十四年『仏教史学』として再刊される。

(25) 『仏教史林』創刊号、村上専精の「仏教史研究の必要を述べて発刊の由来となし、併せて本誌の主義目的を表白す」にその見解が述べられている。

(26) 鷲尾順敬「仏教史学の発行並びに其主意」(『仏教史学』創刊号)

(27) 『仏教史学』明治四十四年一月号

(28) 蕪城賢順『親鸞聖人伝』、泉道雄『聖親鸞』、浩々洞『親鸞聖人御伝鈔講話』、佐々木月樵『親鸞聖人伝』、須藤光暉『親鸞聖人』など。

(29) 以下の記述は、主に、九州久留米市に健在の長沼賢海師からの書簡によった。「　」内は書簡からの引用である。

(30) 長沼賢海『日本宗教史の研究』序文
(31) 「浄興寺々伝」では親鸞の自筆と伝えるが、実際は同寺第四代住職法性の手になるものとみられ、内容は「念仏勤行之日、男女不レ可二同座一」、「不レ可二諸法誹謗一」というような念仏生活者への禁制である。
(32) 消息の言葉を引用すれば、「念仏を申して行改まらざる者に悪苦しからずと云うことゆめゆめあるべからず」、「悪を好む人をば謹んでとをざかれ」、「師をそしり善知識を軽しむべからず」等々である。
(33) 本来親鸞の教説は、弥陀の本願を信心する一点にあり、弥陀と信徒の間には介在する何ものもなかった。ところが、蓮如の頃になると蓮如自身に、門徒の往生を「請取ぞ」といった弥陀の代行者的表現がみられ、更に証如に至ると「いかなる大罪のものも本願寺の坊主にゆるさるれば仏に成る」との一句にもみられる如く、法主が信心往生の免許権を握るといった弥陀の代官的あり方（後生御免）に変化した。キリスト教史での免罪符に匹敵しよう。これは変動する戦国社会における本願寺教団の封建体制への即応による。
(34) 近角は求道学舎を本拠として、専ら『歎異抄』の講話を行ない、暁烏は『歎異抄』より得た信仰を「精神主義と性情」「罪悪も如来の恩寵也」といった造悪無碍とも誤解される信仰文として発表し、波乱をまきおこしている。
(35) 写本に前田家本と内閣本、版本に橘枝堂版本と校訂尊卑分脈の四本がある。
(36) 梅原隆章『親鸞伝の諸問題』に、その要点が手際よく整理されている。
(37) 「建仁三年辛酉四月五日ノ夜寅の時、聖人夢想の告ましましき、彼の記云六角堂の救世菩薩、顔容端厳の聖僧の形を示現して、白衲の袈裟を着服せしめ、広大の白蓮華に端座して、善信に告命してのたまはく、行者宿報設女犯我成玉女身被犯、一生之間能荘厳、臨終引導生極楽文、といへり、救世菩薩善信にのたまはく、是はこれ我誓願なり、善信この誓願の旨趣を宣説して一切群生にきかしむべしと云々」

(38) 「鸞聖人東国に御経廻のとき、御風気とて、三日三夜ひきかづきて、水漿不通しましますことありき。―中略―そのとき恵信の御房男女六人の君達の御母儀たづねまふされていはく……」

(39) 「覚信はすなはち御遺跡御相続の御子なり、御母は恵信の御房、月輪禅定殿下の御娘、玉日と申せし貴女なり……」

(40) 宮崎円遵『親鸞聖人伝の取り扱い方』等参照。

(41) 江戸中期末に至り、専制的教権が動揺しはじめた本願寺教団では、教団の公的位置の確保をめざして、従来の一向宗、門徒宗といった幾多の呼称を廃して「浄土真宗」を宗名にせんことを幕府に要求したが、浄土宗増上寺の反対するところとなり、両者の争いは明治五年、「浄土真宗」の名称が認可されるまで続いた。

(42) 元仁元年、即ち、親鸞五十二歳の年の『教行信証』選述をもって立教開宗の時とするが、この見方は明治時代の親鸞伝においても継承されており、「立教開宗」の一節を設けるものが多い。その例としては南条文雄、前田慧雲、佐々木月樵等の親鸞伝がある。

(43) 『教行信証』行巻末に記されている偈頌であり、阿弥陀仏、釈迦、七高僧を通って親鸞にまで伝統された念仏の歴史をうたうもの。

(44) 田村圓澄『法然上人伝の研究』参照。尚、今日においてもこの見方は有力である。

(45) 長沼賢海『日本宗教史の研究』序文

(46) 例えば、佐々木月樵の『親鸞聖人伝』、浩々洞編『親鸞聖人御伝鈔講話』では、近代的信仰感覚からとらえられているが、使用されている素材は伝統的親鸞伝と変らないものであった為、長沼は批判している。

(47) 菊村紀彦氏は『親鸞―その生涯とこころ』において、長沼の論文を、親鸞を抹殺したものと解しておられるが疑問である。

(48) 長沼賢海前掲書、二〇七頁

(49) 松本彦次郎「親鸞研究の黎明期」(『親鸞と祖国』大正八年二月号所収)参照。
(50) 辻善之助「研究生活の想い出」(『思想』昭和二十八年二月号所収)参照。
(51) 辻善之助前掲文
(52) 本章第三節参照。
(53) 辻善之助前掲文
(54) 令息辻達也氏からの書簡による。
(55) 本派本願寺蔵からは、『浄土論註』奥書、六字名号、同賛一部、『教行信証』、同奥書、高田専修寺蔵からは『教行信証』、和讃、『唯信抄』、『聖徳太子和讃』、親鸞消息、十字名号。
(56) 『無盡燈』大正七年十一月号参照。
(57) 『親鸞と祖国』大正八年十二月号参照。
(58) 「釈曇鸞法師者云々、建長八歳丙辰七月廿五日愚禿親鸞八十四歳加点了」と記されている。
(59) 本書一三頁
尚、左に掲載した写真は1、3、5が「本願寺浄土論註奥書」、2、4、6が「本願寺六字名号の筆跡中の文字」であるが、1と2における跳ね方とその力強さ、3と4における辶の形、5と6における門構に極似性が見られるとする。本書における筆跡鑑定の一例である。本書に掲載されている写真をそのまま転載した。
(60) 「教行信証の御草本について」(『無尽燈』大正三年四月号)
(61) 「親鸞聖人御消息一覧表並にその解説」(『無尽燈』大正七年八月号所収)
(62) 『六条学報』二一八号、「新刊紹介」
(63) 『六条学報』二二八号で禿氏祐祥、『親鸞と祖国』大正九年十月で橋川正、その他『歴史地理』大正十年一月、『史学雑誌』大正九年十二月号等。
(64) 『教行信証』の後序と選述年時の問題であるが、『龍谷大学論叢』(大正十三年一月号所収)の「大

(65) 正十二年度仏教学界総覧」に、論争の詳しい紹介がある。

(66) 喜田「親鸞聖人と教行信証とに就いて、―辻・本多両君の教示に答う―」(『歴史地理』四一の一)、辻「教行信証に関する疑問について再び喜田博士に答う」(『史学雑誌』大正十二年一月号)参照。

(67) 彼等はそれぞれに住田(真宗学)、稲葉(真宗学)、山田(真宗史)を専門とする尾張、三河地方出身の学究であり、同時に当時の大谷大学を代表する学者達であったところからいう。

(68) 令息、藤原猶華氏書簡

(69) 妻木「鏡の御影について」(「法爾」第一号)、辻『官報』(大正八年七月十九日号)、橋川「図像より見たる親鸞聖人」(『仏教研究』一の二)

(70) 『無盡燈』二九の七

(71) 『親鸞と祖国』一の一一

(72) 『親鸞と祖国』は橋川正の編集になるものであり、発行はわずか二年に過ぎなかったが、橋川自身の「図像より見たる親鸞聖人」をはじめとして、数多くの親鸞研究が発表された。

(73) 例えば、『門侶交名牒』による親鸞の弟子の分布と真宗原始教団の地盤の解明、親鸞に自刻の像なきことの確認、親鸞墓所の墓標の探索等。

(74) 「夫れ、聖人の俗姓は藤原氏、天兒屋根尊二十一世の苗裔大織冠の玄孫、近衛大将右大臣従一位内麿公六代の後胤、弼宰相有國の卿五代の孫、皇太后宮大進有範の子也、しかあれば朝廷に仕へて霜雪をも戴き、射山に射りて栄花をもひらくべかりし人なれども」後略。

(75) この描述と親鸞影像の中心となった「鏡の御影」を参照されたい。

(76) 「故鷲尾教導師を憶う」(『龍谷大学論叢』二八〇号)

仏教大学時代の講座数をみると、宗学四、余宗学三、哲学二、史学(印度仏教史、支那仏教史、日本仏教史、西洋文明史、東洋文明史、印度古代史)各一と、仏教史学は独立さえしておらず、又、龍谷大学昇格当時の講座数をみても、仏教学六に対し、仏教史、哲学等は一の割合であり、仏教史や哲学は仏教学を翼賛するものとしての位置にあったことがうかがわれよう。
(77) 「本派本願寺及び同派内にある重要な宝物はたいてい調査しておられたので、その蒐集の功績はいま斯学に寄与している」との、西光の評価がそれを物語っていよう。
(78) 『我が精神の遍歴』角川文庫本、一一七頁
(79) 本書、序文
(80) 「幼稚之古、壮年之昔、出爺嬢家入台嶺窓已来、以慈鎮和尚為師範、習学顕密両宗教法。蘿洞霞中窺三諦一諦之妙理、草庵月前凝瑜伽瑜祇之観念。鎮逢明師伝大小奥蔵、広試諸宗究甚深義理。」
(81) 『高田開山親鸞聖人正統伝』巻の一
(82) 例えば、長沼の場合においても、『教行信証』、『歎異抄』の非史的要素を批判したにとどまり、特に新史実を発掘したとは云い難いのである。
(83) 「山門には堂衆学生不快の事出来て合戦度々に及ぶ毎度に学僧打落さる。山門の滅亡朝家の御大事とぞ見へし。堂衆と云うは、学生の所従なりける童部の法師に成たるや、若は中間法師原にてもやありけん、一年金剛寿院の座主覚尋権僧正治山の時、三塔に結審して夏衆と号して仏に華進せし者共也。然るを近年行人(堂衆)とて大衆をも事共せず、角度々の軍さに打勝ぬ……」
(84) 『親鸞とその教団』四五頁
(85) 『真宗史の研究』九二頁
(86) 「堂僧の解釈に対する疑義」(『真宗研究』一)、「六角堂の参籠」(『大乗』五―七)
(87) 一例として『執持抄』と恵信尼消息との酷似部分を引用する。比較されたい。

執持鈔

前略　故聖人(源空)のおほせに、源空があらんところへゆかんとおもはるべしと、たしかにうけたまはりしうへは、たとひ地獄なりとも故聖人のわたらせたまふところへまいるべしとおもふなり。中略　さればたゞ地獄なりといふとも故聖人のわたらせたまふところへまいらむとおもひ

かためたれば、善悪の生所わたくしのさだむるところにあらずといふなりと。下略

恵信尼文書

前略　やがてそのあか月いでさせ給て、ごせのたすからんずる上人にあいまいらせんとたづねまひらせて―中略―唯後世の事はよき人にもあしきにもおなじやうにしやうじいづべきみちをばただ一すぢにおほせられ候しを、うけ給はりさだめて候しかば、上人のわたらせ給はんところには、人はいかにも申せ、たとひあくだうにわたらせ給べしと申ともせせしやうじやうにもまよひければこそありけめとまで　後略

(88) 稲垣広運「親鸞聖人の門侶、殊に女性の門侶について」(『無盡燈』大正七年四月号)

(89) 恵信尼の出自の問題、つまり本願寺系図初出の、恵信を三善為教の娘とする所説について、恵信尼文書に出てくる信蓮房の住した栗沢の地にある山寺薬師の薬師像の発願者銘に、三善氏が記されている事実や、恵信が多くの下人にとりまかれている生活振り等から、恵信が全くの卑賤の出であるとは考えられない事実を紹介し、越後の三善氏の出自とする所伝再考の必要を説いている。

(90) 『仏教研究』四の三、『龍谷大学論叢』二五二にも禿氏祐祥による同様の紹介がある。

(91) 本書、序文

(92) 『中外日報』大正十二年八月二・三・四日号

(93) 『龍谷大学論叢』二五二号、三部経読誦の志願を撤した年時を寛喜三年としている点、即生房を今御前の子であるとする点、学生と堂衆を主従関係とみている点、等である。

(94) 佐々木功成、大正十二年度「仏教学界総覧」(『龍谷大学論叢』、大正十三年一月号)

(95) 大正九年四月の建立であり、「獅子吼蔵」と名づけている。

(96) 『真宗源流史論』序文

(97) 松岡譲『法城を護る人々』巻三、一四一頁

(98) 南博編『大正文化』二〇〇頁

(99) 赤松俊秀『親鸞』の解説を引用したい。「中沢氏が不合理としたのは、有範の父とされている有信

が承徳三年（一〇九九）に六一歳で死んでいるのに、有範が承安三年（一一七三）に親鸞を子としてもうけたことである。有信の死んだ年に有範が生まれたとしても、親鸞が生まれた時は七五歳になっていたはずである。このようなことは絶対にありえないとはいえないが、もし有範が有信の三〇〜四〇歳ごろの子となると、親鸞が生まれた時の有範の年令は信じられない程の高齢となる。」

(100) 本書一三頁

(101) その矛盾を長沼は天文年間の技巧によるとみたが（本章第三節一二九頁参照）、中沢は覚如の技巧によるとみたのである。

(102) 「聖人越後国より常陸国に越えて、笠間郡稲田郷といふ所に隠居したまふ、幽栖を占むといへども道俗跡をたづね、蓬戸を閉づといへども貴賤衢に溢る、仏法弘通の本懐こゝに成就し、衆生利益の宿念たちまちに満足す」（『親鸞伝絵』下第二段）とあるが、此一段は「伝絵」上第三段の六角夢想の予言がここに実現したものである。そして聖人が吉水入室の始めから妻帯の範をたれて衆生利益の宿念があったと云うのであるが、「この一段は最も深かき意味からのものである。即ち、六角夢想の段に『倩々此記録を披て彼夢想を案ずるにひとへに真宗繁昌の奇瑞念仏弘興の表示也』と覚如上人が云っておられるし、尚、その後に親鸞聖人後年の物語として法然上人は勢至の化身、太子は観音の垂迹で、自分は此二菩薩の引導に依て如来の本願を弘めると云われたし、（中略）そして観音勢至の二大士の重願は弥陀一仏に帰するにあるから、観音勢至の脇士に仕へず、直ちに本仏弥陀を仰げと教えられたとある。」これは「蓮位夢想と連絡を取りて考えると、法然と太子の教示に依て弥陀の本願を弘通せられた親鸞聖人は、弥陀の化身であるから、法然上人の浄土宗に帰せずとも親鸞聖人を中心として仰げばそれでよいと云うことになるのである。」本書一三五頁

(103) 赤松俊秀『親鸞』一五頁に明解な説明がある。

(104) 梅原隆章『親鸞伝の諸問題』、赤松同書二八頁参照。

(105) 『龍谷史壇』二四八、「新刊紹介」、『仏教研究』四の一、「新刊紹介」

(106) 彼はこの書簡中に見える地名や、「三ぶきやう（三部経）げに〳〵しく読まん」とした年や、しんれんぼう、覚信尼等の年令について考察しているだけで、この書簡が何よりも物語りかったであろう「自信教人信」を中心とする親鸞の信仰の深化といった重大事については全く触れなかった。

(107) この文書は、恵信の心中にあざやかに受けとめられた親鸞の観音としての菩薩像や、恵信がそれを親鸞の往生を聞いてはじめて娘に書き知らせるといった、親鸞夫妻の同朋生活の妙境を伝えるものであるが、中沢はそのような事実には全く触れず、『伝絵』『口伝鈔』の史料批判の材料に使っているだけである。

(108) 『伝絵』は覚如の教団体制確立の意図によるもので、その記述の教団関係面は殆んど疑わしく、親鸞は事実は一念仏者でしかなかったという観点が考証の前提となり、その前提からの考証が更にその前提を肯定するというように導かれている。

(109) 『日本往生極楽記』序文。

(110) 山田は一応「仏教史学会」に入会はしている。

(111) 「如何にせば生き甲斐ありや」以下、註（112）、（114）、（115）、（116）、（119）は山田文昭『逍遥遊語』所収。

(112) 山田太平宛書簡、広小路亨師談。

(113) 明治四十三年六月の日記に「弟を後継者にすること、……予の運命及び家族の運命は一に母の遺志にあればなり」と記している。

(114) 「赤子の情」

(115) 藤井広静宛書簡

(116) 亀山孝淳宛書簡

(117) 尾張出身の近代における真宗の碩学、真宗教学を中心に華厳、真宗史にも学蓄深く、山田とは無二の学友として親交が厚かった。その業績は遺稿集全四巻（昭和十六年五月刊）に収められている。

(118) 明治四三年六月の日記に「予は簡易生活、独棲生活をおくりて終生書に親しむことと、独身生活に徹する」覚悟を記している。
(119) 「すみ袈裟のうち」
(120) 以上の引用は『親鸞とその教団』法蔵館発行、三五頁
(121) 金子大栄師談。(昭和四十七年八月に聴く。)
(122) 山田前掲書、四五頁
(123) 山田前掲書、一三四頁
その他、親鸞の父母、妻、『教行信証』後序の信憑性の問題等についても研究史に遺る論考を展開している。
(124) 山田前掲書、六一頁
(125) 山田前掲書、一一六頁

第四章　大正文学上の親鸞
―『出家とその弟子』にみる親鸞像―

第一節　続出する「親鸞」

史学が次々と親鸞の史実と、史的世界を解明してゆく中にあって、文学の分野においても、親鸞は寵児であった。

大正十一、二年に集中してあらわれた「親鸞」の小説や戯曲は、『人間親鸞』、『受難の親鸞』、『戯曲人間親鸞』、『親鸞の結婚』、『山の親鸞』、『流人親鸞』(以上、石丸悟平)、『親鸞』(三浦関三)、『親鸞』(村上浪六)、『戯曲親鸞』(茅場道隆)、『人間苦の親鸞』(松田青針)、『親鸞』(江原小弥太)、『戯曲親鸞』(山中峰太郎)、『戯曲親鸞』(香春健一)の多くを数えるが、石丸や三浦の作品は数回にわたって、上演をもみている。正に大正後半期の宗教文芸界は、「親鸞」に明け暮れの数年間であったという。

しかして、これらの作品の先駆となり、誘因となり、同時に最も代表的作品と見做されたのが、大正六年に発表の倉田の『出家とその弟子』であった。

戯曲、『出家とその弟子』は大正六年に世に問われた。時代人が二十六歳の倉田から贈られたのは、宿業のもよおしの中に、人間の営みを涙で凝視する親鸞であり、清新な愛と祈りのみなぎる一篇であった。〝これが親鸞なのか〟〝親鸞聖人とはこのような人格だったのか〟人生論上の悩みをいだく青年学生、知識人等はいづれもが驚きの眼を見張ったという。しかし、その驚きはまもなく熱愛の眼へと変っていった。大正十二年頃までの人々は、人生を問うて本書を求め、親鸞を求めて本書を繙いたといわれ、数年間にわたっては、「親鸞大流行」とか、悪くは「親鸞風邪」との言葉さえ巷間に見聞されたという。正にこの時期の親鸞は、本書の中に生きていたのである。――たとえそこに史実と宗教的世界とを混同する姿があったとしても――次の一文はその様子をよく伝えている。

「『出家とその弟子』が出たのが大正六年で、丁度私が高等学校の学生だった頃です。まだあんなにみんなにもてはやされなかったころですが、偶然、神田の本屋であの本を発見して読んで酷く感銘を受けたものです。で私などもやたらにいい、いいと宣伝した。自分がいいものを発見したということは、まるで自分がいいものを創造したかのような気持なのです。その頃のことを想い出すのですが、一人の者がそれをちょっと貸してくれと言うと、片方の者が、いやおれの方が先約だというような調子で争って読んだ。一人の者がろうそくをとぼして夜中に読めば、他の者はその次の日の学校を休んで読むといったような形でもって、非常に早い間に有名になって行ったのではないかと思います。(1)」

事実、『地上』（島田清二郎）、『懺悔の生活』（西田天香）、『死線をこえて』（賀川豊彦）、『法城を護る人々』（松岡譲）と並んで発刊以来ベストセラーの位置を占めた『出家とその弟子』は、大正から昭和へとその愛読者が跡を絶たず、青春の愛と涙と信仰の書としての評価を与えられて今日に至っており、太平洋戦争後に大きく修正されるまで、学生、知識人の親鸞像は本書の影響下にあったといって過言ではない。今日までに岩波文庫本では昭和二年の初版以来五十八刷を数え、角川文庫本でも昭和二十六年の初版以来五十版を重ねているのを見ても戦前戦後を通じての盛行ぶりを窺い得る。従って、本書についての研究も出版の数年後より今日まで数多くにのぼり、中でも藤原定、亀井勝一郎、阿部大悟らの労苦により、本戯曲と倉田はこれ以上の必要をみない程、紹介論評されてきているのである。(2)

ところで、本戯曲をとり扱う場合、作家論とか作品論といった視点からするのが一般的のようである。しかし、ここでは直接にはその立場をとらず、既に序章で素述したように、近代日本における親鸞像形成の一つの成果として、著作までの過程とそこに描き出された親鸞像とその特色及び影響、更には史的意義等を考察したいと思う。

第二節　『出家とその弟子』について

一、倉田百三、その青年時代と、戯曲『出家とその弟子』の出版

『出家とその弟子』、このあまりにも有名な戯曲を理解するためには、私達は先ずこの作品と著者倉田を愛さねばならない。何故ならば、そこには愛と涙に濡れた祈念が脈うっているからに

ほかならない。倉田は、勿論、世にいう職業的宗教家の仲間には入らない。では文学者のうちで非常に秀れた作家に加えられていたかといえば、文壇からおおむね無視され続けたのである。しかし、彼は誠実な生活者であった。自己の胸底に渦まく求信と背信、信仰と懐疑、清浄心と愛欲心といった矛盾を正直に凝視し続けた人間探求者であった。病躯、失恋、家庭問題等の五濁悪世の苦しみにむちうたれながらの精進が彼を親鸞的世界の深さにまで迫らせたのであった。

倉田は明治二十四年、広島県、比婆郡庄原町に生まれた。広島は北陸や三河等と並び、古来、真宗の盛んな安芸門徒としての名で通っている地方である。同郷の人、阿部大悟の筆は、近郷の門徒の生活を「殆んどの町村に一ヶ寺以上の寺院があり、どの家もどこかの寺の門徒で、年に一度の親鸞聖人の報恩講はあらゆる寺々と家々とで営まれる。稲の収穫が終った頃から春の彼岸迄の農閑期には報恩講が各寺、各戸で勤められ、寺院は門信徒の人達を各戸では夫々有縁の人々を招いて正信偈、御文章御法話を聴聞し、お斉を共にするのである。明々と灯明の点ぜられる仏壇、心をこめて作られる精進料理、炬燵を囲んでの歓談、それは木枯と雪にさびしく明け暮れる農村にとって実に心温まる年中行事である」(『親鸞』)と描いている。百三は備後の山深い田舎町のこうした習俗や雰囲気の中で、親鸞以来の門徒の信心相続を心身に承けて人となったのである。そして、この彼が、後には、鳩摩羅什訳の漢訳経典に対する、現代口語訳経典程に斬新な態度で親鸞を求め、その世界に新風を送りこむことになる。

彼の生家は田舎町としては裕福な呉服屋で、祖母を中心とする熱心な真宗信心につつまれた家庭であった。父は養子であったが人と争うことは絶えてなく、三味線、義太夫、生花等の諸芸を好む情緒豊かな人であった。後に、「私の文学の素地、その根本基調はたしかに浄瑠璃から来たものだ。私の感情教育、美的教育はその義理人情のムードと共に浄瑠璃によって養われたものだ。私の父は自分がそのムードの中に生きつつそれを子たちに伝えたのであった。」（『光り合ういのち』）と記している通り、彼の宗教文学の素地は、この父の血筋を引いたものであったといってよい。祖母は無類の慈悲深い人であったが、その娘である母親も善良な女で、彼の他人を許すやさしい心根はこの母系統から授けられたもののようである。こうして彼は七人兄弟唯一人の男の子として、それぞれに美しい姉妹の中でもとりわけ寵愛をうけて育ったのである。

明治三十七年、小学校を了えた百三は庄原から五里離れた三次中学に入学し、後年、彼が『出家とその弟子』を捧げた叔母の許に寄寓して通学する。この早熟な少年は卒業までの七年間——その間には都会の雰囲気への憧れと文学熱から、中学の課業に手がつかず、尾道に遊んで休学することもあったが——中村憲吉、岸範一らと結んでの「白帆会」活動と機関誌『白帆』発行に情熱をそそぎ、文学への夢を育てたのである。彼が自分を評して「何らかの理想——夢を最高度に描いて、それによって鼓吹されることなしには生きる力の出ない性格であるらしい。そして、その夢を夢み初めるとそれに対して最高度の忠実と努力とをささげようとする型の人間であるらしい。まさしくこれはイデアリストの型であろう。」（『光り合ういのち』）と語っている言葉が示す通り、まさしくある時期には学業に、又、異性への憧憬に、ある時期にはギリシア的な体躯の鍛錬を目指して柔道にと、その理想は変転していったのである。こうして彼は己の要求のままに青年期への段階を懸命に歩んだようである。そして又、白帆会の文化活動、監督教官広江、清沢満之の流れをくむ村上、又、絶えず面倒をみてくれた植松等の教師に恵まれた事も彼の中学時代を豊かにしている。

二十歳、中学を卒業することになったが目指していたのは一高であった。しかし、父はあくまでも家業の後継を期待してそれを許さなかった。百三は既に卒業前から小泉時子という二つ年上の娘と恋仲にあったのであるが、彼は東京遊学を断念するつらさと、時子と結ばれることの喜びとをひきかえに遊学を思い切ったのである。父は家業後継人が決まるとなれば無論、異存のあろう筈はなく、その由は小泉家へと申し込まれた。しかし、小泉家では娘より二つ年下の、しかも勉強盛りである彼の条件に首を捻り、神社のおみくじにその返事を托したが、結果は凶であった。彼は丁重に断わられたのである。しかし、その謝絶が彼の前途を開き、本書をも産み出す鍵となったのは運命のいたづらともいえようか。父は息子を憐れむのあまり、とうとう東京への遊学を許し、遂に彼は目指す一高文科の門をくぐることとなった。その後の魂の跡は、論文「異性の内に自己を見出さんとする心」に詳しい。彼は一高文芸界に華やいだ活躍を示すのである。文芸部、弁論部での活動、法科への転科、西田哲学への心酔、H子との恋愛等、形は変わるが、求めるものは一貫しており、それらの出来事はすべて彼の内的要求の表現であったのである。きわめて告白的に語るところの要点は次のようである。——人間は自己の存在にめざめた時、同時に、自己以外のものの生命的存在に驚かされる。そこに生命と生命、魂と魂との交渉、接触の意識をいだくようになるのであるが、その意識の奥に人生の最高の価値があるに違いないと考える。哲学徒である彼は、この自他の生命の交渉、関係を動かざる実在の上に築こうとし、そこで自己の追求に向かったのであるが、唯我論の自意識の立場を破ることが出来ず、生き方としては利己主義にならざるを得なかったのである。しかも、内にはいたづらに己を主張しようとする盲目的な力と、他人の存在を肯定し、愛しようとする力との激しい対立をいだきながら……。

幼き哲学徒は忠実にもその思索の結果、唯我論に従ったのである。感情的には最も厭う「利己主義者」となり「強者になりたい。欲望の充足のために力がほしい。ああ欲望と力！」（「異性の中に自己を見出さんとする心」）と思い至った彼は政治家を志望して、断然、法科へ転じたのである。そして、自分のためには友を捨てさえもした。又、そうすることが、彼の哲学からは当然のことであった。

しかし、彼の青きイデアは自身の内なる要求に問われ続ける。友を愛し、信じているのはまごうかたなき事実である。しかるに、現実は思索の結論に従って友を捨離している。この知性と情意との背反・分裂に苦悶の日が続く。「私はどうして生きていいか解らなくなった。ただ腑の抜けた蛙のように茫然として生きているばかりだった。私の内部動乱は私を学校などへ行かせなかった。」（「異性の中に自己を見出さんとする心」）という。

「人生の愛着者には成りたくてたまらぬのだが、それには欠くべからざる根本信念がこの幾年眼を皿の如くにして探し廻っているのに未だ捕捉出来ない。といって冷い人生の傍観者に何で成れよう。この境に彷徨する私の胸には遣る瀬のない不安と寂愁とが絶えず襲うてくる。」（「三之助の手紙」）と述懐しているが、ここには人生への懐疑と、それへの込み上ぐる愛着の間にいたたまれずに呻吟する声がある。彼が熱望するのはあくまでも人生を愛しようとする己の本然的な要求に応えてくれる原理であった。しかも、血と涙ににじむような、又、内的生命を揺り動かしてくるような原理であったのである。

大正元年、このような中で学業を抛って、岡山の親友、香川の許に遊んだが、九月には文科に復学する。京都の西田幾多郎の門を叩いたのは、丁度、この岡山から上京の途中のことであった。そして西田の上に、久しく求めてきた愛生の哲学を見出すこととなったのである。そのめぐり合いの様子をまことに鮮かに語っているのが次の一文である。

「ある日、私はあてなきさまよいの帰りを本屋に寄って、青黒い表紙の書物を一冊買って来た。その著者の名は私には全く未知であったけれど、その著者の名は妙に私を惹きつける力があった。それは善の研究であった。私は何心なく其の序文を読みはじめた。しばらくして私の瞳は活字の上に釘付けにされた。

見よ。『個人あって経験あるにあらず。経験あって個人あるのである。個人的区別よりも経験が根本的であるという考えから独我論を脱することが出来た。』とありありと鮮かに活字に書いてあるではないか。独我論を脱することが出来た?! この数文字が私の網膜に焦げ付くほど強く映った。私は心臓の鼓動が止まるかと思った。私は喜びでもない悲しみでもない一種の静的な緊張に胸が一ぱいになって、それから先どうしても読めなかった。私は書物を閉じて机の前に凝と坐っていた。涙がひとりでに頰を伝わった。」(「異性の中に自己を見出さんとする心」)

そして、この書物が彼の「認識論を根本的に変化させ、そして、愛と宗教との形而上学的な思想を注ぎこんだ」のであった。有名な論文「生命の認識的努力——西田幾多郎論」はこの感銘によったものであった。「愛は生命が自己を支へんための最も々重しき努力である」。「自他合一の心こそ愛である」。生命と愛への知的探求はここに根拠を得たのである。だが、探求はまだ途上にある。生きること、愛することを自身の上に成就することが残されているわけである。彼は落ち着けなかった。霊肉を合わせて受け容れてくれる女性を無性に求め続けたのであった。そして、間もなくそれは遂げられることとなる。即ち、彼の少しオーバーな言葉を借りれば「動乱と憧憬の渦まく中」に、日本女子大在学中の妹艶子の友人、H子と恋におちたのであった。だが、それは無残な結果となる。その高まる時には、「私は恋のために死んでも損はない」、「私は恋人のために一度自己を失い、ふたたび恋人の中に於て再生した」とまでいわせた彼女は大正二年郷里北海道へ帰り、そのまま他へ嫁してしまったのである。そして、これを境に、失恋の傷に痛む百三は人の世の子としての宿業の催しに苛まれ、その運命は暗く閉ざされはじめるのである。年末に結核発病によって、かねてから「から騒ぎ騒ぐ野次馬、安価なる信仰家、単純なる尊敬すべき風骨、歯の浮くような文芸家で話せる奴がいない」と不満をいだいていた一高を退学し、満身創痍の姿で帰郷する。そしてこれより数年間、入院、手術をはさんで須磨、鞆、庄原、丹那等と転地療養が続くのである。しかも、こうした病魔との闘いの中にも、内省を深めていったのである。

大正三年、病も快方に向かい郷里庄原へ帰るその途中、三次の叔母から『歎異抄』を借りている。そして、庄原では、教会へ通うほかは町へ出ず、もっぱら宗教書に親しむ霊的雰囲気の生活を続けることとなった。闘病生活の苦しさの中で、彼が問題にしたのは「愛と運命」であり、「人間の悲哀と調和と救済」（「青春の息の痕」）とであったという。「愛と認識との出発」、「隣人としての愛」、「隠遁の心持について」の一連の論文はこうした中で綴られたものである。この年の末、彼は再び、広島病院に入院、三度にわたって手術を受けるがやはり結果は思わしくなかった。こうした病苦の中でなおも、悲運を超える道を求め続けた。「人生は美であり、調和であり、感謝であると信ずることの出来る宗教的境地、それを私は憧れ求めます。」（「青春の息の痕」）ここには絶望の淵からも人生を愛せずにはおれない彼のねばり強い発菩提の姿をみることが出来る。唯、入院中に看護婦、お絹さん（神田はる）を知ったことは大きな癒しであった。しかし、時子、H子と辛酸をなめた彼にとって恋は異性への情熱に身をまかすことではなく、相手の運命への深い思いやりをたたえたものとなっていた。こうして癒えぬままに退院した彼に転地療養が続き、そして病によって澄み切った精神は更にその糧を求める。『バイブル』がもっぱら彼をとらえていたようであるが、そうした中で、罪、宿業、善悪等の人間に内在する諸問題について教えられていく。だが、多情の彼にとって性の問題、キリスト教的にいえば、「天使的要求と性の要求」との調和については解決がつかなかった。こうした中で、これまでの「バイブルをドラマとして読み、それに宗教的体験を結びつける」（「青春の息の痕」）といった態度に無理と虚偽があることに気付き、これまでの宗教的気分に満足出来ず、信仰をもっとリアルに、自己の身心に即して求める方向へと向かい、そして、教と自己の体験とを符合させる心理的操作によって生まれる満足を、虚構として破るところまで求信は深まっていった。しかして、その解決のありかを示唆したのは『歎異抄』であったようである。しかし、「仏恩の広大無辺なことは幾度聞いてもただそれだけでは少しも私の信仰の助けにはなりません。人はいかなる残酷無道な鬼をも創造出来る如くいかなる慈悲円満なる仏が、その無条件帰命の救済の手続きが、想像でなくして実際であることは自証自得の外に知ることは出来ないと思われます。しかもこれは信仰の中心問題です。誰に聞いても仏恩の宏大無辺を説きます。ただどうして魂といのちがはいるか、そこが解りません。（中略）親鸞聖人も一と口と云ってはいられない。何故であるか。いえないことだからであろうと思われる。もうそこには自分の経験がある。更に切にいえば仏の力に属することである。他力の加はる救ひの御手の加はる縁と機との熟するか否かである。『みだのほんがん不思議に助けられまひらせて』のその不思議である……」（大正四年八月十日付、叔母への手紙）と記しているところからみると、この時期ではまだ確かな信仰をもつには至っているとはいえないようである。久保謙宛書簡にも、親鸞の「他力のはからいにまかす」世界を一応、積極的な運命忍受の生活と書き送っているが、まだ純一な真宗信仰はなく、町の教会での説教、『バイブル』の愛読等キリスト教世界に接しつつ『歎異抄』に浸るといった生活であったようである。即ち、この段階の倉田においては、人間＝機は必要以上に詮索され、観察されているが、真実からの人間への照らし、つまり「機の深信」が未だ成就していない。従って「法の深信」も確かになってはいないといえる。このような彼の求道の体質は、後に著わす『出家とその弟子』の上にも濃い影をおとすこととなる。

さて、お絹さんとの間も彼にとっては又、難問の一つであった。彼女は全身をあげて向かってきた。しかし、二度の失恋により男女の愛に至純の世界を期待出来なくなり、しかも、性欲の問題の解決がつかず、病苦にさいなまれ、その上、信仰の扉を前に模索する彼にとってその愛を受け容れ結婚することは無理であった。思いあまった彼は西田天香を訪うこととなる。そして、ここで、病身故に観念に先走られることの危なさを諭され、又彼女については「神の意志にまかせよ」との教示を受け、しばらく一灯園に落ち着くこととなった。

さて大正五年は、彼にとって惨苦の中で祈らずにはおられぬ一年であった。しかも、本書はこの年、彼の一生でも最も悲痛な状態の中で執筆されたのである。七月、二人の姉、政子、種子のあいつぐ死にあう。政子は養子を迎えて倉田家を継いでいたのであるが、その死から家業相続問題がおこり、しかも、多額の負債のあることが明らかとなる。その上、彼が最も悩んだのはお絹さんと父母、妹、親戚、自分とのきまずい関係――身重のお絹さんは女中部屋で女中と寝食を共にする事を強いられていた――であった。こうして崩れゆく家の状態は病身の彼にいたくこたえ、心まで傷つけられる毎日であったという。悪世の苦悩は全く彼を覆ったのである。「心の中に寺を建てたいのです。人の批評を超越した安息の場所を」(『青春の息の痕』)、これがこの極苦の底からの静かな、しかも悲痛な叫びであった。そして、青年期の前半をこうした惨めな状態の家庭と病をかかえての思索と求信とに耐えてたくわえられた精神は、ここに一つの結実をみることとなる。逆境は親鸞の世界を描く糧となったのである。

大正五年の夏、医者に療養を勧められていながらも本書を起稿した。いつ頃から、『歎異抄』と『バイブル』をかり、親鸞の世界を戯曲化しようと思っていたのかは明らかでない。唯、何年も前よりの計画ではなかったことは確かである。惨憺たる家庭、渦まく人情の中に在って「寺を建てたい」というやむにやまれぬ出家の願いが彼を駆ったのである。しかして、「寺を建立する」とは文筆に携わる彼にとっては、とりもなおさず文学作品の上にそれを表現することであった。妹、艶子によれば、「それを書くのに兄は少しも苦労しなかった。書き直しもしなければすらすらと楽に書いた。もっともそう書けるように機が熟していたといえる」とのことであるが、胸中の思いが堰を切って流れ出たのであろう。最初一幕の予定であったものが二幕、三幕と展開していったのだという。祈念の中に調和の世界を描くこと、これが彼にとっての唯一の救いであった。中学生時代の理想主義、幾度かの恋の体験、病苦の凝視、『バイブル』、『歎異抄』の味読に内容づけられる彼の若き時代の日々が、又、本書の内容ともなったのである。

大正五年秋、半ば出来上がった原稿をかかえ、愛人お絹さんを伴って、広島県の漁村、丹那へ静養し、ここで、本書は完成をみたのである。そして十一月、同人雑誌『生命の川』に載せられ、翌年六月岩波書店から出版された。「読者が出版社につめかけ、製本屋から車で運ばれてくるところをとりかこみ、奪い合って買った。(3)」と伝えられている通り、人道主義、理想主義的思潮に洗われていた時代人は心から喜び迎えたのである。阿部次郎のきびしくも好意ある批評を伴って、本書は出版後六年にして実に二四一版を重ねることとなった。誰がこの盛行を予想出来たであろうか。無名の青年が苛酷な運命の試練にうたれつつ涙と祈りの中で綴ったこの作品は、数年をまたずして、彼を一躍有名人ならしめてしまったのである。

二、『出家とその弟子』の世界と親鸞像

『出家とその弟子』は序曲、一幕に始まり、六幕十三場から構成されている。親鸞と弟子唯円

がその主要なる登場人物であるが、そのほかに脇役として善鸞とその愛人浅香、唯円の恋人かへで、唯円の父日野左衛門等が劇中を飾って場面が展開する。そこには作者の若さからくるセリフの拙さ、思想の観念化、用語の混乱（仏教語とキリスト教語との混用）、登場人物の饒舌の傾向等の欠点が指摘されようが、しかし、全篇を通じて読者の心魂をうってやまない力をもっている。これこそこの作品の生命であり、読者はここに倉田の祈念にうたれながら、いつしか親鸞の世界に誘われてゆくのである。

さて、序曲は「顔蔽ひせる者」と「人間」との問答の形式をとっているが、内容があまりに観念的・抽象的であり、その上、第一幕以後に対し独立・遊離している印象が強く、又登場人物も、本篇とは何の関係もないといった諸点からか、あまり重要視されていない。しかし、朝下氏は「作者は幻影の世界を場面として、人間の罪と宗教的終末思想を象徴的にあらわし、救いと永生の希望との暗示の中に幕をおとして、この序曲の中に、主題の糸を織りなして、湧き出る情緒を全篇の劇的気分の中に解けこませている。[4]」との観方から特に序曲をとりあげ、形式的にはギリシア劇の舞台が想起され、構想的は黙示文芸、特に新約聖書のヨハネ黙示録の影響がみられると指摘して詳細に比較研究しておられる。氏の考証から学ぶところ、勿論大なのであるが、私は少し観方をかえてこの序曲は倉田の魂の歩みがその内容をなしているというふうに考えたいと思う。

序曲は、先ず「人間」の次の述懐から始まる。

「わしは産まれた。そして太陽の光を浴び、大気を呼吸して生きてゐる。ほんとに私は生きてゐる。見よ。あのいい色の弓なりの空を。そしてわしのこの素足がしっかりと踏みしめてゐる黒土を。生えしげる草木、飛び廻る禽獣、さては女のめでたさ、子供の愛らしさ、あゝわしは生きたい。生きたい。——間——わしは今日までさまざまの悲しみを知って来た。しかし、悲しめば悲しむだけ此の世が好きになる。あゝ不思議な世界よ、わしはお前に執着する。愛すべき娑婆よ、わしは煩悩の林に遊びたい。千年も万年も生きてゐたい。いつまでも、いつまでも。[5]」

ここに出て来た「間」は時間の経過を示すものと思われる。とすれば、前半は生と希望に充ちた少年期の段階を、後半は青年期に入り、人としての苦労を味わいはじめてから後の彼の心中を反映するものとみて差支えないであろう。ことに、この作品を書いた中心の興味が「人間の種々なる心持と、この世に対する限りなく深き愛である」との彼の言葉を思い出す時、とくにその感が強い。病身を濁世の塵にまみれつつも、尚、生への執着の絶ち切れぬ倉田、「愛すべき娑婆よ、わしは煩悩の林に遊びたい。千年も万年も生きてゐたい」との「人間」の懇望は、正に倉田の心腸からなる声なのであり、この現実を出発点として、彼は自問自答を深めていったと考えられる。即ち、己が内なる「顔蔽ひせる者」（運命を支配する者、絶対者）と「人間」との問答を。

人間——「私は人間でございます。」

顔蔽ひせる者——「では『死ぬるもの』ぢゃな。」…………

人間「死ぬる者といふ言葉には軽蔑の意味が含まってゐるやうに聞こえます。」

顔蔽ひせる者——「死ぬのは罪があるからぢゃ。罪のないものはとこしへに生きるのぢゃ。『死ぬる者』とは『罪ある者』と同じことぢゃ。」

人間――「では人間は皆罪人だとおっしゃるのでございますか。」

顔蔽ひせる者――「皆悪人ぢゃ、罪の価は死ぢゃ。」

この「顔蔽ひせる者」の返答は、朝下氏によれば、ロマ書五章の「それ一人の人によりて罪は世に入り、また罪によりて死は世に入り、凡ての人罪を犯しし故に死は凡ての人に及べり」、同六章「それ罪の払らう価は死也」の言葉に拠っているとのことであるが、「人間」にはなかなかこの言葉の意味が理解出来ない。そして、ついには「その顔が見たい。弓矢にかけても」との反逆を示した時、遠雷と共にいかりの声がとどろく。その声にひざまづいた「人間」の前に現れてくるのは様々の幻影である。先ず、滅亡へ向って生存の争いを続ける生きもの、しかも、その先頭に立って得意顔で進む人間の姿であり、次に愛の幸福の破滅に気付きつつも、相抱かずにはおれぬ男女の悲劇的な姿であった。それらを目前にしても「人間」はまだ絶望し切れない。そして、最後の望みを吾が子に托する。だが、その息子もつい今し方不慮の事故によって、既にこの世にないことを知らされる。その上、たたみかけるように「ここまで来てはもうたしかなともたしかにないともわしは云わない。だがお前はお前の病気のことを忘れはしまいな」と執着そのものなる肉体までをも問いつめられた「人間」は、

「あなたが私の健康を奪ってしまったのが私の不幸のはじまりでした。そして、あなたを知るはじまりでした。それからといふもの私がどれほど苦しんでゐるか」と恨言をたたき、その中から、祈りのみが自分にとって唯一の救いであることを必死に告げる。だが、その祈りも無効なるものとして、又又毀されてしまうのである。このようにして「人間」は彼のすべての営みを、滅

亡へと引き込んでゆく力の前に力尽きるのである。「人間」の口からとうとう本音が吐かれる。「私は共喰ひしなくては生きることが出来ず、姦淫しなくては産むことも出来ぬやうにつくられているのです」と。

更に次のように問答が続く。

顔蔽ひせる者——「それがモータルの分限なのだ。」

人間——「(訴へるやうに)人間の苦痛を哀れんでください。」

顔蔽ひせる者——「同情するのはわしの役目ではない。」

人間——「何故？　あゝ何故でございますか。」

顔蔽ひせる者——「刑罰だ！」(大地六種震動す)

人間——(地に仆れる)

顔蔽ひせる者——(消ゆ)

こうして「人間」はあくまでも己の我見によろうとする罪もろ共に地獄へと堕ちて行く。童子の群が天に現われて次のようにうたう。

「すべての創られたるものに恵みあれ。死なざるもののめぐし子に幸あれ」。

以上の一連の問答の中に私は倉田の青年期の歩みが裏付けられているように思う。「生存」の問題は彼が一高在学当時、政治家を志望した時の精神内容である。抱擁するはかない男女の姿は、彼のたどったいく度かの恋の体験の結論であろう。子供への望みは、今、お絹さんの胎内に宿る吾子への無意識の愛着であったのではないか。そして、最後に病苦の中からの祈り、これは彼にとっては藁をもつかむ思いからの懇願であった筈である。事実、彼の青年期はこれらがすべて破られてゆく過程であったとさえいえそうである。そして、その歩みが徹底して虚無と知らされてゆく道程――浄土教でのいわゆる機の深信――をこの序曲は象徴してはいまいか。

そして、ここに己の歩みの一切をなげうった時――親鸞の世界では、二河白道の行者になる、つまり「出家」した時――光明の世界が開きはじめるのである。

「人間」――「この世界が善いものでなくてはならぬという気が本当にしだした。たしかなものがあることは疑はれなくなりだした。私はたしかに何物かの力になだめられてゐる。けれど、恵みにさだめられてゐるやうな気がする。それをうけとることがすなはち福ひであるやうに。行かう。（二三歩前にあゆむ）向ふの空まで。私の魂が挙げられるまで。」――幕――

序曲は地に仆れた人間がこのように蘇生してゆくところでおわっている。ここには現実の苦悩の中で救済を求める倉田の祈念が凝縮されてあるのをみる。「行かう。私の魂が挙げられるまで。」とはいかにもバタくさいが、水火二河中の白道を対岸へ進もうとする念仏者の必死な姿がある。このようにみてくると、序曲は、倉田の人生の歩みとそれを超出しようとする菩提心を象徴的な筆で描いたものと考えてよさそうである。そして、その自らの上にきこえる呼びごえを聞いていくことが、同時に一幕以下を具体的に展開してゆくことになったのであろう。

さて、第一幕は常陸の国のある雪の夜、浪人日野左衛門の屋敷を舞台とする。彼は実直故に主君に見放されて今は世を呪う毎日を送っている。その妻お兼は信心深く、子若松は病弱な感じやすい性である。そこへ二人の弟子を伴った親鸞が行き暮れて一夜の宿を求める。しかし、左衛門は荒々しくその乞いを断り、一行は門前に露宿することとなる。だが左衛門は夜半、悪夢にうなされて昨夜の行為を悔い、お兼共々に門前の親鸞師弟を招き入れるのである。そして炉辺を囲んでの親鸞と左衛門の対話が続くうちに、いつしか左衛門は、もてあましていた邪見な己の姿を自らの内にみて、しかもそれを照破してくる親鸞の慈眼にうたれて改心の涙を流していた。一幕の大筋は以上のようである。その原型は、先啓了雅著の『大谷遺蹟録』[6]中の「大門山枕石寺記」にみえるのであるが、倉田はこの故事に新しい解釈を加えたわけである。次にその全文を紹介したい。

「常陸国久慈郡佐竹庄上川合大門山枕石寺は、高祖上足門弟二十四輩第十五内田道円法師古跡也。道円房俗姓は近江州蒲生郡日野出生にて、日野左近将監頼秀の後胤左衛門尉頼秋と云。当國大門と云所に流浪の身として住みけり。建保五年の秋、聖人（親鸞）当国行化の砌、或日晩陰に及んで大門を通り、彼左衛門が家にて一宿を乞たまふ。左衛門申けるは、私は隠遁の身とて旅人を宿すること叶はずと。高祖力及ばず門前に出、石を枕として臥し玉ふ。御弟子一両輩随身せしが、啼泣してこれを慰労し奉る。高祖曾て憂としたまはず、弥陀の本願は親鸞一人が為也と云へる御詞、此時仰ありき。其夜、左衛門霊夢を蒙る。化僧一人来至して云、汝何ぞ客僧を宿し奉らざる。彼の僧は生身の如来也。幸ひ他に行き給はず、石を枕として臥給ふ、はやく屈請して尊重せよ。我は是汝が常に敬重の志をはこぶ観世音也と。左衛門驚き覚めて家外を見れば光明赫然として燈あるに似たり。立よりこれを見れば聖人の口より吐納す。左衛門即屋に請じ、肉祖して罪を乞ふ。高祖終夜随類随機の大慈大悲機見機応の善巧を以て、彌陀超世の悲願を演説し給ふに、左衛門聞法発心して、卒に和合海に入り御弟子となる。――以下略」[7]（傍点福島）

この記録は、今日確かな史実としては認められていないけれども、近世以来、親鸞の東国時代の出来事と信ぜられて今日にまで伝わり、枕石寺は親鸞聖蹟の一つに数えられている。

さて、問題となるのは作者がこの伝説を借りて表現しようとしたのは何か、換言すればこの一幕の主題は何か、ということであろう。それを知るためにはこの伝説中の記述が如何に解釈され、そこに如何なる内容が盛られているかを検討するのが近道かと思う。

「枕石寺記」中では流浪の身としてしか説明のない左衛門がここでは、性格と人生観を与えられている。根から正直な彼は浪人になって以来、世間の辛酸をなめ、不遇の身を託っている。そして今は「人は皆悪いのだ。信じたものは売られるのだ。心の善いものは馬鹿な目を見せられてとても世渡りは出来ないのだ。私は思うのだ。私の優しいのは性格の弱さだ。私はそれに打克たねばならない。酷い事にも耐へる強い心にならねばならない。」と思うようになっている。しかし、根は「悪人になってやろう」と無理をしなければならない程、内なる悪心を平然とよそおえない程、即ち、—善人らしい面、慈悲深そうな顔の虚偽よりも、悪人と銘打って出た方がよいと考える程—実直な男なのである。

「枕石寺記」では「隠遁の身」の故に宿を断わっているが、本書においてはまことにきびしい断り方である。つまり善人づらを最も嫌う彼には僧侶こそその最たるものであり、憎悪の的なのである。「生憎、そのお師匠様（親鸞）が一番嫌ひだよ、人に虚偽を教へるものは尚更いやだよ。私はな悪人だが悪人といふことを知っているのだ。」と言い放って、「あなたはよい所に気がついて居られます。私とよく似た気持をもってゐられます。」と柔らかく左衛門の傍に下りてくる親鸞をうけつけようとはせず、とうとう門前に突き出してしまう。

親鸞が石を枕としているその夜、「枕石寺記」中の左衛門は霊夢の中で化僧より「門前の僧は如来の化身也」との告げを受ける。たちまちに罪を悔いた彼は親鸞から弥陀超世の悲願の演説を聞き発心する。如何にも尊い親鸞であり、いかにも醇朴で従順な左衛門である。だが倉田の左衛門はちがう。彼がその夜みるのは霊夢どころか無気味な悪夢である。それは夢中にあって鶏を屠する自分がいつのまにかその鶏に替わっており、その発する啼き声が前世で殺した女のそれにそっくりであるというのである。彼は前世の悪業の光景をまざまざと思い出し、今その報いがきたと思わずにはおられない。急に昨夜の所為が気にかかりはじめる。かくて雪中の親鸞は左衛門夫婦に迎えられるのである。第一幕第二場はこうしてはじまる。炉辺を囲んで染々と対話が続く。左衛門は善人として渡世しようと努めたが、逆に他人より傷けられ、妻や子のいとしい彼は不本意ながら悪人にならなければ生きるみちのなかったことを語る。

それに対して親鸞の口から自分自身救い難き悪人であるとの述懐がもらされ、さらに親鸞は左衛門の苦悩が偽善者には絶対にない尊い苦しみであり、自分も比叡山で二十年にわたって修善を積んだがその効果なく、絶望におち入った体験のあったことを述べる。そして、前に争った二人が今こうして許し合っている姿をみる時、調和した世界、救われねばやまぬ世界がなければならぬとの信仰の実感を語り聞かせるのである。

「善くならなくては極楽に行けないのならもう望みはありません。併し、私は悪くても別な法則で極楽参りがさせて戴けると信じてゐるのです。それは愛です、赦しです。善悪を超えて働く力です。この世界はその力で支へられてゐるのです。その力は、善悪の区別より深くてしかも善悪を生むものです。……仏様は私達を悪いままで助けて下さいます。罪を赦してくださいます。それが仏様の愛です。」との言葉にふれた時、左衛門ははっと気付くのである。

やがて夜の明けはじめる中を互いの為に祈りを交しつつ親鸞は左衛門宅を辞すのである。仏が赦し給ひ、親鸞が祈るこの場面は丁度、教会の一隅にふさわしい光景であろうが、それはともかく、倉田は、善を願いつつ悪に堕してゆく罪人が如何に救われるかの問に彼なりの一つの解答を示したわけである。即ち、彼は「人間には何処かに善の素質が備わっている。親鸞自らを極重悪人と認めたのもこの素質あればこそであり」、人間にはどこかに「造り主がまいた善の種」（「善くなろうとする祈り」）があるとする人間観に立っているが、そういう人間の典型としての悪人、左衛門が救われる姿を描いたわけである。これはキリスト教的人間観と仏教的人間観とをうまく融合させた好例ともいうことが出来ようか。

さて、「枕石寺記」にあっては「高祖、終夜随類随機の大慈大悲機見機応の善巧を以て彌陀超世の悲願を演説し給ふ」との簡潔な表現で伝説の信奉者も左衛門も心充ち足りたのであろうが、倉田による時には、かくも饒舌の中に語られることになっている事実を、一体どう考えたらよいのであろうか。そうしなければ左衛門も、本書の読者も、又誰よりも倉田自身が安堵出来なかったのであろうか。これは近代の人間の疑網の複雑な絡まりを示すと同時に、仏を回復することの困難さをも物語るものであろう。そして、この左衛門の姿こそ自我に目醒めて自我を観る眼を失い、仏を失いつつその事実をさえ忘却しつつある近代の人間の痛ましい実相を映してはいまいか。

第二幕はそれから十五年を経た京都西の洞院御坊にと舞台が移る。親鸞（七十五歳）、唯円（二十五歳）、僧二人、他に同行衆六人といったのが主なる人物である。親鸞七十五歳といえば東国から帰洛した彼が都の一隅に隠栖して、東国の同行からの懇志によって細々と糧を得て、和讃等の執筆に心を砕いていた時代である。だが、本書では繁盛する真宗寺院にあって当流の安心を代表する総師として崇められ、内に涙をたたえた、もの静かな老師である。僧によって話し合われる様子からは群集する善男善女の称名念仏の声にわく江戸〜明治へかけての安泰な真宗寺院の有様が浮かび上がってくる。しかし、登場する人物とその会話は親鸞在世の鎌倉時代でもなく、又、江戸時代のそれでもない。まさしく、倉田が生きた大正の人間達を思わせる。かつての左衛門の子松若は今は出家して唯円と名のり、親鸞の門弟に連なっている。彼は今、折しも法然忌のために参詣する老若男女の姿を眺めながらぼんやりと佇んでいる。そこへ微恙のため引籠り中の親鸞が登場し、相愛の師弟のしめやかな会話が始まる。人生の淋しさ、生を惜しみ、浮世を懐しむ心、偽善の罪、恋の苦しさが次々と語り合われる。「淋しい」と胸中を訴えられた親鸞は、それが「本当だよ、淋しい時には淋しがるより仕方はないのだ。」「私も淋しい のだよ。私は 一生涯淋しいのだろうと思ってゐる。尤も今の私の淋しさはお前の淋しさとは違ふがね。お前の淋しさは対象によって癒される淋しさだが、私の淋しさはもう何物でも癒されない淋しさだ。人間の運命としての淋しさなのだ。」とこたえる。「淋しい」という親鸞、この感傷の上には「鏡の御影」にみられるあのがっちりと人の世の総てをふまえた、たくましい親鸞の姿はない。二十代の淋しい情感の上にそのまま老年のしわをメイキャップした観がある。唯円は顔を赤らめつつ更に胸の想いを訴えてゆく。苦しいだろうが「恋は信心に入る通路だよ。人間の純な一筋な願ひをつき詰めて行けば皆宗教的意識には入り込むのだ。恋する時人間の心は不思議に純になるのだ。人生の悲しみがわかるのだ。……そこから信心は近いのだ。」親鸞はこう励ましながら、自分もそのような煩悶から法然の門に帰すことになった若き日のことを聞かせるのである。おわりに「各々十余ケ国の境をこえて……」ではじまる『歎異抄』第二章が劇化される。遠く東国から尋ね来た同行、それを迎えた親鸞、唯円、僧達、話題はいつしか互いが会い得た喜びや同郷の唯円の出家の事情に及び、人間の宿縁の深さがしみじみと語り合われるのである。

唯円――「私は縁ということを考へると涙ぐまれる心地がします。此世では敵同志に生まれて傷つけ合ってゐる者でも、縁といふ事に気がつけば互ひに許す気になるだらうと思ひます。」

親鸞――「互ひに気に入らぬ夫婦でも縁あらば、一生別れる事は出来ないのだ。墓場に入った時は何もかも解るだらう。そして別れずに一生添い遂げたことを喜ぶだらう。」

唯円――「愛してよかった。許してよかった。あの時に呪わないでしあわせだった。と思ふでせうね。」

このように筆を運ぶ倉田の側には愛人お絹さんが寄り添っていたのである。この対話を綴る時、自分を思い、彼女を思い、縁を思って涙が頬を伝ったと自ら記している（『青春の息の痕』）。彼は実は愛人の色香にも性質にも心から満足していなかったのであるが、二人の間を赦しの上に、不思議の縁と受けとって生活していたのだという。この一見何でもない数行の対話の裏にはそのような互いの運命への深い思いやりが秘められているのである。

さて、同行からの「往生の道」についての問に対し、親鸞は次のように答える。

「経釈の聴きぼこりは以ての外の事ぢゃ。それよりも銘々に念仏の心持ちを味はふ事を心掛けなさるがよい。人を愛しなさい。許しなさい。悲しみを耐へ忍びなさい。業の催しに苦しみなさい。運命を直視なさい。その時、人生の様々の事象を見る眼が濡れてきます。仏様のお慈悲がありがたく心に沁むやうになります」。しかし、愛し、許し、悲しみに耐え忍び、運命を直視してきたのは、又人生にはその道しかないことを一番よく知っていたのは、他でもない、そうすることによって今日までを生きて来た倉田その人なのである。

人妻との道ならぬ恋のために、父親鸞に勘当されてから、世の中や人の心を信じられなくなり酒色に身をくづし、今は薄幸の遊女浅香に心の憂さを紛らわしている善鸞、第三幕はこの人物を中心に展開する。勿論、邪恋による勘当というのは史実ではなく、したがって、史上の親鸞にとっては迷惑至極の濡れ衣に過ぎないのであるが……。ある日、唯円は京は木屋町の茶屋に彼を訪う。乱行を重ねる心の底にも良心を忘れるためわざと心を荒ませずにはいたたまれない純な魂を聞いた唯円は、寺に帰って親鸞に彼と逢ってくれることを請う。唯円は親鸞に、この世の義理のため一度は捨てた恋ではあったが人妻になった後も尚忘れ難く、再び通じてしまい、人をも己をも傷つけた事に対し、自然な男女の結びつきを破ったのはこの社会であり、従って罪は人生の不調和にありとして、憤りと諦めの間に悶々とする善鸞の様子を伝える。吾が子の苦悩が理解をこえて身に迫って感ぜられる親鸞ではあるが、ただ共に、善鸞のために「祈ってくれ」と答えるばかりである。そして、『歎異抄』第四章「今生に、いかにいとをし不便とおもふとも、存知のごとくたすけがたければ、この慈悲始終なし。しかれば念佛まふすのみぞすえとをりたる大慈悲心にてさふらふべき」との述懐から、親鸞に、「念仏ばかりが真の末通りたる愛なのだ。あの子がいとしい時には私は手を合わせて南無阿弥陀仏を唱へようと思ふのだ。」と恩愛のはかなさを語らせて幕が下りる。

第四幕は唯円と遊女かへでとのまことに美しい恋の一幕である。阿部次郎の筆を借りれば、「娘として取扱ってくれた」最初の人に逢って、「娘のねがい、よろこび、いのち」が一時に綻びたかへでと「恋の事を思うと死にたくなる」程純真な唯円との可憐な逢引が第一場である。

かつて倉田自身、良家の娘に真面目な生命を求めて裏切られ、ついには色街の女に人格的な愛を求めて失望に沈んだことがあったが、その遂げられなかった想いをこの場面の上に表現したものと考えられる。そして第二場では、善鸞に別れ、淋しさにも慣れた浅香と、恋の歓びとなげきに心を奪われているかへでとの情感にあふれた対話が続く。善鸞と浅香の恋は汚れ傷ついた者同志が傷口を癒し合う、まことにうらぶれた恋である。一方、唯円とかへでのそれは未だ肉欲の歓びをも知らず、ひたすらに慕う思いに身を焦がす無垢な恋である。しかし、この二組の男女には、うらぶれとわかやぎとの差こそあれ、互いの運命を慈み、いとおしむ涙の通いがある。異性への思いに無上の喜びを感ずる無償の心が働いている。

「自己犠牲ということがしみじみと感得せられるのははじめて恋を知った時であろう。いっさいの道徳の根底に横たわれる自己犠牲ということは燃ゆるような恋をする男女によって最も痛烈に体験せられるのが常である」[8]。これは大正期の青年男女を湧かせた厨川白村の言葉であるが、本書を飾るこの二組の恋も実はこういう性質のものなのである。ことにこの三幕、四幕は青年男女を惹きつけ、運命に忍び泣くこの男女に無限の同情と共感を呼びおこさせたに相違ない。そして、その父であり、師匠である親鸞は、この作品によって恋の苦さも悲しさもわかる老師としてのイメージを強めてゆく。そして、これ以後、日本人には『教行信証』信巻の「誠に知ぬ、悲しきかな愚禿鸞愛欲の広海に沈没し名利の大山に迷惑して……」との述懐で親鸞を飾らないと彼を語った気がしなくなるような傾向が、更に強まっていったようである。非俗の精神を忘れ、愛欲に安易に慣れ親しむ親鸞像はここから派生するようになる。

さて、第五幕は僧達が、かへでとの恋を不浄なものとして唯円を諫め、弾劾するところからはじまる。しかし、宗教を「人間の人間としておこしてもいい願いを墓場に行くまでいかなる現実の障碍にあってもあきらめずにもちつづける」ものとの師の教を信じ、この恋を衷心から湧き起る願としてうけとめている唯円は聞き入れようとはしない。しかし、先輩の僧に態度を迫まられた唯円は思いあまって師の前へ出る。親鸞は僧達には赦し合う世界を教え、唯円には恋には互いの運命を傷つける罪のあることを説き、二人の運命の結ばれることを祈れと次のように語る。

「祈りは運命を呼びさますのだ。法蔵比丘の超世の祈りは地獄に審判されてゐた人間の運命を極楽に決定せられた運命に変へたではないか。『仏様み心ならば二人を結び給へ』との祈りが仏の耳に入り、心を動かせばお前達の運命になるのだ」。法蔵菩薩をイエス・キリストにおき直せば、説教している親鸞はキリスト者とみて不自然ではない。ここには本願他力の聞信に生きた親鸞はいない。かつて破恋の中で祈らずにおれなかった倉田、そして今も尚、祈らずにはおられぬ倉田がいるばかりである。

それから十五年後の秋、親鸞は善法院において入滅をむかえる。それが第六幕である。かつての遊女かへでは今は唯円の妻となって勝信尼と名のり二人の娘をもうけているが、不起の病床にある親鸞の看病に日夜傅ずいている。死の到来を目前にしている親鸞の心は、尚断ち切れぬ生への執着にうごめき、諦観と妄執の間に葛藤する。先師、法然の消息を勝信尼に読ませ、交錯する心中を病床より語り漏らすのである。特に死に対しては、「この打ち克ちがたき不安は！死は私にとって損失ではない。私は永い間墓場の向ふの完全と調和とをいのちとして生きて来たのだ。私はそれを信じてゐるのだ。それだのに私の生命の中にはまだ死を欲せぬ何ものかが残ってゐる。……おお私はまだ生きてゐたいのか、この病みほうけたわしが。九十歳になる老人が。……煩悩の力の執拗なことはどうだらう。……私は一生の間運命を素直に受取ってそれを愛して来た。……運命に乖く心と戦って来た。さうだ、わしは墓場に行くまでこのたたかひを続けなければならない。もうながいことではない。もうぢきだ。休戦のラッパが鳴るのは。その時私は審判の前に立つのだ。一生を悪と戦った勇ましい戦士として。霊の軍勢の虚空に遍満するその中に。そして冠が私の頭に載せられる。――その日から私はあの尊い聖衆の中の一人に加へられるのだ。何といふ平和であらう。何といふ光栄であらう。朝夕仏様をほめる歌を唱って暮らすのだ。その時はもう私の心に罪の影さへおとづれない。……この世に苦しんでゐる無類の不仕合せな人たちを摂取する事が出来るのだ。おゝ、不安よされ」と語り、「この不安――さけがたい恐怖（死の）に打ち克つことが出来るやうに励ましてくれ」と煩悩と苦闘し、なさけなくも助けを求める親鸞。しかし、死に臨んでいる人間のセリフにしてはまことにエネルギッシュである。倉田は唯円をしてこの親鸞を、「人類にとって最大なもの」、「聖者」と云わせているが、ここにいるのはそのような讃辞が全く空々しく感ぜられる程、迷妄に覆われた姿の親鸞である。死の怖れと今生への愛着を天国への望みで紛らわそうとしてのたうつ親鸞がいるに過ぎない。倉田は人間共通の煩悩を死の間際までみつめてゆく姿勢の上に透徹した人間の真実の姿があると考えてか、こうして痛々しい親鸞を描いてゆく。

親鸞にとっての最後までの懸念、善鸞が枕元に呼ばれる。だが、子は臨終の父の「お慈悲を拒んでくれるな。信じると云ってくれ……わしの魂が天に返る日に安心をあたへてくれ」との頼みを前にして、猶仏を信ずる事が出来ない。願う者と願われる者、深信の者と不信の者との静かな中にも身心を切るような対決が続く。だが、願は通じない。「おゝ」と絶望の嘆きを発する親鸞。動揺する周囲。だが、その声は同時に親鸞を浄土へと送る声ともなってゆく。「それでよいのぢゃ、みな助かってゐるのぢゃ……善い、調和した世界ぢゃ、おお平和！　もっとも遠い、もっとも内の。なむあみだぶつ……。」もはや親鸞は事切れるのである。

倉田は親鸞の臨終を「一つの罪の意識が救われの意識となって、この聖者の魂が天に返るように、罪をもちながらも、一つの調和した救済の感じが出るように」、「ファーストのグレートヘンの『審判された』が『救われた』となるように、私も親鸞の煩悩に苦しみつつ死ぬるのを成仏と読者に感ぜられるように描きたい」（『青春の息の痕』）と云っているが、「成仏」をキリスト教における「昇天」の思想とみてこの臨終の場面を念仏とともに昇天してゆく姿にしたてたわけである。日頃「某（親鸞）――閉眼せば、加茂河にいれて魚にあたふべし」と口にし、終焉には僅かの門弟に見守られて、称名念仏のうちに一期を了えていったという親鸞、即ち、覚如の世界にみる親鸞とはさすがに六百年の隔たりを感ぜしめるものがある。この臨終における親鸞には教会の神父の相がある。黒衣の神父親鸞ともいえようか。

ところで、第二章で既に触れたように、木下尚江は「歴史は創作である」という立場から歴史的評伝として親鸞を描いたのであったが、創作といっても徹底したフイクションはなく、木下の段階での親鸞史実に従いつつ、一方では親鸞を農民解放の念仏者としてがむしゃらに強調し、全篇に新しいイメージを浮き上がらせることに成功した。しかして、倉田は本書のモチーフと史実性について「この作を書いた中心の興味は人間の種々なる心持とこの世の相に対する限りなき深き愛であり」、「此作は厳密に親鸞聖人の史実に拠ったものではない。私の書いた親鸞はどこまでも私の親鸞である。私の心に触れ、私の内生命を動かし、私の霊の中に座を占めた限りの親鸞である」（「『出家とその弟子』の上演について」）と述べている。ここから本書は木下の作品よりも更に創作性、虚構性を強め、親鸞を素材にした作品としては初めて近代文学史上に一つの位置を占め得たのである。しかし、史的素材の選択、再構成等の取扱い方は必ずしも一貫していない。殊に鷗外や龍之介の歴史小説に比べる時その感が深い。この点について、倉田は史実等に拘泥しておられぬ程、心持が切迫していたとしてその事実を認めているけれども、やはり親鸞が歴史上の人物である限り、たとえ史実に忠実ではなくともある一つの時代の中に描くべきではなかったか。第一幕は特に江戸時代に流布した関東の聖跡、「枕石寺記」の故事を肉づけしたものであるが、そこからは歴史上のある時代がどうしても定かに浮んでこない。又、第二幕、第五幕にみられる善男善女で賑わう西ノ洞院御坊の様子からは、江戸、明治と念仏興行に繁盛した真宗寺院が思わせられる。更には、弟子に語りかける親鸞のセリフが、倉田の言葉を離れて『歎異抄』の生の口語訳になったり、又、ある箇所では『正統伝』等の近世以来の伝説が親鸞の体験談として語られたりする。したがって出版当時、この点について「時代錯誤」との批判を受けなければならなかったのである。大正前期においては親鸞伝は伝統的宗祖伝に占められ、新しいものといってもせいぜい村田、木下、佐々木等の著作しか見当らない時期ではあるが、その何れから素材を採ったとしてもやはり一つの時代の設定が必要であったように思われる。あるページからはうす汚れた法衣に身をつつんだ親鸞（中世の沙弥・聖的）が、あるページからは金襴に輝く輪袈裟をかけた親鸞（近世の真宗説教僧的）が、あるページからは黒衣の首に十字架を下げた親鸞（西洋近代の宣教師的）のイメージが現われてくる。このように、史眼には、親鸞の像は幾重にも重なり合ってなかなか一つの像を結んでこないのである。

本書の親鸞はまことに多様な思想を含む言葉を使っている。東国から往生の義を尋ねて上洛した同行に対し、「経釈の聴きほこりは以ての外の事ぢゃ。それよりも銘々に念仏の心持ちを味はふことを心掛けなさるがよい。人を愛しなさい。許しなさい。悲しみを耐え忍びなさい。業の催しに苦しみなさい。運命を直視なさい。」（二幕）又、善鸞に心を痛めて唯円に次のように語る。「彼の子も一人の佛子であるからには佛様の守りの外に出てはゐない筈だ。よもお見捨てあるまいと思ふ。私に許されることはたゞ祈りばかりだ。……愛は所詮念佛にならねばならない。念佛ばかりが末通りたる愛なのだ」(三幕)と。又、恋に悩む唯円に「祈りは運命を呼びさますのだ。法蔵比丘の超世の祈りは地獄に審判されてゐた人間の運命を極楽に決定せられた運命にかへたではないか。『仏様、み心ならば二人を結び給へ』との祈りが佛の耳に入り心を働かせばお前たちの運命になるのだ。……恋の、ために祈るとは真実に恋をすることに外ならない。」(五幕)(以上傍点、福島)

愛、赦し、念仏、祈りの連発である。この他にも仏=神・つくり主、罪悪=償い、赦し=裁き・成仏、往生=昇天、極楽=調和した世界、濁世=不調和の世界等々、用語は多いが、この雑多性こそ、本書の親鸞の特色の一つであるといえる。ここには体系的な教義や思想はない。極言すれば、教義などどうでもよい親鸞なのである。「切実な青年期の悩みの終り頃、殊に二人の姉の相ついだあまりの早き死の直後、一燈園から帰ったばっかりの人生の悲哀と無常の心持に満」(『出家とその弟子』の上演について」)ちていた倉田には、何よりも「この人の世の救済」が切実な願いであったのである。この教義や宗教の別を超えてまでも、人の胸の祈りに応えてくれる親鸞、倉田にはそういう親鸞が描ければよかったのである。

ところで、何が彼のこの祈念を支えたのであろうか。それは現に祈りの道を行じていた一燈園の西田天香の精神であったと思われる。丁度、その頃の西田は宗派、教派を問わず、仏、神、天の象徴としての「おひかり」のもとで、祈りの中に下座の実生活を続けていた。倉田は、西田の上に聖フランシスの姿を拝し、心から傾倒してゆく。それは内外から迫る逆境の中にやっとの思いで見出した光明であったのである。内外古今諸宗の真髄を礼拝することを綱領の一つに掲げ、実生活においては、『おひかり』によってどんな小さい障りの痕跡をもとり去って頂くように、そうして南無阿弥陀仏は南無阿弥陀仏であり、アーメンはアーメンであるようにと祈（9）」る姿勢の前には宗教のちがいも、教義の煩雑をもつつみこんでしまう西田の実践的な立場、これは倉田のそれとも共通の体質とみることが出来る。本書の親鸞は出版当時、西田をモデルにしたものとの風評もあったが、とにかく西田の信仰の強い影響下にある事は間違いない。

「どのやうな苦しい不合理な気がすることがあっても佛と人とに呪ひを送るな。凡そ祝せよ。悲しみを耐へ忍べよ。隣人を愛せよ。仏の名によって皆繋がり合ってくれ、自分らがしてほしいやうに人にもしてやらぬのは間違ひぢゃ。裁く心と誓ふ心は悪魔から出るのぢゃ。人の僕になれ。人の足を洗ってやれ、履の紐を結んでやれ、ほむべき佛様。わしのした悪がみなつぐなはれる。みな赦される、罪が美しくなる」（第六幕）（傍点、福島）と臨終の親鸞は語る。仏教、キリスト教、一燈園的奉仕、人間的善意等賑やかな親鸞である。しかし、そのような錯綜が気にならぬ程、倉田は切実な現実に駆られていたのであろう。又、その切実な祈りがこの作品の生命ともなっているのである。

実直な自称、悪人、左衛門を前にして共々にその悪業に泣き、悪人正機の道を往こうという親鸞。純真な弟子、唯円の淋しい胸中を聞き、恋は信心への通路であると励まし、自分にもより深い淋しさのある事を聞かせ、仏への祈りにその行方を任せることをすすめる親鸞。勘当した吾子善鸞の荒んだ日々を聞き、父としての心を痛めつゝ、しかも救いの妙薬をもたず、ただただ念仏の慈悲にその思いを委ねて祈るほか仕方のない親鸞。死に臨み、念仏しても、尚この世への愛着の断ち切れぬ親鸞、漏らす言葉は上品上生の菩薩だが、姿は下品下生ののたうちをみせ、いまわの際にやっと愛執との戦いに克ってどうにか安穏の境へと昇ってゆく親鸞等々、そこには人間の種々なる問題――倫理と信仰、男女の愛執、親子の情愛、生への愛着――等が展開するのであるが、そこから煩悩熾盛の一人としての親鸞像が姿を現わしてくるのである。(10)

しかし、その親鸞はそのような課題をかかえて生きている人間達のおかれている社会の不合理に対しては決して改革を叫ぼうとはしない。世の中の不調和は傷つけ合ってきた人間達の業の報いであると諦観し、唯、救われかしと祈るばかりである（第三幕参照）。自力無効の中で、死すべきものとしての分限の中で、ただただ祈る親鸞である。なんともどかしい限りの親鸞である。しかし、一度、この煩悩くさい親鸞を知った者は、そこに滲んでいるこの世の凡夫（小田実氏の所謂「ただの人」）達への切情と祈念を忘れ去ることは出来ないであろう。読者に伝わってくる親鸞の祈念は同時に又、倉田のそれでもあるのである。

まことに本書の親鸞は黒衣の上に十字架を下げ、善意の祈りをささげる念仏者親鸞なのである。

三、その同時代における反響

親鸞研究史の中で、『出家とその弟子』が占める位置に相当する作品を、イエス伝研究史上に探すならば、ルナンの『イエス伝』が念頭に浮かぶ。一八六三年に出版されるや否や、その芸術的技巧に飾られたイエス像は、ドイツ・フランス等の教養人を魅惑する一方、カトリック教界、神学界に憤激を巻き起し、ルナンはその職さえ奪われる仕末であったという。司教等はキリストの神性と奇跡を取り戻し、イエスをその粉飾から救出することに奔走し、論駁の果てには、彼に極刑をさえ望んだといわれている。

ところで、本書は内容や版数、反響からみて、全くルナンのイエス伝に劣るものとは考えられない。しかし、大正期の日本に於いてはルナンにみる程の激しい論難、迫害を受けることはなかった。勿論、明治以降の仏教界にあっても、暁烏敏の「異安心事件」、野々村直太郎の「浄土教批判」、金子大栄の「浄土の観念」等々、中には宗門外への追放といった事態を伴うものもあったのであるが、本書はそのような事件を起すには至ってはいない。その理由は倉田の素性や信仰界に対する関係、つまり真宗門徒に生まれてはいるが、一宗にとって別に指導的位置にあるわけではなく、又、親鸞からも教団からも、真宗思想からも自由な一知識人に過ぎなかったことにも依ろうし、更に、本書が親鸞論とか学術的親鸞研究のように論議・論争の書ではなく、文芸作品であったことにも依るのであろう。更に一歩を進めるならば、本書の支持者層にもその原因の一端を見ることが出来よう。つまり、本書は都市を中心とする青年、学生、知識人、インテリ僧には受け容れられたが、在来の真宗僧や門信徒にまではなかなか届かなかった事実である。即ち、この時期においては、門信徒は依然として旧来の安心の中に温育され、最早や宗教界の先端からはとり残された状態にあったといってよいと思われる。従って、彼等が懐いている親鸞像といえば、毎年、御正忌に厳かに読誦される『御伝鈔』の中の御開山聖人であり、さもなくば、参詣毎に説教僧から説き聞かされる親鸞聖人様であるか、田舎の信徒対象の『親鸞伝絵』の通俗的布教本の外へは出ないものであった。而して、もし、彼等にしてもう少し本書の内容を知ったとすれば、親鸞をめぐる史的事情も更に多様性を加えたであろう。だが、先覚者的真宗僧のほかは本書や、伝習の殻を破った親鸞を説教の話題に載せる者はなく、門信徒はそれで満足し、又、満足するように教導されていたのであった。彼等には恋を語り、涙に祈る親鸞など仰天の沙汰であったろう。尊い宗祖、唯、御開山聖人様と御名を呼び、憶うだけで胸がつまり、涙のこみ上ぐる方、そのような親鸞圏にすっぽりと包まれてしまっていたのである。従って、本書が彼等に提せられていたならば、事志と違って宗祖の神聖を犯すものとして、自分達のイメージへの侵犯者に対する驚異と批難が逆に高まったかもしれない。だが、それはあり得ないことであった。教団の底辺たる門信徒と先進宗教思想界との距離と性格が、離れてゆく一方であったがために……。本書の親鸞像が彼等に提せられていくのは、やや通俗ではあるが、吉川英治、丹羽文雄(11)らの作品や、その第二次大戦後における映画化を介してであった。しかし、その時には既に門信徒は、宗祖への帰仰の念を戦後の経済的繁栄の諸影響に眩まされて乱されつつあり、半ば娯楽的、観光的眼に親鸞が映るような事態に至っていたのである。

ところで、本書を感涙をもって迎えたのは、大正期の人道主義・教養主義に洗われつつ人生の糧を求めていた知識人や学生達であった。既に高坂正顕氏の追憶談でみたように、彼等は憑かれたように本書を手にとった。罪悪の左衛門と放蕩の善鸞の上に己の身に覚えあるものを認め、又、自由恋愛の名の下に愛し合う二人は、唯円とかへでの恋を自分達の愛情の証とまで受けとり、勇気づけられる者も多かったという。彼等は分別を忘れ、心のじかの感動の中に、唯、恍惚とし、批評など思いも及ばないことであった。だが、本書はそのような甘い声だけに迎えられたわけではない。一方では本書や本書と愛読者がつくり出す世界に対し、賞讃だけではなく、冷徹に批評を加える人達も多く、仏教学者、真宗人、社会主義者、文学者、キリスト者等各界に及んでいる。勿論、本書は一般的には、『歎異抄』の世界をよく作中に具体化している、キリスト教と真宗信仰の融合をはかって成功している、人情の機微をよく表現して生命感にみちたみずみずしい親鸞の世界を描いている、宗教的偉人をよく戯曲という文学形式に採り入れている、等の点で好評を得たのであるが、その反響は決して一様ではなかったようである。次にその主なものを紹介・検討したいと思う。

その最初は『新潮』大正六年七月号での阿部次郎によるものである。[12] 翌七年には真宗の梅原真隆が詳しい批評をなしたが、その後しばらく途絶えている。従ってこの時期には青年や学生の間に熱っぽいが、静かなブームをひきおこしていたと考えられる。しかし、八年から十一年にかけ、京都を皮切りに各地方に上演が続くに及び、ブームは表面化し、親鸞に関心のある多くの人達が持て囃すようになり、新聞、雑誌上でも批評を受けるに至ったのである。そして、その雰囲気を土壌として、親鸞を題材とする小説や戯曲が雨後のたけのこの如くに現われ、「親鸞風邪の大流行」とよばれる数年が続いたのである。

さて、阿部は第三者的ながらも好意的に一幕一幕について紹介し、彼自身の言葉によれば、特に「情感に濡れた深い心の世界」に共感を寄せている。彼は真宗教徒ではないためか、作品中に親鸞教が正しく消化されているかどうか、作品中にみられる作者の宗教思想の正否といった点については問題にせず、自由な論評の立場に立って、文学作品としての出来栄えという点から評しているが、その要点は「芸術的印象が不統一である」ということに尽きている。即ち、それは仏教語とキリスト教語が未整理のまま混用されている事実、つまり、真宗の思想が他の哲学的要素とよく検討融合されていないことからくる思想上の不整理に因ると難じ、もっと「純仏教的に構成されるか、もっと意識的に仏教的世界観を訂正するか」した方がよかったと提言する。

そして、おわりにこの作品を「唯円の立場に於いて歌われた抒情詩とみる」ならば、「作中の人物、親鸞や左衛門や善鸞が唯円から分化し独立することが不充分であるため、それぞれに独得の個性を享受するまでに至っていない」と云って、総ての人物が「唯円」調の青い調子に流れ、各々の性格、思想をもって場面を構成する戯曲の持味が充分生かされていないと指摘し、若い倉田への期待に代えている。とはいうものの『歎異抄』を素材としてうまく生かしたという賞賛は付け加えており、本書が出版当初に、一流評論人のこのような至り尽くせりの評に恵まれた事は、全く幸運であったと云わなければならない。事実、この阿部の賞賛を得て急に読者層を拡げていったとさえ言われている。(13)

ところで、真宗人からの批評中、特に注目されるのは梅原真隆と松原至文(14)のものである。両者共に本書が信仰書ではなく、文芸作品である事から、そのみずみずしさ、斬新さを高く評価しながらも、真宗教の専門家として、教理や親鸞聖人観からみる時、その素人臭さに黙っておれなかったものらしい。特に梅原のそれは西本願寺派の正統教学を基礎とした厳しいものであるが、数多い批評の中で最も丁寧にして心が籠っている。本書の題名の「出家」、「弟子」といった言葉は『歎異抄』や史実からみると親鸞には無縁のものである、親鸞臨終の場が親鸞に臨終往生を期待する如き姿に描かれている、善鸞との対話における父として宗教家としての親鸞の甘さ等々指摘が続く。殊に唯円とかへでのいじらしい恋、修道者善鸞と肉の香に頽れ埋もれる遊女浅香との寥々たる恋と親鸞の恋愛観については、親鸞を因襲的な跪拝から解き、人間として取扱うものとして、又、作者自身の愛に対する洞察と感激の表れとしていたく共鳴している。しかし、それが親鸞の本当の胸中であるかという点になると疑問符を打つ。例えば、親鸞の次のセリフである。

「私は本当に恋を知らないのであらうか。私はさうとはいへなかった。ではなぜ恋をしましたといへなかったか。何故嘘をついたのか、出家は恋をしてはいけないことになってゐるからだ。私はいやな気がした。私は自分らの生活の虚偽を今更のやうに憎悪した。そして山上の修行が一つの型になってゐるのが、たまらなく偽善のやうに感じられた。その時から私は山を下る気を起しだしった。もっと嘘をつかずに暮らす方はないか、恋をしても救はれる道はないかと考えずにはいられなかった」。

梅原は因襲と虚偽の中にあって、尚胡魔化し切れない真剣な心持が示されている点については認めるが、そこには虚偽賢善の山上生活が非難されているだけで、愛欲惑乱の都会の人間生活の浅ましさ、深刻な苦悩が表われていないと難ずる。即ち、親鸞の恋愛観は、今日（大正時代）の人のように恋を自由で魅惑的なものとして無条件に肯定しているのではなく、「釈尊が恩愛を断ち切って山に入られた心持を慕いつつも恩愛や愛欲を断ち切れない自分のあさましい内的運命にわななきつつ、霊と肉との深いいきさつに傷みつつ恥ぢつつ泣いてやつれた純聖な苦悩」に泣く深刻な宿業感の上に味わわれるのであり、「親鸞は釈尊の生活を自覚内容として徹せんとした時、自己のおそろしいあさましい業縁に迫られて全体として自己を投げ出して泣いた人」と解すべきであるとし、彼自身はこの部分を「恋せずにはおれないこのあさましい私をこのまま救ふてくださるほとけさま！　あらゆるほとけさまの手にあまったこの悪業煩悩の身をそのまま摂取せらるるほとけさまはどこにおいでなさるだらう」と、愛欲の世界をもっと徹底した罪業感の上に描きたかったと云う。

生え抜きの真宗人として教理を指針として己をみつめ、その己の姿を通して、更に教理を体得してゆくといった安心規範の中に、生きる梅原としては、そう述懐させたいのは当然のことであったろう。だがそれ故に教理よりも己の生の現実から問い、それを納得させる教や思想を求める倉田とは、自ら相違が生ずることになるのである。しかし、そのように厳しくて正確でさえあれば親鸞が当時代に受け容れられたか、となると問題は自ら別である。本書受容のうらには、真宗教からは厳密に批判すれば、たとい如何ような誤謬を含んでいようとも、宗門内の伝統的な親鸞像から離れた甘美な姿をとったが故に、反って時代人をひきつけ得たという皮肉な史的事情があったように思われるのである。その他、「み心ならば二人をむすび給へとの祈りが仏の耳に入り、心を動かせばお前達の運命になるのだ。それを祈りがきかれたといふのだ。」との親鸞のセリフなどについても、ともすれば「祈り」が利己的な欲求となり、「帰命とは本願招喚の勅命也」との親鸞の体験からはおよそかけ離れたものに堕しており、結局、作者には親鸞の仏陀観、人生観、救済観についての理解が乏しく、又、親鸞の至奥への凝視が足りないとして、本書の親鸞は親鸞の生活基調と大分相違があると結論している。これは、本派本願寺の大谷尊由がわざわざ倉田を訪うて親鸞が誤伝される危惧を語った事実からも知られるとおり、親鸞が誤って伝えられることへの真宗教団人としての共通の懸念であったのである。
一方、松原の場合は梅原のとり上げなかった点にも及んでいるが、その観点は特に異なってはいない。左衛門への「悪くとも別な法則で極楽参りがさせて頂ける」との言葉については、「とても地獄は一定すみかぞかし」といった自覚証からみれば、まことに無智無反省な愚夫愚婦の言い草であり、又「赦す」という言葉が親鸞にはないことを指摘し、更に「祈り」についても第五幕、恋に煩う唯円と親鸞の対話の場、

唯円―「ああ、互に傷つけ合いながらも慕はずにゐられないとは！　ああ一体どうすればよいのだ。」

親鸞―「南無阿弥陀仏だよ。やはり祈るほかはないのだよ。おお仏さま、私があの女を傷つけませんやうにと……」

唯円―「縁あらば二人を結び給へ。」

親鸞―「おお、そのやうに祈ってくれ。後は仏さまが助けて下さるだらう」とのやりとりを引用し、「親鸞は宗教情話のワキ主人公となり、あはれや善女学生、善文学青年のために、もろもろの保護神とならせ給う」と難ずる。これについては真宗僧の香春健一にも、「唯、摂取のみありて折伏の姿が少しもない。哀れな悲しい懺悔でもすればすぐに共に泣きくづれてしまう様な姿のみが現われて、その湧き出づる涙をかみしめて対者を真に愛する故にこれを鞭韃、叱咤する姿が現われておらぬ(15)」と同様の批判がみられるが、その点について、倉田自身「あの作が現実の紛糾を解決する力がない。すごい処がないといわれるのも肯かれる(16)」と受け容れている。その他、罪意

識の不徹底さや西洞院御坊のものものしい繁盛ぶりや親鸞の説教調セリフに対し、祖聖の姿を毀すものとして認め難いという。彼等は、本書が文芸作品であることは充分承知しつつも、先進的真宗人として抱いている親鸞像とのズレに黙っておれなかったものとみえる。特に大正期の個人主義的、自由主義的、人間主義的傾向の強まる中で、彼等の親鸞像というのは伏して仰ぎ見ることを許されないといった超人間的な威厳あるものではなく、宗祖としての崇高さを保ちながらも、人間的親愛感をもつものとなり、そして、その親鸞の生活に自分達も参加するという姿勢をとるようになり、(17)従って、黒衣をまとい、群萠と共に凡夫生活をする御同朋御同行の本願の生活者というのが、理想的なイメージとされるようになっていた。二人の批評はそれからなされたものと考えられるのである。

ところで、阿部の評でもみたように本書は支持者の間では、『歎異抄』をよく生かしたとの声が高かったのであるが、梅原は高楠順次郎と共に、それは「媚び過ぎたものか、『歎異抄』に無理解な人々の言であって」、『歎異抄』の信仰内容は充分消化されていないと云っている。もとより同じ真宗人の柏原祐義(18)などは逆によく具体化したものと讃めており、その評価は必ずしも一様のものではなかったようではある。就中、高楠は真宗思想の誤解されるのを危惧するあまり、『真宗の信仰と戯曲出家とその弟子』という小冊子を出し、その中で本書の教義内容が曖昧である、つまり本書に多見される「魂」とか「祈り」の語は親鸞にはなくキリスト教のそれであり、従って、「真宗信仰を題材としながらその実は『耶蘇教』を述べるために真宗の親鸞聖人を使っているに過ぎない」と難じている。何れの教派にも立て籠らない倉田にそのような意図があろう筈がないのであるが、仏教の碩学には本書の耶蘇臭さは鼻もちならなかったらしい。彼は、根底から改めなければ真宗の信仰に当てはめるわけにはいかぬと頑固である。だが、おわりには真宗信仰への入門書として高い評価を与えている。このように一方で危惧をいだきながら親鸞を世人に啓発した点で評価するのは梅原、松原にも見られるのであるが、その為にか仏教側からの批判はあと一歩の徹底を欠いたように思われる。所謂、仏教徒の寛容ということであろうか。いづれにせよ、倉田に一歩先んぜられた感じは拭い難いのである。

「キリスト的親鸞」、これが仏教側からの批判の眼目であった。ではキリスト教側においてはどのようにみたのであろうか。残念ながらその事実のあったことを聞いてはいるが、確かな手がかりがつかめない。唯、内村が大正期の本書等を中心とする宗教文学の流行現象に就いて、次のように皮肉を交えた批判をしているのが目につく。

「今や最もよく読まれるのは宗教本である。『出家とその弟子』『新約』『復活』と日本人は一足飛びに無神論者より宗教的熱心になったのである。……実に変わりやすきは日本人である。頼るべからざるは時代思想である。それは婦人の流行の如きものである。宗教は今日の流行物である。今や何人も宗教を語る。……日蓮と親鸞は復活し、大正の日本は再び彼等の教化に与からんとしているかの如き観がある」(19)。

信仰の旗の下に戦ってきた彼には、宗教思想にまで流行を追う軽薄な姿は正気の沙汰とはみえなかったのである。

さて、本書への批判の中で大正後期に抬頭して来た唯物史観の立場からするものも見逃せない。

「宗教は阿片なり」とのマルクスの宗教観の生硬な理解を前提とするものではあるが、次に紹介したい。小島徳彌[20]は本書の「穢土と思惟する現世に住み、罪悪に充ちた人間でありながら信仰の一念によってよくそこから救はれんとする意志の力」には一応の興味をもつが、勃興しつつあるプロレタリアートに果して満足を与え得るかどうかとなると疑問であるとし、「この作品に示された思想は、即ち作者の思想的背景をなす宗教思想は尚過渡的思想の一特色たる没落階級の残光によって染め出されたものであり、新興プロレタリアートのスタンドポイントに立ち得られない保守的のものであるところに到底末長くは今の人気を以て社会の需要を充していくことは出来ぬであろう。強い信念の下に建設された厳かな偶像も一度は階級闘争の颱風のために吹きとばされなければならぬ。倉田の宗教思想もそれまでの生命である。夕暮と黎明のどたばたまぎれに起った一つの余興」であると酷評する。しかし、「種まき社」同志の佐々木のそれは更に烈しく罵倒に近い[21]。「若し現代に生棲するものが当然否定すべき過去の宗教を拉し来って、更に愚かなる偶像を築き上げんとするならば彼は竟に現代の理智的偶像、科学的偶像を破壊し能はざる怯懦なる痴漢以上の痴漢である。然も『出家とその弟子』の作者は洵にこの痴漢以上の痴漢である。彼が本書において表現したのは彼によれば『愛と祈り』であるが、自分によれば『偶像崇拝』に過ぎない。彼の思想は現代の吾々に縁遠き、寧ろ唾棄すべき過去のものであり、その思想の上に組み立てられた『出家とその弟子』なる一篇は葬り去らるべきであり」、その盛行の原因は「偶像崇拝と宗教的センチメンタリズムとが偶々特殊階級の嗜好に投じている」に過ぎないと云う。最早やこれまでといったところである。土俵が違うのである。唯物史観の公式的解釈を視点とする限り、以上の如き歯に衣を着せぬ評も事の理と云えようか。ただし、このような評は彼等だけではなく、立場の違う松原にもみられ、倉田はそれに対し「運命に毀たれぬ確かなものを追求しようとする強い意志が貫いているのである」[22]と説明してはいるが、一般的にはこのセンチメンタルとの声は拭い去ることは出来なかったようである。その他、本書中の「罪」と「愛」の思想を観念的であると批判し、弱肉強食の生存の実相の上に立つべきであるとする田中王堂の評も、[23]常識からの見解として根強いものをもっており、プラグマテズムの紹介者としての面目躍如として面白い。

ところで、倉田は文壇に対しては概して批判的であり疎遠であった。そのためか本書に対し既成の作家達は必ずしも好意的ではなく、私情の絡んだ悪口的評もあったと云われる。[24]だが、さすがに白樺派同志からは絶讃を受けた。有島などはその読後感を「一日の間私は全く違った気分に吸いこまれてしまった。これこそ芸術だ。私達が世界に向かって誇っていい勝れた芸術だと思った。白状するがいくたびも涙が出て来て字を拾うことが出来なかった位だ。[25]」と記し、又、その感激を友人に書き送る程の惚れ込み様である。[26]又、倉田と一高で同級であった芥川は「『出家とその弟子』には本質的に大分感心した。武者の『その妹』なぞより余程好い、一々本当に当ってある。そうしてその本当が大分我々に近い、古い霊肉の争いなんぞ書かずに霊相互の争いを書いたのも切実だ。[27]」とテーマの斬新さを賞め、又上演をみて「こういう戯曲が書きたかった」[28]とも述べたと云われる。理知に覊れた芥川の、理知の奥にあるものへの憧憬の一駒とも云えそうである。

一方、菊池寛も、[29]文学は芸術至上主義に立て籠らず、生活的価値、道徳的価値をも追求すべきとの独得の立場から、その方向をとるものとして本書の意義を認めているのも見逃せないように思う。

しかしながら、この倉田も西田幾多郎の哲眼に射られる時には惨めである。「倉田というのが比頃学生のアイドルになって居るが倉田は頭もよく相当深い所までの理解もあるが、かれの小説や思想は尚幼稚で特に甘ったるいいや味の多いものである。かれは尚深く大きく発展せねばならぬ。併しもはやだめであろう」[30]。

とりつく島もないとはこのことを云うのであろうか。これは大正期の学生にはややもすると軽々と人生論を口にし、「真摯に自分のなすべき学問の仕事に努力する勇気を欠き、享楽的に文学哲学を口にし自ら高尚に思うておる者が多いが、これは遊惰者である」との批判に続く部分であるが、敷衍すればその元祖は倉田であると云っているようにさえ解せられる。倉田は「この作品が人を躓かせ、人の精進を鈍くする様なことはないか」と懸念し、モチーフが人間の努力や精進を描くにあるのではなく、此世をあるがままに愛するところにあると説明したが、やはりその懸念の方が事実となってしまったとみられても弁解の余地がなかったようにみえる。こうしてみると『善の研究』以来の西田と倉田との関係は、どうやら倉田の片想いに終始したと云えそうである。

以上、幾つかの批評をみたが、これでは本書はばらばらに解かれてしまうようにさえ思われる。しかし、未熟と熱情と躓きとは若さのみがもつ特権である。そのような指摘とはおよそ無関係かのように、若い支持者は増える一方であった。彼等には識者が何と言おうと耳に入る筈はなく、夢中で誠心の人間模様を熱読したのである。こうして本書の親鸞はしみじみとしてではあるが、熱気を孕んで一人一人の読者に訴えかけ、至純の像を結んでいった。本書が愛読された理由を倉田は、読者が「世間にもまれて失っている純情をあの作を読むと恢復するような気がするからではあるまいか」[31]と考えていた。正に本書の親鸞達の至純の世界にひととき彼等は洗われたのであった。

大正十三年、フランスから著者の許へ一通の手紙が届いた。「私は貴君の戯曲を現代世界の宗教的作品の中の最も至純なものの一つと目します。……若し貴君の仏教的精神が又遠い基督教的息吹から放たれるものを受けたやうに見えると思っては間違いであろうか。世界的混沌の下にヨーロッパとアジアとの信仰の力強い樹木が、その根を地下に進めて沈黙の中に相交叉して、直通しているのを見ると信ずるのは此が最初ではありません。……けれどその双方から貴君は殊に深い憂うつの――生きる事と愛と苦悩との――汁を味はれたやうに見えます」[32]。そして、この文の主は、本書を次のようにヨーロッパへ紹介した。「ここに紹介する作品は『欧亜』芸術界の最も見事な典型の一つで、これには西洋精神と極東精神とが互いに結びついてよく調和している。この作品こそキリストの花と仏教の花、即ち、百合と蓮の花である」[33]。ロマン・ロランは本書に流れる愛と誠に、洋の東西を超えた至純の世界があると評価したのであった。彼は世界大戦の惨禍の中に、自らが理解と愛情との媒体となって全世界の人々を睦み合わせることを究極の理想としたと云われているが、その期待を受けて本書の親鸞は、独・仏・英の各国語になってキリスト教圏へ向かったのであった。

四、上演をめぐって

この戯曲が生まれる背景として、私達は大正時代における創作劇の盛行を忘れるわけにはいかない。明治四十年代に島村抱月、小山内薫らによって基礎がつくられた日本の近代劇は、当初はイプセン、チエホフ、ゴーリキーらの翻訳劇の上演が多かったが、大正に入るとそれが刺激となって、戯曲が続々と発表されるようになる。岡本綺堂『修善寺物語』、真山青果『平将門』、武者小路実篤『その妹』、菊池寛『父帰る』、久保田万太郎『雨空』等々枚挙にいとまがないが、『出家とその弟子』もその中にあって、珠玉の光を放ったことは云うまでもなく、文学界はある一時期には、創作劇中心に動いたとさえ云われているのである。しかして、その上演方の演劇結社も、芸術座、築地小劇場、新国劇を中心に舞台協会、新文芸協会、近代劇協会、新劇研究会、民衆座、文芸座、新劇協会、創作劇場、舞台芸術座、春秋社等々が競い合い、結ばれ、又、散っていった。本戯曲はこの中の幾つかの劇団によって舞台を飾ることとなる。そして、机上から舞台へと登場することにより、親鸞と同朋達の世界は、より多くの同時代人の胸中に語りかける機会を得たの[34]であった。ところで、親鸞劇の上演は、大正四年の須藤の『愚禿親鸞』をもって嚆矢とする。『出家とその弟子』はそれに続くものであった。さて、この作品の上演を最初に試みたのは、坪内士行によって組織された新文芸協会であり、加藤精一、東儀鉄笛らが協力し、池田大伍が脚色を予定されるものであり、大正七年のことであった。雑誌『中央仏教』大正七年六月号には、暉峻義等、香春健一、柏原祐義、失名氏らが、本作品の甘さを指摘しながらも、力強い求道者、人間としての親鸞が演出されるように、又、登場人物の性格を明確にして貰いたい等々の注文と期待とを寄せており、又、一方親鸞を予定される東儀は、必ずしも真の親鸞聖人そのものを表わそうとするわけではなく、脚本にあらわれた親鸞を上演するのであり、親鸞聖人そのものを観たいと思う人には失望を与えるかもしれぬと、役者としての感想を記している。しかし、残念なことに諸事情のため、この企ては実現をみなかった。ところが翌年五月には、京都、エランヴェタル小劇場がはじめて上演[35]に成功、種々の欠点にもかかわらず、京都人に深い感銘を与えたと云われる。これが上演の最初である。だが、これは中央にまでそう大きな反響を及ぼすには至らなかったようである。而して、同年八月に創作劇場が東京有楽座に、更に十一月には前記のエランヴェタル小劇場と踏路社が、合同で京都市民公会堂にて興行、次いで十年十一月には第二次舞台協会が帝劇で五日間、更に有楽座に四日間と舞台を移すに至り、巷に評判は高まり、翌年二月から、同協会はこの芝居をもって地方を巡り、歓迎をもって迎えられたのであった。

ところで、創作劇場の興行は次のように『朝日新聞』（大正八年八月）紙上を装っている。

「生の悩み、死の恐怖而してすべての浄き心より泌み出る愛の聖さ、今や新劇の気運は之によりて最高調に達せんとす、君が胸に愛を宿し、君が眼に涙あらば此の真実の泉に浴し給へ」。

林幹が「親鸞」、宮島啓夫が「左衛門」、「善鸞」の二役、村田実が「唯円」、音羽かね子が「かへで」、といった配役で、監督は邦枝完二であった。客は大入りであったが、内容は必ずしも満足出来るものではなく、例えば次のような批評[36]もみられる。

「読む戯曲」の性格が強いこの作品を脚本全体として再研究の必要がある、もともと「観るよりも読むべき戯曲」との評があったが、観劇向きに充分補正されていない、その他、脚本に忠実すぎる、人物に個性が欠けているといった点が指摘されているが、舞台装置については概ね好評であったようである。又、林の親鸞は「弱さの方面ばかりしか考えておらず」、宗教体験として表現されるまでには深まっていない、との批評を受けている。これについて林自身は「親鸞は非常に平民的な人であって、決して他人を眼下に見下ろすような事はなく、謙譲な心持でいたように思われる。そして人一倍情もあり涙もある極めて人間的な人」という解釈に立ち、『愚禿親鸞』の心持を忘れずに説教的態度になるのを避けた」[37]と云っているが、この違いは演技者と観客との親鸞解釈の相違の結果であり、その後の上演における親鸞やその他の登場人物に関する論議も、この相違から出ているものが多い。又、宮島は自分の善鸞の演技について、「いつも善鸞のあの煩悶に稽古の時から無限の同情と無尽の涙とを以て、心から善鸞の苦しみをやがて自分の苦しみとして毎日泣き乍ら演じて居ました」[38]と語りながらも、そのため反って「善鸞の無信仰の悩みがやや騒々しく誇張された憾みがある」と反省している。しかして、上演後、宮島は「左衛門が親鸞から罪悪深重煩悩熾盛の衆生をも助け給う弥陀本願をうかがい奉って、さっそく念仏往生のさとりをひらくというあの個所に至って、私自身得難いという心地はしても、さてその大慈悲心にすがり奉る迄に至れない苦しさから心から左衛門の心持に溶け入ることの出来ない悲しさに毎日如何ばかり苦しめられましたでしょうか。」と述懐し、又、音羽は、唯円を只一筋に生命とも頼るかへでの姿は、「現在のいろいろな男女問題に対比してみる時に、どんなに立派で美しいものか嘆美せずにはいられなかった」と、かへでの一筋な恋心になって演じたと記している。このように役者達は、演技を通じて内心を問われ、それによって更に登場人物への共感を深め、それを舞台に燃え立たせたのである。中でも村田は「此の間の芝居で私が何よりも残念に思いますのは、見物をしみじみ泣かす事が出来なかったということです。私のいう意味は決して安価なセンチメンタリズムを意味するものではなく宗教的感激です」と云い、「最後の幕が閉ぢて劇場の門を出る時人々の心は輝かなくてはいけません。見物同志手をつなぎあって愛を叫びたくなるようでなくてはいけません。誰の顔を見ても可愛くてたまらない程人々の心と心とが触れあうようでなくてはなりません。真の宗教劇はこの意味において説教以上に宗教伝道には大事なものです」、「親鸞聖人の云われる如く形に捕れない宗教が欲しいと思います。寺とか僧とかいう形に煩わされず真に心の糧となり魂の救ひになり、真に人々が相抱きあって、生きている事に感謝をもつようになりたいと思います。お互いに助け合はうではありませんか。宗教を伝道する人も、演劇を改造する人も」(39)と念願するところを吐露しており、この誠信こそがその後に続く上演を支える力となったのであろう。とにかく出演者は役者としてのみならず、人間としてこの戯曲に打ち込んだのである。そして、その真面目さが「興行的妥協に累ひせられることなく、真実に芸術的努力を捧げたもの」として心ある人々に好感をもたらしたのである。又、この興行に際し、築地本願寺を中心として仏教界から応援がなされたようであるが、唯、真宗僧侶からの声で興行途中でセリフ中の「祈り」という言葉を抹消し、それが又、識者の非難をかうといったエピソードもあった。真宗側ではやはりこの戯曲を通して、教団的利益、つまり、親鸞教義が世に広まり、親鸞聖人像が彼等の抱いている姿において一般人に侵透することを期待したものらしい。

さて、大正八年十一月、京都における村田実、青山杉作、エランヴェタル小劇場合同出演に際しては、倉田自身病躯をおして上洛し、稽古には自ら指揮をとる程の張り切りようであった。一燈園が主催し、中外日報社、仏教大学壬寅会、大谷大学尋源会、同志社大学文学会が後援、青山（親鸞）、村田実（唯円）、清水象太郎（左衛門）、小川澄子（かへで）、野淵（善鸞）といった配役であった。『中外日報』[40]紙上には、

「この純芸術的宗教的の傑作を上演するについては演出者側も大なる努力と真摯と敬虔とを以て従事すといえば、今よりその舞台の緊張は愛と運命とのもつれの中に『魂の演劇』として舞台を魂の祭壇たらしむべく期待せられつつあり」と紹介されている。上演は二十、二十一両日の夜行なわれ、概ね成功であった。殊に観客に対し、「演劇は一種の低級なる享楽趣味を満足せしむるものなりとの因襲的観念を打破して吾人に内在せる芸術的宗教的生命の自然発露の表現形式[41]」である事を啓発したとの評価を受けた。又、従来の劇にない自然さと繊細な感情表現は大方から感心されながらも、一方動きのなさに対しては一部観客から「面白い芝居」ではないとの声が強かった。理解力不足の中学生などはグズグズいって退屈がっていたと云う[42]。この上演に際し、倉田はそのことを心配してか、一文を寄せ、「人生に対する悲哀と無常の意識……愛を内に湛へた眼で此世のあるがままの相を眺め護る言はば人生の相の中に仏を見出す心持、そういう心持で見てもらいたい。それ以外の視点では見てもらってもつまらない気がする[43]」と述べているが、これがなかなか観客全体のものにならなかったようである。従来の芝居の通念を覆すことはそうたやすいことではなかったのである。そして、この距離は、その後もこの劇につきまとったのである。

ところで、大正十年十一月、第二次舞台協会が名優、佐々木積を迎えての上演は、本戯曲上演中最も華やかなものであった。演出は伊藤松雄が担当、親鸞を佐々木、唯円を山田隆弥、左衛門を森英治郎、善鸞を森永二郎、かへでを岡田嘉子、松若を夏川静江という配役であった。興行は、はじめ帝国劇場で五日間の予定であったものが、大入りの連続で、更に四日間有楽座で続演になる程であった。しかし、それだけに芸能、文学、思想界の第一線人も足を運ぶようになり、一般観客を無条件に湧かせた上演も、きびしい批評も受けなければならぬ場所に立つことになったのである。流石に配役は一流どころが揃っているだけに、演技と熱心さとは概ね好評であったようである。しかし、批判も多かった。例えば清野暢一郎は、舞台装置の劣悪さ、写実と暗示と様式の入り交じった舞台の不統一さを難じ、又、作品に対する解釈が不徹底であり、それは演出者の作品に対する頭の不統一に依るとし、感激を持って期待していたが、結果は失望であったと云い、「『出家とその弟子』をもう二度と舞台の上に見たいとは思わない。戯曲的素質が薄弱だからである。しかし、一つの善き魂の糧としていつ迄も愛読したい」[44]と結んでいる。一方佐々木孝丸は、会話が不自然である、レアリティとシンボルが舞台上で調和を欠く、作中に愛と祈りと謙虚とを説くにもかかわらず、作者自身は一段高いところにとまって説教していると云い、更にはセリフの言い方の拙さ、舞台装置の悪さで設計・演出者を批判し、おわりに「右の如き欠点を見ない多くの特殊階級の夫人令嬢達は作者の描いた偶像に魅せられ、宗教的センチメンタリズムの泪を惜し気もなく流して、或いは厚化粧の顔を汚し、或いは香ひのあるハンカチを濡らしていた。その点において作者は偉大なる成功をかち得たものといってよい」と皮肉っている[45]。だが、それにも

かかわらず、一般の観客は「全体に漲った溢れるばかりの純な気持に言いようもなく惹付」(46)けら

れ、魅せられたのであった。そして、このような状態に対し、東京市当局も「民衆教化、思想善

導」といった点から、団体観賞等の奨励に乗り出す動きもあったようであり、このようにしてこ

の興行は、舞台協会演目中最高との評を受けて幕を下ろしたのであった。

さて、この大成功から協会では、翌大正十一年二月から地方巡演の旅に立った。スケジュール

は名古屋の末広座を振り出しに、長野（長野劇場）、新潟、高田、富山、金沢（尾山座）、福井、更

に京都入りして南座、大阪の浪花座、神戸の聚楽館、岡山、広島と続くものであった。そして、

巡演地の殆んどが親鸞縁故の真宗地帯であったため、本願寺の信徒方面の観客も多く、特に北陸

路では、大詰の親鸞遷化の場で幕が下りかけると、紙に包んだ賽銭が盛んに舞台に投げかけられ

る程であったと云われる。(47)「まさか劇場で御開山聖人様に遇えるとは！」寺院の薄暗い御堂で、

木像や絵像でしか拝んだことのなかった善男善女は、生きた役者の扮する親鸞聖人様に随喜した

のであった。中には熱中のあまり終電車に乗り遅れ、自動車で帰るという御仁もいたとかいうが、

真宗地帯だけに、観劇を機会にして己の了解している親鸞教を再反省する人達も多かったようで

ある。(48)又、金沢公演の時には地方紙は『出家とその弟子』の感想、世界に語り得る芸術」という

有島武郎の一文を載せて紹介に代えており、『北国』、『北陸毎日』の両紙も、数日にわたって関

係記事を記載するなどしていることからみても、地方における評判や関心の一端を窺い得よう。

しかし、名古屋等においては、黒谷墓地での唯円とかへでの逢瀬の会話や、本堂での阿弥陀経の合

唱の場面で、野次や安価な笑いがおこったというが、(49)これは純粋に観劇の態度もとれず、又、敬

虔な心持に浸ることも出来ない人達の反応であったと考えてよい。唯、地方のため、会場等の都合で是非もないことであったかもしれないが、共通して舞台装置の貧弱さが指摘され、又、大道具や背景が悪く、舞台協会の名を辱しめる、[50]との評もあったことは残念なことであった。その他、各巡業先の地方紙は、[51]地方識者の批評を載せ、その中には役者の演技内容等にまで鋭い突込みをみせているものもあるが、概ね上演自体の雰囲気は、演劇特有の華やぎと親鸞景仰の熱を孕んで盛興裡に打ち上げられたのであった。

本戯曲の大掛りな上演はこれを最後としている。しかし、先に第一節でも触れたように、この上演が親鸞ブームを一層あおり、二、三年の間は一向に下火になる様子はなかったのである。

以上、上演の足跡を辿ったのであるが、本書の読後の感激が深かったため、それだけに大きな期待をもって観劇にのぞむという傾向が強く、その上、本書の劇化されにくい性格も加わって全般的には人々が戯曲として読んだ時程の切々たる感激と評判を生み出すには至らなかったようである。又、観客の眼は感激するだけではなく、純粋に演劇としての出来栄え（演技、舞台装置、照明効果等）如何、親鸞や唯円（セリフや態度）が自分達の抱いているイメージや世界からみて、よく演じられていて、納得出来るものかどうかといった諸点に集まることが多かったことがわかる。つまり、娯楽的気分で芝居見物に、劇名から親鸞教にふれようとして劇場へ、というように。だが、この両者にとって、この劇は失望とまではいかなくとも、充分な満足を与えるものではなかった。

作者自身「私の書いた親鸞はどこまでも私の親鸞である。私の心に触れ、私の内生命を動かし、私の霊の中に座を占めた限りの親鸞」であり、「真宗の教義を説明するために書いたものではない。あの作を書いた中心の興味は人間の種々なる心持と此世の相に対する限りなき深き愛である」(52)と述べ、又、帝劇での上演の際にも「あの作は何よりも白を聞いてもらわねばならぬ。自分の作は主として観客にこころを訴へる。……観客の精神を働かしめずして精神的感動及び美感以外の感覚的刺激をもって観客を惹く事は芸術上無意味であり、戯曲の堕落である。もし観客がオペラを観にゆく如き態度を以て『出家とその弟子』に臨まるるならばたえ難く退屈であろうと思う。心を静かにして凝っと物を考え、しみじみ白を聞くだけの用意を以て観に行っていただきたい。」(53)(傍点、福島)とよびかけている。所謂、芝居の面白さ、教義の有難さ、聖人の崇高さといった既成の観念を脱ぎ捨て、初な人の子の心になっての観劇を望んだのである。これがとりもなおさずこの作品のこころであった。それ故、舞台の上に「人間の種々なる心持とこの世の相への限りなき愛」の訴えや、悲しみの叫びを聞こうとしない人達は、空しい気持で席を立たなければならなかったであろう。しかし、一方、その初な純な心に触れた人達は、感謝に充ちた心で劇場を後にすることが出来たにちがいない。そして、彼等の胸にはこの作品のこころが温かく広がり、深く沈澱していったと思われるのである。

その後、本戯曲は「木の実座」、「すわらじ劇団」、「佐藤プロ」等によっても上演をみている。

五、親鸞像への役割と史的意義

親鸞は他の仏教史上の偉人に比べると、「人間親鸞」、「愚禿親鸞」、「肉食妻帯の聖者親鸞」といった呼称のように、尊くて近寄れない聖人ではなく、在俗の庶民に親しい祖聖として崇められてきた。この傾向は明治以降、今日においても変ってはいない。而して、具体的に真宗信徒にあっては中世末期の教団大成以来、愚劣の我身に代わって凡夫念仏道を修め、俗悪人への範を垂れ給う方として仰がれてきた。だが、明治以来、教団外の人達には、悪人正機という非凡な思想の持主である点には気付かれつつも、当時代人の現実の課題に即した表現をもって、具体的姿を与えられることは稀であった。その中にあって、木下は宗教思想改革の闘士、農民の解放者としてのタイプを打ち出したのであった。しかし、これはそのイメージの性格上、一般化し、広汎な人々に定着し難いものであった。ところが、倉田においては愛欲の凝視者、傷付ける魂の救済の師としてのイメージが作られたため、前者とは比較にならぬ程の広がりをみせたのである。即ち、罪業の牢獄に自縛自棄になっている左衛門、互いの悲運を慰撫し合う善鸞と浅香、いじらしい唯円とかへでの通い、そして、それら凡夫達の傍に自らも下り、無条件の共感を寄せて共に祈る親鸞、何といってもこれは古い殻を脱いだ人間像であった。しかし、この親鸞像は地方公演の反響からみても、門信徒の抱く親鸞には殆んど変化を与えなかったようである。上演に足を運ぶ地方門信徒も多かったという。しかし、彼等には「舞台の上に親鸞様が！」というだけで充ち足り、批評など更々思いもよらず、随喜の涙に曇る眼には、ただただ有難い御開山様——実は村田実の親鸞姿——がもったいなく尊く映ったのである。何とも幸わせである。まことに善男善女の安心は堅固であり、又、頑迷ではある。有難や、尊やの一念には親鸞像がどのように描かれようとも彼等の眼に映るのは有難い「御開山聖人様」の姿に間違いなかったのである。彼等にとって親鸞は理解の対象ではなく、身に頂くもの、宿業の我身を現に受け摂めとって下されてある救い主であったのであり、それは今世のみならず来世までも変わりようのないものであったのである。

而して、本戯曲の支持者達には、先述の如く、近代的凡夫人にも充分親しみ語り合える人間像として敬愛されたのであるが、同時にそれは親鸞から、彼を「聖人」と崇め呼んだ声に籠る信仰的畏敬と弥陀発願の古へより今にと伝わる信心の伝統の重さを聞く道を、閉ざす危険を孕んでいたことは否めない。ややもすれば親鸞は人間的温さ、情け深さ、敬虔さ、厳しさの次元においてしか見出されなくなるのである。勿論、宗教の生きた力は、この人間的という場――人と人との接し合い――の上に働くのであろうが、その力の源は人間からではなく、その奥に超えてあるところから発するものだからである。その意味において、この事実は「大正仏教のイメージは教養主義的である」(54)との規定からみても、知識人一般のその後の親鸞や真宗教受容の姿勢に、人間的曖昧さをもたらす一つの原因になっているとみることが出来よう。しかしながら、一方では「本願寺というものを捨象してでも親鸞主義という形で浄土真宗の信仰が成立して、しかもそっちの方にむしろ生命力が伝わっていくのではないか」(55)という見解もあるように、真に大正以降の日本人に語りかけ得る資格をもち、又、グランドを共にしたという意味において、そのような性格は一概に否定し切れないものをもっている。事実、亀井勝一郎、唐沢富太郎、小野清一郎の諸氏らの労作(56)をみる時にその感が深いのである。

ところで、内村鑑三は大正時代における倉田、賀川、西田天香らの著作が中心になって生み出された宗教流行の現象につき、次の如く戒めている。「日本人は今や頻りに宗教を要求する。しかしながら彼等が宗教を要求するのは美的愛玩者が美術を要求すると同様である。彼等の宗教熱は宗教道楽であって宗教欲求ではない。文学の一種としてもて遊ばるる現代日本人の宗教が一人のムーテーズ、スポルシオンを生まないのは当然である」(57)。この点については、倉田にも「宗教を文化として研究する人々には私は賛成出来ない。まだ信心決定していない人が信心を文化として研究し得る心事を私は理解することは出来はい」との発言も見られる通り(58)、当事者、つまり、著作者達においては浮薄な宗教熱ではなく、教の違いこそあれ、絶対者との信交の境界から授けられた、語らずにおれぬ、願わずにおれぬ力によって表現したものなのである。しかし、それが受容者の場においては大正期文化の所謂、教養的、人間的在り方に影響を受け、そのような性格をもつに至ったと考えられるのである。しかし、一方ではその甘い姿勢の故に、彼等は反って本書の世界に対し、蜜蜂のように群れ親しむことが出来たともいえるのである。だが、親しみの情は信仰ではない。従って、それは直接、新たな信仰を生み出しはしない。親鸞の名とムードを盛り上げてゆくに止まるのである。真に信仰に生産的なるのは、そのような姿勢に慣れ親しんでおれない本気の求道心の持主達からであったのである。

ところで、自然主義文学は現実暴露、恋愛の肯定、性欲描写とをもって明治の人間に衝撃を与えた。しかし、それにも大正人は漸く免疫を得て鈍感になり、露わにされた人間はそこに精神の退廃と、感覚の倦怠を覚えるようになるのである。芥川や谷崎が活躍する所以は正にそこにあったとも云えるのである。しかるに、倉田の親鸞はその傾向から導かれたのではなく、逆にその流れに棹差して、更に人間の衷心にあるもっと切実なこころに聞き、それに形を与えようとしたものであった。それは彼の次の発言からもほぼ窺い得るように思われる。

「文士はもっと心情が濡れねばならない。いらいらする時も論争する時も、遊蕩する時も、姦淫する時でさえも濡れていなくてはならない。私は決して人間の悪より放たるることの至難であることを知らないものではない。しかし、悪さにも種類がある。心の貧しくない悪さ、ものの哀れを知らない悪さ、和らぎを求むる心の無い悪さ、づうづうしく恥を知らない悪さ……かかる悪さから文壇は一日も早く清めらるべきである。……一般に受身の徳に関して文士は貧にして粗である。私はその原因を彼等の心の濡れていないことに帰したい。何故に心が濡れないか。魂の内に不幸を持っていないからである。かかる魂の不幸は外的境遇のいかなる順調をもってしても打ち克ち難きものとして人は皆それを胸中に蔵している」。それは「人間が真に人間として願うべき願いが満たされない地上の運命を感ずるところから起る。それが感じられないのは本当に己れの願うべきものを一筋に願ったことがないからである。かかる願いと不幸とを知れる心は常に涙をもって濡れている」(59)。このように、明治以来の文学に稀薄であった宗教性・精神性を回復し、たといそれがいかに幼稚にみえ、感傷的であろうとも、善意と真面目さの中に人間の本質をみようとするのが彼の主張であった。そして、それは所詮、日本文学の主流に成り得ないものであったが、白樺派の存在と並んで、日本文学に一つの文学的意義をもつものと考えられるのである。

亀井勝一郎は、日本における自然主義文学の人間への影響について次のように説明している。

「煩悩具足の凡夫とは親鸞の人間研究の要約で、彼の罪悪感と共に真宗信仰の基本となる自覚だが、自然主義文学は文学としてこの伝統を明治にあらわした。自己を実験台としての人間研究の善くも悪しくもそれが成果であった。その自己がいかに小さく狭かろうと、愚かで拙かろうと

も。恋愛や性欲や金銭や、云はば娑婆世界に執着浮沈する平凡人として刻印され、そういうもの

として生き方を問い、煩悶したのである。(60)」

倉田はここにひき出された人間の解脱を、先述のように祈りと善意に求め、表現しようとした

と私は考える。これは人間暴露ではなく、個性尊重と善意の高揚という人間解放の理想をかかげ

た白樺派の基本精神に通ずるものなのであるが、その立場から、暴露されて迷う人間に理想を与

え、又、旧来の社会的伝統や倫理に縛られている男女に、人間性をよび醒まさせる意味をもつも

のであった。勿論「煩悩具足の凡夫」とは人間に尽きることのない業の姿である。だが、それは

時代によって在り方を異にしている。而して、大正期の人間達にとって煩悩することは人間の資

格でこそあれ、生死を堵してまで慚愧すべきものではなかった。罪悪、愛欲、運命（宿業）、これ

は彼等、人間の意識を執持する者の逃れ難く、又、捨て難い魅惑的な課題であり、又、倉田の煩

悶のもとでもあったのである。そして、これは今日からみても親鸞思想がふまえている基本的要

素なのであるが、倉田はそれを文学の素材として親鸞からひき出したのであった。親鸞は罪悪人

の左衛門には、地獄一定の悲嘆の中にも弥陀の願力の働きつつあることを目覚めさせる。そこに

呪いと我欲、良心の苛責と罪悪感の二つの極みに、そのままに在ることを赦される境があらわれ

る。又、善鸞と浅香、唯円とかへでの二組の男女には、唯、祈ることを勧めている。前者は寂莫

のうちにおわり、後者は縁によって結ばれてゆく。そして、一方には唯、悲嘆が残り、一方には

祝福が与えられる。親鸞は左衛門の正直を讃め、唯円に真面目に一筋に恋することを勧めている。

正直と真面目、これが倉田の本心であり、時代人への訴へでもあったようにみえる。だが、これ

は甘くて温いが、きびしい当時代への挑戦の意味にも受けとれそうである。対決するか、親しむか、それは時代人に任されたのである。大正の人達が示したあの熱狂はその何れであったかは自明であろう。しかし、その熱狂の蔭で、作者の衷心の声をしっかりと受けとめた同朋のあった事も又、確かである。而して、そのような身分や職業等の制約に絡まれた悲運の恋を生み出す状況は、今日からは失なわれつつある。しかし、その制約の故に反って燃え上がり、互いの運命の凝視にまで深まるこの恋は、単に過去の男女への郷愁ではなく、また、徒らに炎を放つ愛欲の姿というだけではなく、その相を通して、人間の本来性に気付いていくといった意味を今日の男女にも語りかけているといえよう。

　ところで、一方、この作品にはそのような人間の生きる場、即ち社会の相については「この世の不調和」という見方でしかとらえられておらず、祈りの他に方途は示されていない。従って、人間の悲運を生み出す原因を自己の外にみて、この世の成り立ちに眼を向けようとする立場とは接点はなく、それに応えることにはならなかった。自然主義文学などを介して露わにされた人間の上には救いがない事実への批判と反省、ここに大正時代の白樺派を中心とする人道主義は出発していると云えるであろう。だが、その批判は啄木[61]の如く人間を社会体制との連関の上にとらえられず、体制内に生ずる人間の問題について、自然主義同様受身の姿勢で――自然主義は露呈してみせた――理想と善意で対する事を教えたにとどまっている。即ち、その理想は、人間と人間が生きる体制の変革に見出されてくる可能性にではなく、人間の内面に存するそれに限られているため、観念性の強い人道主義の理想内でしか人間をとらえ得なかったのである。「『罪の世』の罪の根深さに無感覚で、そういうものとの対決を抜きにした社会奉仕で自己満足していたのでは困ると思うのです。そこには私は人の善さはあると思いますが、同時にある種の社会的無感覚と、それに隠れた明哲保身の生活態度がある」(62)。これは大正期のキリスト教会への批判であるが、同時に又、本書の思想にも当てはまるものがあるように思われてならない。従って、『種まく人』、『文芸戦線』等の発刊、「日本共産党」結成、「日本プロレタリア文芸連盟」結成と左翼運動が激化し、官憲と運動家とのむごたらしい血の闘争の中で、大正の末年には人道主義的文芸や雰囲気は姿を消してゆかざるを得なかったのである。そして、本書も「作品の中心思想が過去のものであり、現代から葬り去らるべきものである」との痛罵を浴びせられ、大正十一年を盛期として、さしもの熱も冷めていったのである。

更に視野を広げよう。ニコライ・ベルジャーエフは第一次大戦後の西洋人のおかれた危機の状況につき、次のように語っている。

「人間主義が一般化されるにつれて、人間主義は『人間』という本来の対象から次第にずれていった。それと同時に問題の中心は人間の主体的生命から、客観的社会機構へと変わっていった。人間主義がこうした変化を押しとどめ自力で社会の非人間化作用を克服するなど、出来よう筈がなかった。だからやむなくヒューマニズムは以前の中間状態を脱して或いは上へ、或いは下へと運動を開始した。上への運動とは『神、人的な考え方』に向う運動であり、下への運動とは『人、獣的な考え方』に向う運動である。」しかして、前者はいかにも弱く、又「現代人は野獣主義をヒューマニズムより高く評価し、これこそヒューマニズムにとってかわるべき目標であるとさえ考えている」。「『人間の像り』はぐらつき、そのベールははぎとられ、やがて人間像そのものがこなごなに砕かれようとしている。人は自ら神の座につこうとして、人間としての資格を失った。人間主義の終焉は近い。これは避けることの出来ない事実だ」[63]。

このヒューマニズム危機の声を聞き、一方現実に、人間の善意や人道精神とは無関係に、否、それを無視さえするかのように動いてゆく組織と機械の力を眼前にする時、本書の今日的意義をどう考えたらよいのであろうか。本書を激賞し、倉田を我が友と呼んだロランも又、ヒューマニズムの人であった。一方、本書も祈りと善意のヒューマニズムの世界をもつ。たとい思想の伝統や基盤を異にしているとしても人間への愛においては通じている。組織と機械と利潤、もはや現代社会においてそれ以外のものは必要でないとすれば、本書の親鸞世界も最早や葬り去らるべきものであろう。しかし、逆に人間の所産を調和ある統制の下に運用しようとする精神的基盤の欠如にこそ、今世紀の問題があるとすれば、本書の世界を捨ててはなるまい。

如何に人間の所産たる体制や機械が発達しようとも、人間自身は依然として、所謂、第一次的自然界の生命体として存在し、決して、ロボットにはなり得ない。とすれば、本書の宿業、愛（隣人愛、異性愛）、赦しと摂取等々によって展開する人間模様とその中心思想は、人間尊重とヒューマニズムの観点に応えるものとして、単なる文化遺産以上の意味をもつものと考えられるのである。今日の日本は云うまでもなく大正期の状況ではない。従って、本書に触れることが現代への開拓になるのか、抵抗となるのか、それとも過去への郷愁となるのか、何人にも断言は出来ぬであろう。それは結局のところ読者自身の姿勢と判断にゆだねられた性質のものなのである。

註

（1）高坂正顕述『近代日本とキリスト教』大正・昭和篇

（2）辻橋三郎編「参考文献」（『倉田百三集日本近代文学大系32』角川書店所収）参照。

（3）本多顕影『朝日新聞』「一冊の本『出家とその弟子』」

（4）「出家とその弟子における諸問題」（『文芸研究』〈東北大〉一〇、一二、一三）

（5）以下、本書からの引用には註をつけず、「　」とする。

（6）倉田の妹、倉田艶子氏は「材料は俗に『石の枕』という御説教話である。私の家は真宗の菩提寺の檀家総代だったから僧侶の出入りは珍しくなく、朝夕の仏壇への礼拝、時には祖母や母に連れられて、子供の時からお寺詣りもしていたから、兄も私も……説教話はたいていもう覚えこんでしまい、なれっこであった。〈今日はどの話かな〉と、落語家が高座にすわると観客が待つ気持で、説教師の僧侶の顔を見たものである。」（「『出家とその弟子』が出来るまで」、角川文庫『出家とその弟子』所収）と記しているが、幼年時代からの生活体験にもとづくものである。

（7）『高田開山親鸞聖人正統伝』にも同類型の伝説が見える。

（8）『近代の恋愛観』

（9）『懺悔の生活』

（10）倉田は矢内原を批判した一文の中で、「宗教には肉の匂いと煩悩の痕と疑惑の影と人間味がほしい」と語っているが、そのような意味では本書の親鸞像は意図を成就したといえよう。「自然児として生きよ」（『愛と認識との出発』所収）参照。

（11）吉川英治『親鸞』、丹羽文雄『親鸞とその妻』

（12）阿部次郎「『恩寵の生涯』と『出家とその弟子』」

（13）土屋詮教『大正仏教史』

（14）梅原「出家とその弟子を読んで」（『中外日報』大正七年五月）尚、彼には『親鸞聖人研究』（大正十一年）がある。松原「出家とその弟子によって誤られたる親鸞とその真実」『新潮』大正十一年一月号、尚彼には『親鸞聖人言行録』（明治四十一年）がある。
（15）「親鸞の輪劃明瞭ならず」（『中央仏教』、大正七年六月号）
（16）「『出家とその弟子』の上演について」（『愛と認識との出発』所収）
（17）石丸梧平『人間親鸞』、暁烏敏『親鸞聖人論』、梅原真隆『親鸞聖人研究』等をみてもその事実は明白である。
（18）「聖人の思想の具体化」（『中央仏教』大正七年六月号）
（19）「聖書の研究」（大正十一年五月）
（20）「現代文芸に現われたる宗教思想を論ず」（『早稲田文学』大正十一年四月号）
（21）「宗教的センチメンタリズムと偶像崇拝の時代錯誤——倉田氏の『出家とその弟子』の上演」（『種蒔く人』大正十一年二月号）
（22）「『出家とその弟子』の追憶」（『劇場』二二）
（23）「『愛と認識との出発』及び『出家とその弟子』を通じて観たる倉田氏の宗教観」（『中央公論』大正十一年六月号）
（24）「文壇への非難」（『愛と認識との出発』所収）等。
（25）『新潮』
（26）八木沢善次宛書簡（大正七年三月十七日付）
（27）松岡譲宛芥川龍之介書簡（大正六年七月二十六日付）
（28）藤原定編『倉田百三読本』一二八頁
（29）「文芸作品の内容的価値」
（30）西田外彦宛書簡大正十一年
（31）「『出家とその弟子』の追憶」
（32）ロマン・ロラン、倉田君への手紙『出家とその弟子』序文（『角川文庫』本所収）

(33) ロマン・ロラン書簡（『角川文庫』本所収）
(34) 京都「法蔵館」の肝入りで、嵐吉三郎、尾上多見之助らの一大座一行によるもので、第六世鶴屋南北の脚色にかかり、本願寺大谷家一統の観覧を得て、芝居気分上々のうちにおわっている。観客は本願寺関係者や宗立学校生徒等が中心になっている。（『中外日報』大正四年五月一日）
(35) 「上演するまで」（『中外日報』大正八年十一月一日）
(36) 『朝日新聞』（大正八年八月二十九日）
(37) 「親鸞聖人に扮して」（『中央仏教』大正八年十月号）又、「親鸞劇の精神」（『真宗の世界』―親鸞聖人研究号大正十一年八月）では、「真の親鸞劇は、親鸞の精神に目覚めた作者と真正なる象徴的写実主義の舞台芸術家においてのみ建設せらるべきものであって―即ち、『親鸞の精神』に徹したるものによってのみ演出さるべきものであって、他の者に演出される事は唯親鸞劇の堕落であるばかりでなく、浄土真宗の堕落である」とその態度を表明している。
(38) 「左衛門と善鸞と」（『中央仏教』、大正八年十月号）
(39) 「愛と涙の芝居」（『中央仏教』、大正八年十月号）
(40) 大正八年十一月十八日
(41) 『中外日報』大正八年十一月二十二日
(42) 「出家とその弟子の私演会を観る」（『中外日報』大正八年十一月二十二日）
(43) 「出家とその弟子の上演について」（『中外日報』大正八年十一月十八日）
(44) 「出家とその弟子劇をみて」（『読売新聞』大正十年十一月二十八日）
(45) 「宗教的センチメンタリズムと偶像崇拝の時代錯誤――倉田百三氏『出家とその弟子』の上演」
(46) 「九条武子夫人親鸞劇を見て感想を語る」（『読売新聞』大正十年十一月二十八日）
(47) 斎藤豊吉「『出家とその時代』のこと」（『築地本願寺新報』）
(48) 「一日一信」（『北陸毎日新聞』大正十一年五月二日）

(49)『北国新聞』大正十一年五月二日
(50)出島啓太郎、「舞台協会劇雑感」(『北国新聞』大正十一年五月三日)
(51)『北国新聞』(大正十一年五月二日)等
(52)「出家とその弟子の上演について」
(53)「出家とその弟子の上演に際し観客に望む」(『読売新聞』大正十年十一月)
(54)吉田久一「日本近代仏教史における問題点」(『大法輪』三五の二)
(55)北森嘉蔵述『近代日本とキリスト教』大正・昭和篇、一一二頁
(56)亀井『親鸞』、唐沢『親鸞の世界』、小野『歎異抄講義』等。
(57)「文学者の信仰」
(58)「文壇への非難」
(59)「文壇への非難」
(60)『現代人の研究』
(61)「時代閉塞の現状」等
(62)久山康述『近代日本とキリスト教』大正・昭和篇、一二二頁
(63)『現代における人間の運命』第二章人間失格(『現代教養文庫』所収)

あとがき

崇信学舎の西村見暁先生より、「親鸞伝」の研究を勧められてから、「親鸞伝」という考案をかゝえて呻吟することになった。以来、私は金沢大学暁烏文庫に何度も入庫を許されては足を運ぶ恩恵の中に、学生々活を過ごさせてもらった。しかし、卒業論文では「親鸞伝」の一・二の問題にふれてはみたものゝ、全く見通しが立たず、苦しまぎれの結果は、こと志と違う小書の如きものに化してしまった。

ぎっしりと文庫の書棚に並ぶ親鸞研究書を前にする毎に感嘆していたある日、ふと「何故これ程多くの先人達が親鸞を求めたのか」という疑問が浮かんできた。そして、その疑問は、「これらの親鸞傾倒の先人達の足跡にも親鸞が実在しているのではないか」と展じ、「彼等は何を親鸞に見出し、何を反撥し、それを現実の生の中に如何に活かしていったか」と開いていった。

その折、たま〳〵金沢城下の古書店で手にしたシュバイツァーの『わが生活と思想より』（竹山道雄訳、昭和十四年刊）から、彼に『イエス伝研究史』あるを知り、「親鸞研究史」というテーマに希望を与えられた。後年、森竜吉氏、故阿部大悟氏にも既に同じ関心のあることを知り一層励ましになった。

その後、修士論文に暁烏敏、木下尚江、佐々木月樵の「親鸞」についてまとめたものゝ、続く高校への奉職、真宗末寺の後嗣者を辞退といった私事の中で、数年間はなかば断念同然の体たらくになってしまっていた。

しかし、あのおびたゞしい親鸞研究の数々が念頭を去らず、夏季休暇の時になると誘われたように親鸞傾倒の人の跡を訪ね歩く習性になっていた。小書はその全く遅々とした土むくれでしかなく、大方の前に呈するにはとても自信のもてるものではない。正直のところ中間報告と申し上げるのがせいいっぱいである。

親鸞を求めた先人から〝愛い奴よ〟と云われてもみたいが、どうも〝憂い奴よ〟と返ってきそうである。しかし、いづれにしろ、脱藩ならぬ脱寺のものに、師と父母に背信のものに恵まれた唯一の生命の依り拠を手放すわけにはいかなかったから致し方ない。

〝お前にとって親鸞とは何か〝親鸞から〟お前の中に私が如何に活きているのか〟とこれからも問われ続けるに違いない。その声に答え、そして、いつの日か「親鸞伝」をものし得る日のくることをひそかに期している。

筆を擱くに当り、今更ながら有縁の方々のお世話になっていることを憶う。大谷大学、竜谷大学、同志社大学、金沢大学、大谷高校の各図書館からはいつも心やすく図書借覧を許していたゞいた。下出積与先生には親鸞伝研究の手ほどきを受け、藤島達朗先生からは稿が進む毎に励ましをいただいた。又、長沼賢海、辻達也、藤原猶華、武内義範、山田文郁の諸氏の御教示からも数々の示唆を、家永三郎、辻橋三郎、梅原隆章の諸先生からの出版の勧めや、近世近代真宗思想史研究会の諸兄の学究振りからも無言の力づけを、いたゞいている。

又、母校金沢大学、大谷大学の諸先生はじめ、多くの方々の直接・間接の御示教にも共に感謝せずにはおられない。一方、広小路亨大谷高校々長はこのような難解な拙稿の「研究紀要」掲載を認められ、温く見守っていただき、法蔵館主西村七兵衛氏は慈父の如く、小稿の出版を受け容れて何かとお世話下さった。共に仏心のはたらきを感じている。又、畏友、鍵主弘、大桑斉両兄には校正のみならず何かと援助を受けた。

今は、課題の何分をも解明し得ていないことのみが痛感されもどかしい。数多くの御厚情に報いるためにも努力を重ねる以外にはない。御叱正、御示教を切にお願いする次第である。

暁烏文庫設立時の暁烏敏師の遺詠、

よみたしとあつめしふみをのちにくる
人にのこしてやすく世を去る

を憶念しつゝ、崇信学舎の諸兄姉の長年の御厚情を謝しつゝ、

親鸞生誕八百年の年三月

福島和人

著者略歴

福島和人（ふくしま かずと）

1937年石川県金沢市生まれ。1961年金沢大学法文学部史学科卒業。1963年大谷大学大学院修士課程（仏教文化専攻）修了。大谷高等学校教諭、大谷大学非常勤講師、大谷専修学院講師、真宗大谷派教学研究所嘱託研究員を歴任。

著書

『この世に棲んで・等身大の思想』法藏館、『親鸞思想 戦時下の諸相』法藏館、『等身大の思想 続・この世に棲んで』文明堂、『大地の仏者』（共著）能登印刷株式会社出版部、『魂萌ゆ 暁烏敏の世界』（共編）東本願寺出版部、『道ここに在り 高光大船の世界』（共編）東本願寺出版部など。

新装版 近代日本の親鸞―その思想史―

一九七三年 五月一〇日 初 版第一刷発行
二〇一八年一〇月二五日 新装版第一刷発行

著 者 福島和人
発行者 西村明高
発行所 株式会社 法藏館
京都市下京区正面通烏丸東入
郵便番号 六〇〇-八一五三
電話 〇七五-三四三-〇〇三〇（編集）
〇七五-三四三-五六五六（営業）

装幀 山崎 登
印刷・製本 亜細亜印刷株式会社

ISBN 978-4-8318-6559-5 C3015

新装版シリーズ

正信偈講話　上・下　蜂屋賢喜代著　各一、八〇〇円

四十八願講話　上・下　蜂屋賢喜代著　各二、〇〇〇円

親鸞の宿業観　歎異抄十三条を読む　廣瀬　杲著　一、八〇〇円

大乗仏典のこころ　花岡大学著　二、〇〇〇円

正信偈の講話　暁烏　敏著　二、四〇〇円

価格は税別

法藏館